应用型本科产教融合系列教材

Brand
Management | 品牌管理

主　编　肖　艳　蔡　婕
副主编　许忠荣　杨秋明　梁　敏

苏州大学出版社
Soochow University Press

图书在版编目(CIP)数据

品牌管理 / 肖艳，蔡婕主编. -- 苏州：苏州大学出版社，2023.8
ISBN 978-7-5672-4515-0

Ⅰ.①品… Ⅱ.①肖… ②蔡… Ⅲ.①品牌-企业管理 Ⅳ.①F273.2

中国国家版本馆 CIP 数据核字(2023)第 161616 号

品牌管理
Pinpai Guanli

主编　肖　艳　蔡　婕
责任编辑　薛华强

苏州大学出版社出版发行
（地址：苏州市十梓街 1 号　邮编：215006）
苏州工业园区美柯乐制版印务有限责任公司印装
（地址：苏州工业园区双马街 97 号　邮编：215121）

开本 787 mm×1 092 mm　1/16　印张 13.75　字数 327 千
2023 年 8 月第 1 版　2023 年 8 月第 1 次印刷
ISBN 978-7-5672-4515-0　定价：48.00 元

图书若有印装错误，本社负责调换
苏州大学出版社营销部　电话：0512-67481020
苏州大学出版社网址　http://www.sudapress.com
苏州大学出版社邮箱　sdcbs@suda.edu.cn

前言

品牌是高质量发展的重要象征，加强品牌建设是满足人民美好生活需要的重要途径。品牌管理贯穿于品牌建设与成长的全过程，是一项长期系统的工作。品牌管理有助于塑造企业品牌形象，提高企业知名度和客户忠诚度，提升品牌资产价值，增强企业市场竞争力。

党的二十大报告指出："统筹职业教育、高等教育、继续教育协同创新，推进职普融通、产教融合、科教融汇。"在深化产教融合背景下，本教材融入京东品牌建设案例，以结构化、章节式贯穿理论知识体系。

从结构上而言，本教材包括两大部分，共十三章。第一部分为品牌培育，包括品牌概述、品牌管理概述、品牌战略、品牌定位、品牌设计、品牌个性、品牌文化、品牌传播、品牌体验、品牌延伸十章，以期学生可从中勾画出品牌的"精髓"，明确品牌是一个需要长期维护的过程，它涵盖了品牌的建立、维护和巩固，需提前对各个环节进行科学和前瞻性规划。第二部分为品牌运营，包括品牌资产、品牌危机和品牌国际化三章，以期学生掌握如何有效维护品牌资产、化解品牌危机、开展品牌国际化。

本教材主要具有以下四个特点：

第一，开篇案例皆以京东品牌发展作为导入，贯穿京东创牌、保牌全过程，让学生充分认知知名品牌发展全过程。

第二，系统、全面地介绍品牌管理理论及其发展趋势，以便学生掌握当前品牌管理的理论框架与研究动向。

第三，设计实践环节模块任务，便于教师和学生在把握知识脉络的基础上开展实践，旨在提高学生应用所学知识对品牌营销实际问题进行分析与决策的能力。

第四，本教材注重结合中国品牌发展现状，融入经典、新兴品牌案例。每章正文之中穿插多个品牌案例，有助于学生把握主旨，并从中领略中国品牌的魅力。

本教材由宿迁学院经济管理学院肖艳教授、蔡婕老师主编。主要参加编写情况为：肖艳（第一、二、三章），蔡婕（第四、五、六章），许忠荣（第七、八章），杨秋明（第九、十、十一章），梁敏（第十二、十三章）。严敏、李哲参与了部分章节的撰写。

本教材在编写过程中,参考了国内外大量的文献和相关资料,在此向文献的作者表示深深的谢意!同时,宿迁学院与京东集团签署了战略合作协议,校企合作共建的京东现代产业学院获批为江苏省重点产业学院,双方深度推进产教融合、协同育人,《品牌管理》产教融合教材编写过程中得到校企的鼎力支持和帮助,对此表示衷心的感谢!

受时间与编者水平所限,书中的不足之处在所难免,恳请广大读者批评指正。

《品牌管理》教材编写团队

目录

第一章　品牌概述　1

第一节　品牌的概念及分类　/2
第二节　品牌的特征与作用　/9
第三节　品牌与相关概念的关系　/11
第四节　品牌发展的历史　/14
本章小结　/17
案例分析　/17

第二章　品牌管理概述　20

第一节　品牌管理概述　/21
第二节　品牌管理内容　/23
第三节　品牌管理的组织形式　/25
第四节　品牌管理变革　/28
本章小结　/31
案例分析　/32

第三章　品牌战略　34

第一节　品牌战略概述　/35
第二节　品牌战略环境分析　/37
第三节　品牌愿景规划　/38
第四节　品牌核心价值确定　/40
第五节　品牌模式　/43

本章小结 /50

案例分析 /51

第四章　品牌定位　54

第一节　品牌定位概述 /55

第二节　品牌定位决策步骤 /59

第三节　品牌定位策略 /63

本章小结 /66

案例分析 /66

第五章　品牌设计　68

第一节　品牌要素的内涵与设计 /69

第二节　品牌名称设计 /71

第三节　品牌标识设计 /75

第四节　品牌其他元素设计 /78

本章小结 /84

案例分析 /85

第六章　品牌个性　88

第一节　品牌个性的内涵 /90

第二节　品牌个性维度 /92

第三节　品牌个性的塑造 /96

本章小结 /100

案例分析 /101

第七章　品牌文化　103

第一节　品牌文化概述 /104

第二节　品牌文化的构成 /107

第三节　品牌文化的培育 /110

本章小结 /113

案例分析 /113

第八章　品牌传播　　115

第一节　品牌传播概述　/116
第二节　品牌传播媒体　/123
第三节　品牌公共关系传播　/126
第四节　品牌整合营销传播　/128
本章小结　/131
案例分析　/132

第九章　品牌体验　　134

第一节　体验经济与品牌体验　/135
第二节　品牌的体验过程　/139
第三节　品牌体验设计与实施　/145
本章小结　/148
案例分析　/148

第十章　品牌延伸　　150

第一节　品牌延伸概述　/151
第二节　品牌延伸的路径与策略　/153
第三节　品牌延伸原则与步骤　/156
第四节　品牌延伸风险及其规避　/160
本章小结　/163
案例分析　/163

第十一章　品牌资产　　165

第一节　品牌资产的含义　/166
第二节　品牌资产的构成　/168
第三节　品牌资产的特征　/173
第四节　品牌资产的保护　/176
本章小结　/181
案例分析　/181

第十二章　品牌危机　183

第一节　品牌危机概述　/184
第二节　品牌危机的成因　/186
第三节　品牌危机处理原则　/189
本章小结　/192
案例分析　/193

第十三章　品牌国际化　195

第一节　品牌国际化概述　/196
第二节　品牌国际化的动因与障碍　/198
第三节　品牌国际化战略　/201
本章小结　/206
案例分析　/206

参考文献　208

第一章 品牌概述

■ 理论模块任务

1. 掌握品牌的内涵和本质;
2. 熟悉品牌对企业、消费者的作用;
3. 明确区分品牌、商标、产品和名牌之间的关系;
4. 理解中外品牌的发展历史。

■ 实践模块任务

1. 组建品牌策划小组,每组4—5人;
2. 拟定团队名称、logo、标语、口号等,加深团队成员的熟悉度。

■ 开篇案例

"315"京东国品日

随着经济全球化进程的不断推进,越来越多的人、企业和组织认识到品牌的重要性。品牌是一个产品的无形资产,是企业乃至国家综合竞争力的重要体现,是一个企业走向世界的通行证,也是一个国家展示自己的名片。

党的十八大以来,我国高度重视品牌建设,2014年习近平总书记提出"推动中国制造向中国创造转变、中国速度向中国质量转变、中国产品向中国品牌转变",为中国品牌高质量发展指明了方向。2016年6月20日,国务院办公厅发布《关于发挥品牌引领作用推动供需结构升级的意见》,提出设立"中国品牌日",同时强调大力宣传知名自主品牌,讲好中国品牌故事,提高自主品牌影响力和认知度。2017年5月2日,国务院印发《国务院关于同意设立"中国品牌日"的批复》,同意自2017年起,将每年5月10日设立为"中国品牌日"。

2017年3月14日,京东、央视联合宣布推出首个"315"京东国品日,双方和华为、蓝月亮、格力、海尔、洋河等10余家央视"国家品牌计划"成员联手为中国消费者献上一场品质盛宴。央视作为国家级的媒体平台,京东作为中国知名电商,同时也是国内收入规模最大的互联网企业之一,在"品质铸就品牌"方面一直走在行业前列。京东与央视携手推出"京东国品日",整合中国领先电商平台与媒体平台的核心优势,对推动中国产品向中国品牌升级具有巨大的作用。

京东国品日选择在3月15日，主题是"网络诚信，消费无忧"，希望让消费者可以放心消费，找到更好的选择，这也是京东深耕电商多年，一贯追求的服务理念。国品日，京东为国家品牌提供了优质的营销资源，开启站内、站外全渠道营销投放。包括亮相"世界的十字路口"纽约时代广场、在上海徐家汇LED四屏联动，以及在微信朋友圈、主流门户网站、视频媒体的投放，还覆盖全国重点城市中9万座核心楼宇等，除了"海陆空"全屏化营销覆盖，京东平台也通过整合营销、数据驱动、品效合一、开放平台、场景链接等五位一体的JD IDEA营销方法全面开放京东核心数据和营销能力，帮助品牌方重新构建与消费者的关系，实现品牌价值链的升级改造。

截至2023年，京东国品日活动已经成功开展了7年，京东国品日结合中国品牌发展现状，充分利用互联网平台与技术，聚焦国货精品，感受品牌魅力。国品日已经成为京东平台展示民族品牌形象和品牌建设成就的窗口，越来越多的中国消费者更加认可国货，在中国品牌得到认同的背后，更是体现了国人的文化自信，也象征着国家软实力和硬实力的稳步提升。京东国品日的意义在于能够最大程度地发挥品牌的引领作用，推动供给结构和需求结构升级，激动企业提升产品品质，有利于促进企业诚实守信，树立社会责任，实现和谐、公平、可持续发展。

（资料来源：百度百科，baike.baidu.com/item/中国品牌日/20727718，笔者整理）

第一节　品牌的概念及分类

一、品牌概念的界定

当今时代，是品牌大行其道的时代，越来越多的企业、组织及个人认识到了品牌的重要性。随着人们对品牌认识的逐渐深化，各国专家学者都在从不同角度关注品牌现象并研究品牌问题，关于品牌定义的描述也在不断发展。

（一）符号说

品牌的英文是"brand"，起源于古挪威语"brandr"，意为"烙印"，最早指烙在家畜身上用于区分动物所有权的印记。美国市场营销协会（American Marketing Association，AMA）1960年在《营销术语词典》（*Dictionary of Marketing Terms*）中，把品牌定义为一个"名称、术语、标记、符号或设计，或是上述元素的组合，用于识别一个销售商或一群销售商的商品与劳务的名称、术语、记号、象征或设计及其组合,并能够与其他竞争对手区分开来"。这一定义在营销界及学术界得到广泛认可。品牌专家戴维·阿克(David Aaker)把品牌定义为用来标志某个销售商或销售集团的产品和服务,并将之与竞争对手的产品或服务区分开来的特有的名称和标志。美国学者林恩·阿普什(Lynn Upshaw)认为,品牌是使某产品和服务能够区别于其他产品和服务的名称、标识和其他可展示的标记。

从符号说的角度理解品牌是基于品牌最原始、最直观的含义。它从朴素而现实的视角将品牌作为体现个性、区别于其他竞争者的特殊符号。重点强调品牌的识别特性,认为它是品牌应该具备的必要条件,但不是完全和充分的条件,因此不能揭示品牌的全部内涵。

(二) 资产说

美国品牌专家亚历山大·比尔(Alexander Biel)把品牌资产定义为是超越生产、商品及所有有形资产的价值体现,品牌带来的好处是可以预期未来收益远超过推出具有竞争力的其他品牌所需的扩充资本。法国品牌专家让·诺埃尔·卡普费雷(Jean Noel Kapferer)认为,企业最有价值的财富是品牌,品牌对于公司而言代表了一份价值连城的合法财产。这份财产能够影响消费者的行为,并且在它被购买和出售的过程中,确保它的主人以后会有源源不断的收入。

品牌的资产说将品牌视为一种资产,着眼于品牌的价值功能,其侧重点在于品牌在市场运营中的作用,它主要是站在经济学、会计学的立场,从品牌的外延,如品牌资产方面进行阐述,突出品牌作为一种无形财产能给企业带来多少财富和利润,以及能给社会带来什么样的文化和时尚等价值。这种主张认为品牌是一种价值,在一定程度上是脱离产品而存在的,它可以买卖,体现一种获利能力,更强调品牌对企业的增值功能。

(三) 综合说

广告大师大卫·奥格威(David Ogilvy)1955年提出,品牌是一种错综复杂的象征,它是产品属性、名称、包装、价格、历史、声誉、广告方式的无形组合,品牌同时也因消费者对其使用的印象以及自身的经验而有所界定。这一概念指出了品牌的无形资产特性和品牌自身包含的相关属性。1978年,莱维(Levy)教授表示,品牌是存在于人们心中的图像和概念的集合,是关于品牌知识和对品牌主要态度的总和。林恩·阿普什认为,品牌是消费者眼中的产品或服务的全部,即人们看到的各种要素集合起来所形成的产品的表现,包括销售策略、人性化的产品个性及两者的结合等;或是全部有形或无形要素的结合,如品牌名称、标识、图案等。美国市场营销学之父菲利普·科特勒(Philip Kotler)认为,品牌往往是一个更为复杂的符号标志,能够反映出六个层面的含义,包括:属性(Attributes)、利益(Benefits)、价值(Values)、文化(Culture)、个性(Personality)和使用者(User)。戴维·阿克指出,品牌像人一样具有个性和情感,是产品、企业、人和社会文化象征的综合体,是一个全方位的架构,涉及消费者与品牌沟通的方方面面。

品牌综合说着眼于品牌的信息整合功能,将品牌融入营销市场及社会大环境中加以分析,而且加入时间维度和空间因素,不仅包括品牌名称、品牌包装和品牌标志等有形要素，还包括历史、经济、法律和社会文化等诸多无形要素。

（四）关系说

联合利华前董事长迈克尔·佩里（Michael Perry）认为，品牌代表消费者在生活中对产品或服务的感受，以及由此产生的信任、相关性及意义的总和。它是一个以消费者为中心的概念，它的价值体现在与消费者的关系中。奥美广告公司认为，品牌是商品透过消费者生活中的认知、体验、信任及感情，争到一席之地后所建立的关系。美国品牌战略研究学者凯文·凯勒（Kevin Keller）认为，品牌源于消费者反应的差异。消费者反应的差异是消费者对品牌理解的不同结果，如果没有差异产生，那么具有品牌名称的产品本质上仍然是一般类别的产品。虽然企业通过营销计划为品牌提供了支持，但最终品牌是留存在消费者头脑中的东西。

关系说的品牌定义从品牌与消费者沟通功能的角度切入，提示了品牌的价值最终由消费者来决定的要义，它传达了企业与消费者及产品与消费者之间的沟通。这种主张强调品牌是消费者或某些权威机构认定的一种价值倾向，是社会评论的结果，而不是品牌自我加冕的。

（五）互动说

产品形成于生产环节，而品牌形成于流通环节，企业塑造品牌的人格化特征，而消费者决定品牌的命运，生产者创造了品牌，但真正的认定者是消费者。由产品品牌的这一形成机制可知，完整的品牌形成过程涵盖了生产领域、流通领域和消费领域。戴维·阿克认为，品牌是产品、名称、人、企业与消费者之间的联结和沟通，即品牌是一个全方位的概念，牵涉消费者与品牌沟通的方方面面，并且品牌更多地被视为一种"体验"，一种消费者能亲身参与的更深层次的关系，一种与消费者进行理性和感性互动的综合。亚马逊创始人及首席执行官杰夫·贝索斯（Jeff Bezos）认为，品牌就是指你与客户之间的关系，说到底，起作用的不是你在广告或其他的宣传中许诺了什么，而是它们反馈了什么及你又对此做出什么反应。我国学者李光斗在《品牌竞争力》一书中指出，品牌既是消费者对一个企业、产品所有期望的综合，同时又是企业向目标市场传递企业形象、企业文化、产品理念等要素的载体，而且还是企业产品品质的契约担保和履行职责的承诺。

将品牌视为互动的概念是从企业和消费者两个角度来诠释品牌。实际上，品牌作为一个动态的信息载体，涵盖了两个层面的信息：第一，品牌凝聚了企业及其产品的信息，反映了企业的研发、生产、市场推广能力及企业文化形象等状况；第二，品牌涵盖了消费者的心理感知，该感知是构成品牌形象的重要来源，即品牌是企业与消费者之间互动的整体概念。

（六）承诺说

"品牌是承诺、保证和契约。"菲利普·科特勒指出，品牌是对消费者购买一组属性的承诺，这种承诺超出了产品的有形部分。宝马集团董事长赫尔穆特·庞克（Helmut Panke）曾说，品牌是一种承诺，这种承诺必须在任何时间、任何地点、任何产品上兑现。因此，我们产品的性能、特点，无论在哪里购买，都是一样的。凯文·凯勒认为，对于消费者而言，品牌标识了产品的来源，从而成为消费者与产品生产者之间的一种纽带、契约和承诺，是生产者对产品品质的保证。戴维·阿克也说，品牌首先向公众承诺的是保持并不断改善产品的品质。波士顿咨询公司认为，客户通过品牌理解企业的产品或服务，品牌代表了企业的产品或服务所做出的承诺、表现的价值、提供的利益及客户对这些承诺、价值和利益的主观评估。

品牌对于消费者而言，可以视为一种合同或协议，消费者对品牌的信任和忠诚来源于品牌所包含的关于产品或服务的质量、属性、价格、个性等方面的承诺，以及消费者根据检验所获得的对该承诺真实性的认可。

品牌案例 1-1

瑞幸挑战星巴克的"铁王座"

二、品牌的内涵

关于品牌的内涵有很多种说法，在《兰登书屋英语词典》（*Random House English Dictionary*）中是这样定义的：它是一个词、名称或符号等，尤其是指制造商或商人为了在同类产品中区别出自己产品的特色而合法注册的商标，通常十分明显地展示于产品或广告中。品牌的内涵和人的内涵表现基本是一致的，都是由若干个要素共同组成，这些要素共同作用，共同体现品牌的内涵。品牌内涵就是能够充分体现品牌的核心本质的综合因素的组合，包括属性、阶层、价值、角色感、利益、情感、文化、个性等，而这些因素一经组合就能清晰、完整地传递出一个品牌的形象和整体状况。具体来说，品牌的内涵表现为品牌知名度、美誉度、市场表现与信誉价值四个方面。

（一）品牌知名度

品牌知名度是指某种品牌被社会公众认识和了解的程度。品牌知名度分为三个层次：品牌识别、品牌回想和第一提及知名度。

品牌知名度的最低层次是品牌识别，是指品牌可以让消费者找到熟悉的感觉，可以根据提供帮助的记忆测试确定。人们喜欢熟悉的产品，尤其是低价值且日常使用的日用品，如面纸、肥皂、洗衣粉等，有时不必评估产品的特点，熟悉这一产品就足以让人们做出购买决策。

第二个层次是品牌回想，是指消费者在购买时能够回想起的品牌。品牌回想往往与品牌定位相关联，已成为影响潜在购买者的购买决策的主要因素。

品牌知名度的最高层次是第一提及知名度，是指某品牌在人们心目中的地位高于其他品牌，企业如果拥有这样的主导品牌就有了强有力的竞争优势。

品牌的知名度是一个"量"的衡量指标，经常作为评价品牌策略运用得成功与否的标准。通常情况下，品牌知名度高是产品被广大消费者接受和购买的前提，而知名度低或没有知名度的产品，就是不为消费者所认识和了解的产品，消费者当然不会选择它们。

（二）品牌美誉度

品牌美誉度是指某种品牌被社会公众信任和赞许的程度，或者社会公众对这个品牌是如何评价的。它是市场中人们对某一品牌的好感和信任程度，是现代企业形象塑造的重要组成部分。品牌美誉度是一个"质"的衡量指标。对于品牌的知名度，企业往往可以通过广告宣传等途径来实现，而美誉度反映的是消费者在综合自己的使用经验和从各种渠道获取的品牌信息后对品牌价值认定的程度，不能仅靠广告宣传来实现。美誉度往往是消费者的心理感受，是形成消费者忠诚度的重要因素。美誉度是赢得顾客信任、使其进行重复购买的重要条件，是维持高品牌忠诚度和高市场占有率的基础。因此，高知名度常常与高美誉度同时作为衡量品牌是否获得公众认可的标志，高美誉度的品牌是那些为顾客提供高品质产品和优质服务的具有高让渡价值的品牌，是消费者认为性价比高的产品。

（三）品牌市场表现

品牌市场表现是衡量企业经营情况和发展前景的量化指标。在通常情况下，衡量一个品牌在市场上的表现有两个指标：一是市场覆盖率，二是市场占有率。市场覆盖率是指品牌所辐射市场范围的大小，是一个绝对量指标，往往表明企业在地理范围和空间范围的影响力指标，是本企业产品的投放地区占应销售地区的百分比。市场覆盖率按照从低密度的覆盖到高密度的覆盖可以分为独家分销、选择分销和密集分销三种类别。市场占有率是指品牌在全部同类产品销量中所占的比重，是一个相对量指标，往往表明一个品牌在市场上的竞争能力和所处的竞争地位。

（四）品牌信誉价值

品牌的信誉价值是指某一品牌在某一时点（年度）上的市场竞争力，它反映了该品牌在该产品市场上所处的地位。品牌的信誉价值并不等同于交易价值，但它可以为交易价值的实现提供一个供社会认识和接受的基础，从而有助于交易价值的实现。在经济全球化条件下，品牌只是企业竞争的前提和基础，真正给企业带来实际市场价值的是建立在产品和品牌基础上的企业信誉。不论是企业的人力资源管理还是企业的创新力，不论是产品服务的质量还是企业的社会责任，最终都将转化为企业信誉而被市场所认可，并且为企业带来巨大的市场价值。因此，品牌价值的核心是信誉，品牌管理的核心是对企业信誉的管理，企业最终的竞争是基于品牌的信誉竞争。

三、品牌的分类

为了加深人们对品牌的认识，使企业更好地了解自己的品牌，有必要进行更加科学合理的品牌分类（Brand classification）。具体来讲，品牌可以按照以下方式进行划分。

（一）根据品牌的来源地划分

品牌来源地是指拥有该品牌名称、负责产品设计的公司所在地或隐含在知名品牌中的原产地。品牌原产地是最初培养和生产品牌的地区，可以将其理解为"品牌的国籍"。品牌国籍如中国品牌、美国品牌、日本品牌、法国品牌等。

品牌来源国的声誉、经济发展水平也会对消费者产生影响，因此，品牌具有一定的来源国效应（Country of Origin Effect），简称COE，最早可以通过"Made in"来确认。品牌来源国效应涉及消费者如何看待来自某个特定国家的产品的问题，是指产品的生产国这一信息对产品购买者的产品评价（或质量判断）、态度及购买意图的影响。特别是在全球生产和外包时代，由于品牌产品在多个国家生产或采购，品牌来源地是唯一稳定的信息，可以用来确保产品的真实性。

（二）根据产品生产经营所属环节划分

根据产品生产经营所属的环节不同，可以将品牌分为制造商品牌和经营商品牌（中间商品牌）。

1. 制造商品牌

制造商品牌是指制造商为自己生产制造的产品设计的品牌。制造商品牌是制造商根据自身的需求，在对市场进行调查和了解的基础上，结合企业发展需要而创立的品牌。制造商是该品牌的所有者，比如索尼、格力等都是制造商品牌。如果某制造商生产的产品在全国范围内销售，该品牌就被称为公众品牌。

2. 经营商品牌

经营商品牌（中间商品牌）是指由中间商根据消费者对某类产品的需求信息，自行设计产品、自设生产基地或者选择合适的生产企业进行加工生产，最终使用自己的商标进行销售而创立的品牌；或者生产经营能力有限的小企业缺少创立品牌的实力，为了尽快获得中间商的顾客资源而与中间商协商合作，使用中间商的品牌进行销售而创立的品牌，经营商品牌也被称为自有品牌（Private brand）。20 世纪 80 年代以来，经营商品牌得到了迅速发展，欧美许多国家的大型超市、连锁商店、百货商店都出售具有经营商品牌的商品，通过自有品牌建设，提高企业信誉，最终提高企业效益，使企业得到更好发展。

（三）根据品牌知名度和辐射区域划分

根据品牌的知名度和辐射区域不同，可以将品牌分为地区品牌、国内品牌、国际品牌。

1. 地区品牌

地区品牌是指来自同一区域内的某类产品在市场上具有较高的知名度和美誉度，受产品特性、地理条件和文化特性等因素的影响，产品辐射范围不大。例如，我国的啤酒品牌除了青岛、哈尔滨等品牌之外，各个地区也都有本地生产的啤酒品牌，如黑龙江的北国啤酒、广州的珠江啤酒、烟台的烟台啤酒等。

2. 国内品牌

国内品牌是指国内知名度较高、在全国范围内销售的品牌。在我国，大多数中国名牌产品是指获得"驰名商标"称号的品牌，都是在全国范围内销售的知名度较高的品牌，如茅台、五粮液酒等。但消费者存在一种消费者民族中心主义现象，即消费者往往对国产货给予更正面的评价，这种评价是因为每个消费者都有与生俱来的对国货的偏好或对进口货的偏见，这是一种常见的消费民族本位现象。

在我国，Z 世代（1995 年至 2009 年出生）消费群体在不断壮大，受数字信息技术、国潮文化等影响，Z 世代消费者对国产品牌的认可度相对较高。京东消费及产业发展研究院发布的《2022 Z 世代消费指数报告》显示，Z 世代逐渐成为消费中坚力量，拉动了"国潮"经济。

3. 国际品牌

国际品牌是指在国际市场上知名度、美誉度较高，产品辐射全球的品牌。虽然文献中缺乏对国际品牌的定义，但人们普遍认为，它是指消费者可以在多个国家找到同名的品牌，跨国公司生产的产品都属于这一种。消费者可能通过媒体曝光（比如在国际体育赛事或者音乐会报道中可看到品牌名称）、口碑信息或在自己的海外旅行中了解到其他国家也有同样的品牌，其具有更高的品牌声誉。每年由《财富》杂志、《商业周刊》和 Interbrand 公司公布的品牌资产排名前 100 名的企业，都属于国际品牌，比如苹果、微软、亚马逊、华为等。

（四）根据品牌主体划分

根据品牌的主体不同，可将品牌划分为个人品牌、产品品牌、企业品牌、城市品牌、国家品牌等。

1. 个人品牌

个人品牌是指个人拥有的以外在形象或内在修养所传递的，独特的、鲜明的、确定的、易被感知的，足以引起群体消费认知及对消费模式形成重大改变的整体性、长期性、基本性（已经被显明或者即将被显明）的影响力集合体，例如李宁、刘强东等人因其市场知名度高其名字就具备一定商业价值。

2. 产品品牌

产品品牌对产品而言包含两个层次的含义：一是指产品的名称、术语、标记、符号、设计等方面的组合体；二是代表有关产品的一系列附加值，包含功能和心理两方面的利益点，主要指产品所能代表的效用、功能、品位、形式、价格、便利、服务等。例如潘婷、海飞丝等属于产品品牌。

3. 企业品牌

企业品牌传达的是企业的经营理念、企业文化、企业价值观念及对消费者的态度等，使企业能有效突破地域之间壁垒，进行跨地区经营活动，并且能为各个差异性很大的产品提供统一的形象、统一的承诺，使不同的产品之间形成关联，它整合了产品品牌的资源。例如，美国苹果、韩国三星、中国华为等属于企业品牌。

4. 城市品牌

城市品牌就是一个城市在推广自身形象的过程中，根据城市的发展战略定位所传递给社会大众的核心概念，并得到社会的认可。例如，青岛的啤酒节、常州的恐龙文化节、哈尔滨的冰雪节等都属于城市品牌。城市品牌随着旅游行业的迅猛发展，其蕴含的商业价值和潜在价值都不可估量。例如，2023 年山东淄博烧烤频频冲上新闻媒体热搜，一跃成为网络"顶流"。据统计，仅"五一"期间，淄博各大景点吸引来自全国各地的游客逾 12 万人次，"小饼烤炉加蘸料，灵魂烧烤三件套"成为淄博本地文旅资源，当地也因势利导、顺势而为，将"一时网红现象"转化为"一地特色品牌"，不断优化服务水平、深化城市形象，塑造城市品牌。

5. 国家品牌

国家品牌指一定时期内一个国家在外国公民心目中的总体形象。国家品牌不仅包括实物形态的"硬产品"，还包括非实物形态的服务、旅游、投资环境、文化传统、政府管理、居民等"软产品"。例如，中国的万里长城、美国的自由女神像等属于国家品牌。

第二节　品牌的特征与作用

一、品牌的特征

品牌特征（Brand character）是品牌所具有的、与众不同的特质，这一特质使品牌区别于市场上其他竞争者。深入理解品牌的特征与作用，有助于企业制定科学合理的品牌策略，以吸引消费者对品牌的兴趣和记忆。关于品牌特征的描述有很多，通过总结可以发现，主要体现在以下几个方面。

（一）表象性

表象性是品牌最基本的特征。品牌最原始的目的就是通过一个比较容易记忆的形式，让人们记住这一产品或企业。因此，品牌必须要有一系列的物质载体来表现自己，使品牌形象化。品牌的物质载体分为两个方面：直接载体和间接载体。直接载体主要有文字、图案和符号；间接载体主要有产品质量、产品服务、品牌知名度、企业美誉度、市场占有率等。没有物质载体，品牌就无法表现出来，更不可能达到品牌的整体传播效果。因此，优秀的品牌载体表现较为突出，例如，麦当劳的金拱门设计、苹果的"被咬了一口的苹果"等都赢得了众多的品牌忠诚者。

（二）集合性

品牌是一种沟通代码的集合体。它是一种象征，它把各种元素如商标、符号、包装、价格、广告风格、个性、文化内涵等集合于一身，形成完整的品牌概念。品牌以自身内涵的丰富性和元素的多样性向受众传达多样化的信息。企业把品牌作为区别于其他企业产品的标识，以引起消费者和潜在消费者对自己产品的注意。从消费者的角度来看，品牌作为综合元素和信息载体一同存储于消费者的大脑中，从而成为他们搜寻的线索和记忆的对象。例如，京东的标识 JD JOY，JD 是京东汉语拼音（Jing Dong）的首字母组合，JOY 是一只能为大家带来快乐的金属狗，狗以对主人忠诚著称，拥有正直的品性和快速的奔跑速度。JOY 也随着京东品牌的建设与成长，由最初的"金属狗"变为更有亲和力的"小白狗"，寓意着京东给客户带来轻松、省心、放心和快乐的购物体验。

（三）资产性

品牌是企业的一种无形资产。品牌所代表的意义、品质和它的个性特征具有某种价值。这种价值并不能像物质资产那样能够用实物的形式来表述，它是人们看不到、摸不着的，在企业的资产负债表上难以体现出来，但它却能够使企业的资产迅速扩大，为企业创造出大量的超额利润，并且品牌可以作为商品在市场上进行交易。根据 interbrand 评出的 2022 年全球最具价值品牌 100 强，苹果品牌价值达 4 822.15 亿美元，仍然处于榜首；微软排名次之，其品牌价值为 2 782.88 亿美元；亚马逊品牌价值达 2 748.19 亿美元，排名第三。中国唯一上榜企业华为，位列 86 位，品牌价值为 66.34 亿美元。

（四）双重性

品牌具有两种属性：自然属性和社会文化属性。自然属性是产品的价值，包括质量、服务等能给消费者带来实际使用价值的东西。这部分属性是由产品赋予的，是看得见、摸得着的。社会文化属性是消费者在自然属性之外，通过购买和使用产品而产生的社会文化层面的感受如品位、自信等。这部分属性是由品牌文化赋予的，能给消费者带来想象的空间，是看不见、摸不着的。例如，ROSE ONLY 花店品牌自创立之初便立下浪漫规定，男士凭身份证一生仅能为同一位女性送花，满足消费者对于感情唯一性和专属性的美好想象。

（五）排他性

品牌属于知识产权的范畴，具有明显的排他性。品牌拥有者经过法律程序的认定，享有品牌的专有权，有权要求其他企业或个人不能仿冒、伪造，这就是品牌的排他性。然而我国企业在国际竞争中由于没有很好地利用法律武器，没有发挥品牌的专有权，曾经被抢注了部分品牌，如 1999 年海信商标"Hisense"曾在欧洲被西门子合资公司抢注，经双方几轮博弈，最终 2005 年"Hisense"被无偿返还海信。因此，品牌拥有者应当经过法律程序的认定，享有品牌的专有权，品牌专有性的保护手段主要有注册商标、申请专利、授权经营等。

二、品牌的作用

品牌具有巨大的社会经济价值。随着市场竞争的激烈化，品牌在现代市场竞争中也将发挥越来越重要的作用。以下将从消费者、企业视角分析品牌的作用。

（一）品牌对消费者的作用

对于消费者而言，品牌的价值体现在它能够简化顾客购买决策过程，品牌为顾客在评估、选择和购买产品时提供了评估或判断上的捷径。

1. 减少消费者的购买风险

消费者在购买某一品类产品时，都会首选熟知的品牌。选择市场知名度高、信誉好的品牌，可以帮助消费者减少信息搜索时间和降低商品购买风险。消费者在消费过程中可能面临的风险包括：产品功能风险、财务风险、时间风险和心理风险等。因此，品牌对消费者而言，能够给予其一定的购买信心和保障。

2. 降低消费者搜寻产品的成本

从经济学角度讲，市场存在信息不对称性现象，互联网时代，口碑为王。消费者在选择商品时通常会通过品牌广告、网络搜索、熟人推荐等方式获取相关品牌产品信息。而品牌可以作为有效传递质量信息的信号来发挥功能，当消费者熟悉某个品牌时，自然会降低对于该品牌产品信息搜寻的时间成本。因为，品牌本身就暗含了丰富的产品功能信息和体验性信息，同时包含了消费者对于该品牌的认知和信心。

3. 表明对消费者的承诺

顾客对品牌的信任表明，顾客相信品牌会有相应的功能性和情感性价值体现。品牌声誉是建立在长期的产品功能、促销、定价、服务等基础上的，代表了品牌对顾客的承诺和责任。对于消费者而言，品牌能够为他们提供稳定优质的产品和服务的保障，以满足其需求与欲望，消费者则用长期购买行为、品牌忠诚、口碑等来回报企业，双方通过品牌形成了一种相互信任的契约关系。

总之，当商业社会遵守契约精神，品牌释放的信息真实可信时，顾客因为品牌而使日常生活变得更加简单、安全和幸福。在人们的生活越来越复杂和节奏越来越快时，品牌简化了消费者的购买决策过程，减少了购买风险。例如，京东商城在自营产品售后服务上秉承"180天只换不修""365天只换不修"的服务承诺,商品自签收次日起16天至365天内可申请只换不修服务,以此给消费者提供更优质的服务。

（二）品牌对企业的作用

对于企业而言,品牌的价值体现在以下几个方面。

1. 品牌是企业对其产品进行法律保护的载体

品牌名及其附属物（如商标、标识、广告语、包装等）都属于知识产权,公司作为其法定所有者,拥有受法律保护的权利。因此,品牌名及其附属物通过商标注册,可以用于保护企业产品的独特性能、工艺、包装等。从这个角度看,拥有品牌所有权是企业安全投资品牌并从法律角度保障品牌发展的前提。

2. 品牌是企业及其产品实现差异化的武器

经由品牌构筑的产品差异化是竞争对手难以模仿的。生产工艺、产品设计因其有形性而更容易被模仿。但经由企业多年的研发、生产及营销活动,品牌在市场上、在顾客心中留下清晰、独特的差异化印象,品牌的人格化个性等形成消费者对品牌的固有形象,这种品牌形象更为抽象、无形,与顾客之间的情感联系更加紧密、持久,因而更难以被竞争者所模仿。

3. 品牌是企业的合法资产

品牌是企业长期投资形成的更为无形和更具持久影响力的资产,它能被估价和用来进行买卖交易。品牌作为合法资产,可以在市场上出售为其所有者带来当期收益。

此外,品牌还能给其所有者带来未来收益。20世纪80年代兴起的品牌并购中的品牌估价,其主要依据就是品牌能够在未来带给市场和顾客的影响力。公司收购品牌的关键动机在于品牌能增加公司的未来市场收益。品牌交易中的溢价基础,就是品牌能在未来带来的额外利润。因而,品牌又表明了某种未来利益,是一种权益。

第三节 品牌与相关概念的关系

一、品牌与商标

（一）商标概述

很多人对品牌的最初认识来源于产品商标,商标把各种繁复的信息与内容浓缩为简单醒目的形式和识别。

《中华人民共和国商标法》（2019年修正）（以下简称《商标法》）第八条规定:"任何能够将自然人、法人或者其他组织的商品与他人的商品区别开来的标志,包括文字、图形、字母、数字、三维标志、颜色组合和声音等,以及上述要素的组合,均可以作为商标申请注册。"商标（Trademark）是个体、商业组织或其他法人机构使用的具有显著特征的标志或标志物,用于向顾客区别商品或者服务来源。当人们熟知商标后,就可以用商标分辨产品或服务由哪个企业生产或提供。

日常生活中,常见的商标的标志有以下几种：

（1）TM（Trade mark）,表示未注册的商业标志,用于宣传和推广产品品牌。

（2）SM（Service mark）,表示未注册的服务标志,用于宣传和推广品牌服务。

(3) ®（Registered），是注册商标的标记，意思是该商标在国家商标局进行注册申请并已通过商标局审查，成为注册商标。

《商标法》也限制了一些商标的注册，如仅有本商品的通用名称、图形、型号，仅仅直接表示商品的质量、主要原料、功能、用途、重量、数量及其他特点，以及其他缺乏显著特征的标志不得作为商标注册。同时，《商标法》还规定，就相同或者类似商品申请注册的商标是复制、模仿或者翻译他人未在中国注册的驰名商标，容易导致混淆的，不予注册并禁止使用；就不相同或者不相类似商品申请注册的商标是复制、模仿或者翻译他人已经在中国注册的驰名商标，误导公众，致使该驰名商标注册人的利益可能受到损害的，不予注册并禁止使用。

（二）商标与品牌的区别

商标与品牌关系紧密，人们很容易将二者混淆并当作一个概念。其实品牌与商标的区别很大。第一，商标是一个法律概念，是公司、产品或服务向工商管理部门申请法律保护的工具，而品牌则是一个营销和战略方面的概念，是产品或服务在消费者头脑中形成的一种烙印。第二，商标是一种知识产权，是有形的，其拥有者是企业，而品牌是企业满足消费者需求、进行市场竞争的战略性工具，其认定者是消费者，是无形的。第三，商标不等于品牌，商标是法律符号，而品牌是利益符号，是由物质利益和情感利益构成的，法律保护的是商标，而市场接受的则是品牌。

二、品牌与产品

品牌与产品密不可分，但二者不能等同，每一个品牌都代表产品，但不是每一个产品都能成为品牌。因此，为充分理解市场营销与品牌营销的差异，须明晰产品与品牌的区别。

（一）产品概述

20世纪90年代以来，菲利普·科特勒等学者倾向于用五个层次来表述产品的概念，认为产品（Product）是能够提供给市场的用以满足需要和欲望的任何东西。

1. 核心产品

核心产品是指向顾客提供的产品的基本效用或利益。从根本上说，每一种产品实质上都是为解决问题而提供的服务。因此，营销人员向顾客销售的任何产品，都必须具有反映顾客核心需求的基本效用或利益。

2. 形式产品

形式产品是指核心产品借以实现的形式，由五个特征构成，即品质、式样、特征、商标及包装。即使是纯粹的服务，也具有相类似的形式上的特点。

3. 期望产品

期望产品是指购买者在购买产品时期望得到的与产品密切相关的一整套属性和条件。

4. 延伸产品

延伸产品是指顾客购买形式产品和期望产品时附带获得的各种利益的总和，包括产品说明书、保证、安装、维修、送货、技术培训等。国内外很多企业的成功，在一定程度上应归功于它们更好地认识到服务在产品整体概念中所占的重要地位。

5. 潜在产品

潜在产品是指现有产品包括所有附加产品在内的、可能发展成为未来最终产品的潜在状态的产品。

（二）产品与品牌的区别

菲利普·科特勒认为，品牌远比产品的含义广泛，因为品牌具有不同维度，这些维度使之能区别于产品，并能满足顾客需求。如果采用二元论来解释，可以做如下论述：产品是采用一定的技术与制造方法制成的客观存在的有形商品，是一种事实；与此相对的，品牌则是附加在产品之上的无形的顾客感受与情感因素。

产品和品牌的概念相伴相生，品牌可以作为产品的背书，产品也可以用来塑造品牌，但二者之间的差别也普遍存在。首先，产品是由工厂生产出来的，而品牌则形成于整个企业文化中；第二，产品可以被竞争者模仿，但品牌是难以被模仿的；第三，产品具有生命周期，容易被时间淘汰，但成功的品牌却能经久不衰；第四，产品重在质量与服务，而品牌贵在传播；第五，产品是有形的，能够看得见、摸得着，具有一定的功能特征，有外在属性、风格、价值，能够满足消费者的各种期望，而品牌则是无形的，是对产品全方位的体验，包含个性、信誉、友好、地位、乐趣、喜爱、共享等特征。除此以外，产品与品牌还在其他方面具有差异，具体如表1-1所示。

表1-1 产品与品牌的区别

差异点	产品	品牌
定义	能够提供给市场的以满足消费者需要和欲望的任何东西	销售者向购买者长期提供的一组利益和服务
主要依赖对象	制造商、中间商、服务商	消费者
表现	具体的（包含有形的商品、服务、个人、组织、创意等）	是具体的，也是抽象的、综合性的
作用	是实现交换的物品	是与消费者沟通的工具
要素	五个层次：核心产品、形式产品、期望产品、延伸产品、潜在产品	除了产品识别要素外，还包括其他非产品识别要素
功能和效用	对应特定的功能和效用	除了提供功能利益外，更多的是提供自我表现利益和情感利益
意义	具有功能意义	兼有象征意义
形象	实实在在的	具有个性的、活生生的
关注点	注重价格	注重价值，高附加值
有形或无形	有形的	无形的
模仿性	可以仿造，容易模仿	仿造侵权，独一无二
生命周期	有一定的生命周期	可以经久不衰，世代相传
可扩展性	只从事某一类型	可以扩展、兼并、延伸
可积累和传承性	随消费而消逝	可以累积品牌资产
战略性	是营销策略工具	具有战略价值

> **品牌案例 1-2**
> 茶颜悦色：中国新中式茶饮开创者

三、品牌与名牌

企业拥有了品牌，是不是就是名牌企业了呢？事实上，品牌并不是名牌，它们之间既有联系又有区别。

（一）名牌概述

名牌（Famous brand），就是指著名的品牌。它享有较高的知名度、美誉度和市场占有率，因而也获得了较高的附加值，为企业带来超高的经济利润。名牌通常是由权威机构评定的，例如，我国的名牌战略推进委员会就是为推进名牌战略的实施、规范我国名牌产品的评价而成立的，是负责统一组织实施我国名牌产品评价、管理工作的协调推进机构。

（二）名牌与品牌的区别

名牌与品牌的主要区别在于：首先，名牌只代表知名度，而品牌的内涵更为广泛；其次，名牌一定是品牌，但品牌不一定是名牌；最后，名牌是评选出来的，而品牌难以评选，需要企业长期用心打造才能形成。

值得注意的是，也有学者对"名牌"一词提出了异议，认为"名牌"的说法并不妥当，名牌更多强调的是品牌的知名度，从而让企业家产生错误认知，认为只要想尽办法出名就能成为强势品牌。正是由于很多企业把名牌当做品牌，所以造成当前中国企业界盛行炒作造势以及广告轰炸并以此追逐名牌效应的误区。企业家要清晰地认识到，名牌绝非一朝一夕形成的，它需要长期的努力培育和用心经营。

第四节　品牌发展的历史

一、国外品牌发展历史

西方国家的品牌发展史与市场经济的发展史一样久远。欧洲悠久的商业历史和工业革命使其成为近代品牌的发源地，也是世界奢侈品品牌产生最早、数量最集中和影响力最大的地区。当欧洲人开始到北美定居时，他们也带去了品牌化的传统和实践。纵观其品牌发展历程，可以归结为以下几个阶段。

（一）品牌发展的原始阶段

从广告的产生到发明活字印刷术以前，品牌是在一种原始的、无意识的状态下发展起来的。但是，人们在商业活动中已经不自觉地运用了品牌的观念。西方国家的品牌发展最早可以追溯到古希腊和古罗马时代，那时的人们将通往店铺的标志或路线刻在石头上。在已出土的古埃及莎草纸和泥板，古希腊和古罗马时期的陶器、金器和灯具上都印有文字或图案标记，这些可以被认为是最早的广告商标品牌。这些标志可以帮助顾客识别产品的来源，这些标志主要是一些抽象的符号，可以说，符号是品牌最原始的形式。

（二）品牌的萌芽与发展

中世纪，古登堡铅活字印刷术的发明，标志着媒介传播水平得到提升，出现了各种各样的手工协会标志。这些标志用来吸引顾客，同时也用来管制侵害行业的垄断者及低劣产品的制造者。1266年英国通过一项法律，要求面包师在每块出售的面包上做记号，目的是防止因缺斤少两出现问题。而后，金匠和银匠也开始在商品上做记号，包括签名、私人印章以及金属材质质量说明，以作为质量的保证。

中世纪后，欧洲人来到美洲，也把品牌化的实践带到了美洲。美国的医药和烟草制造商是培育品牌的先驱。在美国内战之前，一些药品制造商已经因开始使用小瓶作为产品包装而变得比较有名，而且为更好地吸引消费者，这些制造商已经开始使用商标，典型的做法是在商品图案中央印制业主的肖像。美国的一些烟草商们早在17世纪早期就开始出口产品，19世纪早期的一些著名制造商注意到，如果他们的产品名字较为好听并且特别，产品销量就可以明显提高，于是他们开始有意识地利用这一点。到了19世纪60年代，经过精心设计的，包括图案、装饰、符号等早期品牌视觉形象元素的小包装香烟在制造商的出口产品中已屡见不鲜。

（三）品牌的成长与壮大阶段

1850—1920年，西方国家的生产力水平有了显著提高，是世界品牌成长与壮大的时期。这一时期，品牌发展的最大特点就是注册意识的觉醒和广告公司的大量涌现，真正意义上的品牌传播也是在此阶段出现的。

商标是商品的标志或标记。它是市场经济发展到一定阶段的产物，是产权主体明晰化和市场竞争明朗化的产物。商品生产的最初阶段并没有商标，商品生产发展到品牌竞争阶段后，同一种商品出现了众多的生产者和经营者，为了展现自己产品的质量和特色，许多生产者和经营者在自己产品上印刻标志以示区别，商标逐渐演变成为一种约定俗成的品牌标志。

这一阶段也出现了一系列奢侈品牌，如爱马仕、路易威登、卡地亚、欧米茄、巴宝莉等知名奢侈品牌，关税与贸易自由化促进了工业化品牌繁荣，诞生了诺基亚、西门子等品牌。

（四）品牌的成熟拓展阶段

第二次世界大战后，科学技术迅猛发展，生产力水平不断提高，资本主义社会由自由竞争阶段向垄断阶段过渡。一批著名品牌在市场竞争中脱颖而出后，伴随商品的输出和资本流动，逐渐走向世界的各个角落，品牌全球化的趋势明显。世界品牌总是随着新技术的产生而产生，随着新消费潮流的出现而出现的。20世纪90年代以来，以信息技术革命和制度创新为特征的新经济浪潮兴起，美国经济出现了第二次世界大战后罕见的持续性的高速增长，世界经济也因此开始从传统的工业经济向新型经济——知识经济转变，这种新型经济以高技术产业为支柱，以智力资源为主要依托。伴随这一新型经济的兴起，一批以信息为特征的高科技公司迅速崛起，并逐渐成长为全球跨国公司，品牌发展进入兴盛和繁荣时期，品牌理论的研究也日臻完善。

二、中国品牌发展历史

中国具有悠久的商业历史，但关于中国品牌发展的研究文献相对缺乏。这给中国品牌实践带来了一定的挑战。与发达国家品牌发展相比，中国品牌起步较晚，但随着中国企业的品牌意识持续加强，中国品牌也在不断成长、壮大。

(一) 中国古代品牌发展

品牌在中国的起源要追溯到商品交换的初期。原始社会后期，手工业生产从农业中分离出来，商品交换开始出现。早在商周时期，就出现了很多以不同特产而闻名的大都市，产品类型包括织物、粮食作物，形成了区域品牌的雏形。在西周墓葬出土文物中，发现有封建领主产品的标志和各种官工的印记，且标记形式简单，可看作早期商标和品牌的萌芽。

春秋战国时期，商品交换的发展使人们在让渡劳动产品时，都想得到交换方最好的产品。因此，为了让购买者能够区分商品，卖者开始打出招牌和幌子进行宣传，希望能够明确自己的身份，宣传经营的产品。

汉朝，是我国封建时期品牌发展的里程碑，品牌意识已经深入社会生活，实物招牌开始流行。随着手工业的不断发达和商品种类的多样化，商品市场已经出现竞争局面。商人、经营者开始采用能工巧匠的名字命名，说明当时的人们已经懂得如何提炼品牌的特色来体现商品的价值。

唐宋时期是我国封建社会的鼎盛时期，商业贸易繁荣。东汉蔡伦发明了造纸术，自汉至隋唐，再到宋代，中国印刷术发达，因而近代印刷广告早在唐宋时期就已经出现。据载，宋朝时期山东济南的刘家针铺，制造功夫细针，在其针包装纸上用铜版印有"白兔捣药"图案，左右刻有"认门前白兔儿为记"。

明清时代，资本主义生产关系开始萌芽，商品经济较以前更为发达，品牌的雏形已显现。品牌不只具备标记的功能，还具有了某种"意义"。例如，明朝嘉靖九年，当朝大学士为六必居酱菜铺提名。俗话说，"开门七件事：柴、米、油、盐、酱、醋、茶"，而因店铺不卖茶，固取名六必居，以防止自家酱菜被他人假冒。这是自品牌出现后，我国第一个具有品牌保护意识的注册防伪行为。

(二) 中国近现代品牌发展

1840年鸦片战争以后，国外的工商企业广泛利用与近代工业革命相适用的营销策略，开始对中国进行大规模的经济入侵和政治控制。国外产品大量进入中国市场，企图摧毁中国的民族工业和民族品牌，中国传统的民族品牌及产品不仅没有得到发展，相反举步维艰。第二次鸦片战争以后，清政府内外交困，部分官员主张引进西方先进生产技术。在此背景下，中国的近现代工商企业开始出现。

新中国成立初期是中国经济经历多年战争之后的恢复期。在计划经济体制下，对生活消费品实施了配给制，人们不太关心品牌的发展问题。所以说，我国真正意义上大规模的品牌觉醒和复苏是在改革开放后出现的。1979年年初，全国范围内开始逐步恢复广告业务，"参杞补酒"是第一个做电视广告的国产品牌，瑞士"雷达表"是改革开放后第一个在大陆媒体上做广告的外国品牌。改革开放以来，一些有识之士引进西方的企业管理经验，真正的品牌经营才在中国悄然兴起。特别是20世纪90年代随着市场经济体制的建立，以及国外品牌的大举进入，我国企业意识到了品牌的重要性，在竞争中陆续产生了"海尔""长虹""康佳""联想""美的"等一大批民族工业品牌，政府也相继出台了《商标法》《反不正当竞争法》《产品质量法》《广告法》等有助于品牌健康成长的法律、法规。

进入21世纪，随着互联网时代的到来，互联网品牌成为整个经济领域的领导品牌，出现了许多世界知名品牌，如华为、百度、腾讯、京东、小米等。随着数字经济与行业的不断融合升级，在消费升级背景下品牌营销也将不断结合经济背景，迎合消费者生活方式的变化，为中国品牌创造更丰厚的沃土。

本章小结

关于品牌，有符号说、资产说、综合说、关系说、互动说、承诺说等不同视角的定义。品牌可以根据品牌来源地、产品生产经营所属环节、品牌知名度和辐射区域、品牌主体等进行划分。品牌具有表象性、集合性、资产性、双重性、排他性等特征。品牌在现代市场竞争中具有重要的作用。品牌与产品密不可分，但不能等同，二者存在明显的区别；商标是一个法律概念，而品牌是一个营销和战略概念；名牌只代表知名度，而品牌的内涵要丰富得多。

国外的品牌发展起步较早，其发展历程包括：品牌的原始阶段、品牌的萌芽与发展阶段、品牌的成长与壮大阶段和品牌的成熟拓展阶段。中国在商业历史长河中累积了丰富和宝贵的品牌理念，其发展历程包括：封建时期的品牌发展和近代品牌发展。随着数字化经济的不断发展，中国企业的品牌管理也将迎合数字化经济发展态势，不断提升运营管理水平，提高企业的核心价值和品牌资产，为中国品牌、民族品牌的长期发展奠定基础。

案例分析

海尔：物联网生态品牌

海尔创立于1984年，是一家全球领先的美好生活解决方案服务商。海尔始终以用户体验为中心，坚持"人的价值第一"的发展主线，2019—2022年连续4年作为全球唯一物联网生态品牌进入BrandZ最具价值全球品牌100强。海尔集团致力于携手全球一流生态合作方，持续建设高端品牌、场景品牌与生态品牌，以科技创新为全球用户定制个性化的美好生活，助力中小企业数字化转型，推动经济高质量增长和社会可持续发展。海尔成功的原因除了一直恪守的人的价值第一和质量原则以外，独特的品牌管理系统也是其获得成功的重要原因之一。海尔的品牌发展主要经历了以下几个阶段：

1. 全面质量管理阶段（1984—1991年）

海尔集团的创始人张瑞敏在上任后便提出："有缺陷的产品就是废品。"1985年4月，他当众将76台存在质量问题的电冰箱砸毁。单纯从眼前的物质利益来看，冰箱也许是不用砸的，因为经过修理后仍可使用，但是张瑞敏要向全国消费者表态："海尔是对质量一丝不苟的品牌。"这一事件，使得国内消费者都认定海尔的产品是高质量产品，在市场供大于求时，海尔凭借差异化质量赢得竞争优势。

2. 多元化战略发展阶段（1991—1998年）

20世纪90年代，国家政策鼓励企业兼并重组，一些企业兼并重组后无法持续下去，或认为应做专业化而不应进行多元化。海尔的创新是以"海尔文化激活休克鱼"思路先后兼并了国内18家企业，使企业在多元化经营与规模扩张方面，进入了一个更广阔的空间。当时，家电市场竞争激烈，质量已经成为用户的基本需求。海尔在国内率先推出星级服务体系，当家电企业纷纷打价格战时，海尔凭借差异化的服务赢得竞争优势。

这一阶段，海尔开始实行OECC（Overall Every Control and Clear）管理法，即每人每天对每件事进行全方位的控制和清理，目的是"日事日毕，日清日高"。这一管理法也成为海尔创新的基石。

3. 国际化战略发展阶段（1998—2005年）

20世纪90年代末，中国加入WTO，很多企业响应中央号召走出去，但出去之后非常困难，又退回来继续做品牌。海尔认为走出去不只为创汇，更重要的是创中国自己的品牌。因此海尔提出"走出去、走进去、走上去"的"三步走"战略，以"先难后易"的思路，首先进入发达国家创名牌，再以高屋建瓴之势进入发展中国家，逐渐在海外建立起设计、制造、营销的"三位一体"本土化模式。这一阶段，海尔推行"市场链"管理，以计算机信息系统为基础，以订单信息流为中心，带动物流和资金流的运行，实现业务流程再造。这一管理创新加速了企业内部的信息流通，激励员工使其价值取向与用户需求相一致。

4. 全球化品牌战略发展阶段（2005—2012年）

互联网时代带来营销的碎片化，传统的"生产—库存—销售"模式不能满足用户个性化的需求，企业必须从"以企业为中心卖产品"转变为"以用户为中心卖服务"，即用户驱动的"即需即供"模式。互联网也带来全球经济的一体化，国际化和全球化之间是逻辑递进关系。"国际化"是以企业自身的资源去创造国际品牌，而"全球化"是将全球的资源为我所用，创造本土化主流品牌，是质的不同。因此，海尔整合全球的研发、制造、营销资源，创全球化品牌。这一阶段，海尔探索的互联网时代创造顾客的商业模式就是"人单合一双赢"模式。

5. 网络化战略发展阶段（2012—2019年）

互联网时代的到来颠覆了传统经济的发展模式，而新模式的基础和运行则体现在网络化上，市场和企业更多地呈现出网络化特征。在海尔看来，网络化企业发展战略的实施路径主要体现在三个方面：企业无边界、管理无领导、供应链无尺度，即大规模定制，按需设计，按需制造，按需配送。

6. 生态品牌战略阶段（2019年至今）

2019年，海尔集团开启了第六个战略阶段——生态品牌战略阶段。海尔生态品牌战略的实质就是要跟用户交互，借助区块链、物联网等新工具，提供用户所需要的产品和服务。具体而言，在物联网环境下，将持续以用户需求为导向，让员工发挥最大价值为用户创造价值；以生活场景为目标，突破产品和行业的边界，深度挖掘和掌握用户动态的需求，持续为用户提供个性化产品和场景服务，打破价格交易的传统产品售卖逻辑，从而开启新的价值交互模式。

创业伊始，海尔提出"真诚到永远"的理念，以高质量、高品质实现企业对用户的诚信承诺。产品的高质量，成为海尔创业的基石。在海外，依托对本土用户需求的精准把握，海尔以差异化的产品和服务，树立起中国家电的国际化名牌。进入互联网时代，海尔探索从传统的科层制企业转型成为共创共赢的创业平台，其目的是通过组织变革让每个人直面用户，让每个创客能够与用户"零距离"接触，打造出互联网时代的诚信品牌。

(资料来源：海尔集团官网，https://www.haier.com/，笔者整理)

案例思考

1. 海尔的品牌管理模式是什么？
2. 海尔的品牌管理给你的启示是什么？

第二章

品牌管理概述

■ 理论模块任务

1. 了解品牌管理的概念；
2. 掌握品牌管理的内容、流程；
3. 了解品牌管理组织类型和变革趋势。

■ 实践模块任务

1. 品牌管理涉及企业的各个部门，根据已组建团队成员特色选定品牌经理、市场调查员、市场分析员、营销策划师等角色（角色特征参照本章附录）。
2. 团队可任意选择所在地小微企业的产品品牌或服务品牌为策划对象，但不限定各类规模企业，策划须事先征得相关企业的书面同意。

■ 开篇案例

京东品牌管理之路

京东自1998年成立以来，其品牌历经了坎坷，但也走出了一条充满创新的自信之路。从最初的光磁产品起家到多媒体网站上线，再到成功改版成为京东商城，最终开辟全品类电商平台，甚至为了顾客极致体验不惜亏损自建物流，京东品牌建设中有成功的喜悦，也有亏损的担忧，但京东始终步履不停，不断前进。纵观京东品牌管理之路，有以下几个重要决策节点。

1. 全品类扩张转型

2005年京东转型B2C电子商务后，公司通过控制运营成本主打高标准IT类产品，实现了利润增长。但伴随着中国B2C热潮到来，大量资本涌入各类垂直行业并成立了B2C电子商务企业，竞争空前激烈。随即，刘强东提出"京东要发展，必须向全品类产品扩张"，从只做3C产品转向打造一站式消费平台，这标志着京东实现了从3C零售商向综合性电商的转型。

2. 自建物流决策

2007年是京东的转型之年，京东向全品类扩张后，好评率却有所下降。顾客投诉主要集中于物流配送及服务问题。当时，大部分电商公司都遇到类似瓶颈，选择轻资产化，把物流业务外包给第三方。但刘强东却选择逆行，自建物流，从顾客体验出发，认为京东需要通过自建物流彻底解决物流及服务痛点。

3. 金融市场定位

2014年5月，京东正式在美国纳斯达克挂牌上市。在京东上市之前，刘强东就已经开始带领京东涉足互联网金融领域。早在2013年7月，京东就成立了金融集团，此后，京东金融逐步推出了互联网金融产品"京保贝""京小贷""京东白条"等。同时拓展了在线支付、保险、证券、金融科技等金融服务，建立了一整套完整的互联网金融业务体系。

4. 积木型组织战略

随着互联网和大数据时代的不断变革，电商消费的主力开始向80、90后倾斜，第四次零售革命的到来促使京东进行战略革新，在赋能开放理念的指引下，京东开始向"积木型组织"迈进，促使它走出一条从"一体化"向"一体化开放"的转变之路。所谓积木型组织，指的就是打开业务环节之间的强耦合关系，使之成为一个个可拆分、可配置、可组装的插件。通过对多个可选插件的个性化组合，满足客户不同的偏好和需求。在赋能开放的理念驱动下，京东不断开放供应链体系的各个环节，最终达成"合则全盘调动，分则独立运营"的组织状态。

5. 京东品牌营销生态

京东品牌营销生态是指JD brand eco，以消费者为中心，通过重构"人、内容、场景"，为品牌商提供平台化、模块化、生态化的无界营销解决方案。简单而言，就是建立一个由媒体、品牌商和京东相互开放、共同建立的生态体系，实现三个场景转变，即场景连接、场景融合和场景创建。场景连接上，京东通过与国内各大互联网门户品牌合作，完成购物场景连接，几乎覆盖全部中国互联网用户，充分利用消费者的碎片化时间实现精准流量触达。场景融合上，在场景中实现与品牌的完美结合，京东通过东联计划——品牌、东联计划——内容以及京盟计划——流量三大营销产品，助力平台商家打通品牌信息曝光、流量支持、数据赋能的营销路径。在场景创建上，打造多元的购物场景，在与品牌商合作的基础上，设计深度互动，借助场景打造来提升品牌价值。

二十几年来，京东在品牌建设过程中始终秉承初心，以电商为中心点，不断扩展生意边界，遵循行业本质规律，顺应时代创新发展，打破边界，抱着开放和融合的心态，实现多方共赢。

（资料来源：李纯青，张文明. 管理模式的进化 [M]. 北京：中国人民大学出版社，2022：89-107.）

品牌的发展不是一蹴而就的，而是需要管理的。通过企业品牌管理，品牌价值才能日益增长与显现，品牌管理已经成为企业管理领域一个新的热点概念，已上升至企业战略管理层面。

第一节 品牌管理概述

一、品牌管理的概念

所谓品牌管理，是指企业以战略为指引，以品牌资产为核心，围绕企业创建、维护和发展品牌这一主线，综合运用各种资源和手段，以达到增加品牌资产、打造强势品牌目的的一系列管理活动的统称。品牌建立具有长期性，投入巨大，并且面临风险和挑战，因此企业进行品牌管理十分必要。

由于品牌是在消费者的基础上建立起来的，品牌管理必须根据消费者心理与行为，有针对性地开发、维护、巩固和发展消费者喜爱的品牌。品牌管理涉及很多方面的活动，需要企业各个部门及全体员工的支持。因此，企业高层应对品牌管理进行总体的谋划，明确品牌管理的方向与目标，协调各部门的行动。市场营销部门或品牌管理机构则负责制定和组织实施品牌定位、品牌设计、品牌推广、品牌延伸、品牌强化、品牌激活等各种策略。

品牌管理的目的是最终形成品牌的相对竞争优势，使品牌在整个企业运营中起到良好的驱动作用，使企业行为能够体现品牌的核心价值与精神，不断提高企业的品牌资产，为企业造就百年金字招牌打下坚实的基础。

学术界的大量品牌论著都以"品牌管理"作为关键词，包括凯文·凯勒的《品牌战略管理》（1998、2003和2008）、戴维·阿克的《品牌资产》（1991）、《品牌组合战略》，卡普费雷（Kapferer）的《品牌战略管理》（1992、1995和1997），等等。这些经典品牌著作引用了大量的品牌实战案例，基于全方位视角从正、反两方面剖析品牌管理的问题，提炼企业品牌管理经验并总结品牌管理的失败教训。

中国学者对品牌管理也给出不同的概念。余明阳等人认为，品牌管理是指企业有效运用各种内外部资源，通过计划、组织、领导、协调、控制等管理职能，创立、维护、塑造品牌以使品牌价值最大化的过程。周志民将品牌管理定义为企业管理者为培育品牌资产而展开的以消费者为中心的规划、传播、提升和评估等一系列战略决策和策略执行活动。

二、品牌管理的特征

（一）全方位性

品牌管理不仅是营销部门或品牌推广部门的工作，还涉及企业各个职能部门，并贯穿整个商业流程，成为跨部门的、具有战略意义的工作，因此，品牌管理具有全方位的特征。

（二）长期性

冰冻三尺，非一日之寒。塑造优秀的品牌不是一蹴而就的，其效果不会立竿见影。品牌的创立、维护与提升，需要长期的规划与不懈的努力，要进行计划、组织、协调等，是一个长期的过程。作为企业发展战略之一的品牌战略，更是一场持久战，往往需要经过几代人的努力。只有以完善品牌美誉度和提高品牌忠诚度为目标，扎扎实实地培育、塑造和管理品牌，才能使品牌健康、稳定、快速地发展，实现品牌价值的最大化。

（三）系统性

品牌管理是一项系统工程。品牌管理要具备适应性，它不仅需要响应竞争对手、最终客户、中间环节客户以及其他利益相关者的行为，而且需要响应品牌过去的行为和声誉。从品牌关系而言，它是涉及所有品牌相关利益者的关系系统；从品牌价值链来说，它涉及采购、生产、营销、财务、人力资源等价值链的各个环节；从品牌管理的范围而论，它从最初的原材料选择一直延伸至最终的用户服务，涉及企业的整个商业流程；从管理参与者的广度而言，它涉及品牌管理机构各个部门的所有人员，更是一个庞大的系统。作为一项系统性工程，品牌管理需要企业科学、严谨地遵循品牌创建及发展规律，从战略角度出发，持之以恒地规划品牌发展，以提升企业品牌的核心竞争力。

（四）战略性

随着市场竞争的加剧，企业管理者越来越强调将品牌运营上升到公司战略，即将品牌作为企业核心竞争力，以获取差别利润和价值。著名的品牌学者凯文·凯勒和卡普费雷不约而同地将他们所撰写的品牌管理教材命名为《品牌战略管理》，可见品牌管理在学术界已经上升到战略的高度。而在品牌经理的眼中，品牌管理也应该是企业战略管理层面的事项，而不是传统观念当中的战术事项。

从品牌管理的战略性地位来说，强势品牌都把品牌管理上升到战略管理的高度，设立战略性品牌管理部门。其主要职责包括：制定品牌管理的战略性文件，规定品牌管理各环节的系统性、一致性策略原则；建立母品牌的核心价值及定位，并使之适应企业文化及发展需要；定义品牌架构与沟通组织的整体关系，并规划整个品牌系统，使企业每一个品牌都有明确的角色；解决品牌延伸、提升、危机等方面的战略性问题；进行品牌检验、品牌资产评估、品牌传播的战略性监控等。

第二节 品牌管理内容

品牌管理的具体活动贯穿于品牌创立、品牌维护、品牌发展以及品牌更新等品牌建设与成长全过程的每个环节，是一项长期、系统的工作。一旦企业建立起品牌管理体系，其品牌经营就逐步从纯粹的产品管理、市场管理中超越出来，进而将产品经营与品牌这一无形资产结合成统一整体。同时，品牌管理的业务活动也超出了品牌命名、品牌推广，扩大为涉及品牌创造全过程的各方面工作，主要包括以下内容。

一、设定品牌管理的目标

环境是企业生存与发展的空间，环境分析为企业制定战略和管理品牌提供了主要依据。品牌发展服从于企业战略，打造著名品牌往往是企业战略的重要组成部分。根据企业发展战略，品牌管理的目标是通过研究目标消费者的需求，通过整合企业资源和有效运用各种营销手段，使目标消费者对品牌有深入的了解，在消费者的心目中建立品牌地位，促进品牌购买行为与品牌忠诚。一般而言，品牌管理的主要目标有三个：第一是实现品牌增值（品牌创利能力）；第二是挖掘品牌潜力（扩大品牌的获利范围）；第三是延长品牌作用时间（防止品牌随主导产品生命周期进入衰退期而失去依托，造成品牌价值的流失和浪费）。

二、建立品牌管理组织

建立品牌管理组织是企业的一项重要决策。在现实中，一些企业并没有设立专门的品牌管理机构，品牌管理由某些相关部门来执行，如市场部、销售部或营销部。因此，企业应该对自己的实际情况做具体的分析，然后决定是否建立品牌管理组织以及建立后该如何运行。品牌管理组织由企业内部组织与企业外部组织构成，对于外部品牌管理组织而言，企业可以选择专业机构介入，请它们担任品牌管理与部分执行工作的代理人。

欧美等发达国家有些已经实行了品牌管家制等，比如奥美国际（O&M）在20世纪90年代初提出了"品牌管家"的管理思想，以确保所有与品牌相关的活动都反映品牌本身独有的核心价值和精神，将VI规划、广告、公共关系、媒介、顾客关系、互动等手段加以整合，运用专业方法打造及运营品牌，以建立品牌与消费者的良好沟通关系。

三、品牌决策

品牌决策是品牌管理的基础，在品牌管理体系中占有举足轻重的地位。随着企业的发展，将考虑如何对品牌进行发展和维护，选择怎样的品牌组合，是否需要进行品牌延伸等。解决这些问题，就需要制定和实施有效的品牌战略，从是否需要品牌到品牌如何建立和维护，直至品牌战略，这是一个连贯的决策程序。品牌决策是决定企业是否使用品牌、使用哪种类型的品牌，以及使用什么形式的品牌等一系列决策过程。品牌决策包括品牌建立决策、品牌使用者决策、品牌名称决策、品牌战略决策和品牌再定位决策。在品牌决策过程中，企业上层需要关注市场环境的变化，对消费者需求和竞争态势进行判断，并结合企业自身的实际情况，制定创建强势品牌的战略目标和实施计划。

四、品牌定位

品牌定位是企业品牌建设的一个重要环节。品牌建设是一种长远的、持续的规划。品牌定位战略旨在建立新秩序，确立新价值，从更长远的角度实现长久占领市场的目标。品牌定位是品牌发展的前提和基础，更是品牌腾飞的起跑器。面对众多同类产品和竞争性品牌，企业的品牌定位决定了品牌的特性以及与竞争品牌间的差异性。因此，品牌定位必须在深入进行市场调研的基础上，对准目标顾客，体现差异，凸显个性，并以此来赢得消费者的青睐。

五、品牌设计

品牌命名与设计是实现品牌定位的重要环节。通过这一工作，企业制定了以核心价值为中心的品牌识别系统，使品牌识别与企业营销活动具有可操作性。一个优秀的品牌设计，不仅可以触动消费者的内心世界，而且能够完善企业的品牌形象。一整套的品牌识别系统包括：品牌理念识别、品牌行为识别、品牌视觉识别、品牌听觉识别以及品牌网络识别。在品牌设计中，品牌管理组织要注意针对消费者的感知与体验过程而进行，由此品牌设计可以分为两大层次：品牌感知与品牌体验。品牌感知层次强调消费者的感知质量，品牌所传递的信息须区别于同类竞争品牌。品牌体验层次强调消费者个体的经历，企业设计品牌体验主题时，应当与消费者的具体经历和感受结合，从而激发消费者对品牌的购买欲望。另外，品牌识别系统需要反映品牌的核心价值，保持相对的稳定。同时，应根据环境状况的变化，对品牌的识别内容进行创新性调整。

六、品牌推广

品牌推广的主要工作是通过营销传播活动影响目标顾客。品牌管理人员应注重通过营销行为传达品牌的核心价值，在每一次营销和广告活动中融合品牌的核心价值，要把握与消费者沟通的机会，从而使消费者在任何一次与品牌接触时都能感受到所传递的品牌核心价值。

整合营销传播分为间隔性的整合营销传播和持续性的整合营销传播。间隔性的整合营销传播包括广告、公共关系、直接营销、事件营销、销售促进，以及产品与服务、价格、销售渠道等。从传播角度看，以上均是向顾客传达信息的载体，可看作传播途径。这个阶段的品牌形象，更多的是满足某一特定时期的顾客需求与竞争要求，或者是某一特定市场目标顾客群的需求与竞争要求，具有阶段性特点。

持续性的整合营销传播是采用统一大众传播组合和互动式沟通，按照既定的品牌设计方向，调动沟通性传播与非沟通性传播，形成面向顾客的品牌统一形象与品牌价值。此类品牌的传播难以在短期内完成，需要较长的时间周期才能覆盖较大的市场。只有在长期且持续的传播过程中保持品牌的一致性，才能在消费者的心中树立深刻的品牌形象。

七、品牌监控

品牌监控是一个动态运作过程，为品牌的有效管理提供信息和决策依据。品牌监控的目的是及时掌握品牌的市场表现。品牌监控工作可由企业内部品牌管理机构来完成，也可借助外部机构。通过品牌监控，企业可以对品牌定位、品牌设计及品牌的整合传播等做出全面、客观的评估，修订、完善整体品牌的管理方案，进而提高品牌价值。企业可以通过第三方权威机构对品牌的评估，将品牌价值转化为可量化的资产，在融资、合资等方面运用。

第三节 品牌管理的组织形式

经济全球化促使企业的规模与经营方式不断变化，企业品牌管理方式也发生了变革。通过对企业品牌管理脉络的梳理，我们发现，品牌管理有传统品牌管理组织（业主负责制、职能管理制）、品牌经理制、品类经理制及品牌管理委员会四种组织形式。

一、传统品牌管理组织

（一）业主负责制

业主（或公司经理）负责制是指品牌（或产品层次）的决策活动及组织实施活动全由业主（或公司经理）以及公司的高层领导负责，而低层次、具体的活动才授权下属执行的高度集权的品牌管理制度。20世纪20年代以前，市场由卖方主导，品牌经营相对简单，品牌管理主要依靠业主（或公司经理）和高层管理者，这种管理方式在西方国家企业中尤为常见。

业主负责制的优点是决策迅速，协调性强，可以注入业主（或公司经理）的企业家精神，为品牌发展提供推动力。当企业达到一定规模时，由于管理者个人精力有限，业主负责制这种品牌管理组织形式就会显示出其局限性。从这个层面来看，业主负责制不属于严格意义上的品牌管理组织形式。

（二）职能管理制

职能管理制是指在公司统一协调下，品牌管理职责由公司各职能部门分担，各职能部门在权责范围内分别对品牌进行管理，一般由市场部或广告部制定相关品牌管理制度。职能管理制出现于20世纪20年代以后，源于"科学管理之父"泰勒开创的职能工长制（System of Functional Foreman），是为了适应计划职能与执行职能分离的要求，能够解决大型复杂组织面临的管理问题。它的出现标志着品牌管理开始真正发展。职能管理制在 20 世纪 20 年代至 50 年代的西方国家企业中盛行，至今仍被一些西方企业采用。随着我国经济的快速发展，职能管理制也为国内一些企业所青睐。

1. 职能管理制的优点

（1）公司领导可摆脱具体事务的纠缠，集中精力思考和解决企业发展的重大问题。职能部门承担了品牌管理的责任，公司领导能将时间分配到构建公司发展的总体战略，塑造符合公司特征、有利于公司经营的企业文化等重大企业发展事项上。

（2）品牌管理由传统的直觉与经验型转变为以知识为基础的科学管理，可提高管理水平。

（3）提高品牌管理的科学化程度、企业运作和品牌经营效率。

2. 职能管理制的缺点

与业主负责制相比较，职能管理制是巨大的进步，其明确的职能分配提高了工作效率。但职能管理制也暴露出与品牌管理的新要求相冲突的问题，主要包括以下两点：

（1）职能部门之间缺乏沟通与协调。由于各职能部门属于同级关系，在遇到利益冲突时，往往从部门利益出发，使得职能部门之间难以进行有效的沟通及协调，品牌之间无法整合，甚至出现同类品牌竞争的现象。

（2）品牌管理责任不明确。公司拥有多个品牌，尤其是同一业务内有多个品牌时，由谁对品牌的发展负责任变得模棱两可，公司不得不将更多的决策权力下放，出现各职能部门共同承担品牌经营责任的现象，导致品牌定位和经营目标出现管理"真空"。

以上问题使得职能管理制面临捉襟见肘的困境。1929 年，全球性经济危机爆发，很多品牌受到了严峻的挑战，企业不得不开始寻求更为有效的品牌管理方法，品牌经理制模式应运而生。

二、品牌经理制

1926 年，尼尔·麦克尔罗伊（Neil Mcelroy）刚从哈佛大学毕业，被美国宝洁公司指派负责策划香皂品牌"佳美"（Camay）的广告活动。此前，宝洁公司的香皂品牌"象牙"和"佳美"一起由黑人（Black Man）公司代理，但业绩一直不好。1930 年，麦克尔罗伊被公司任命为"佳美"香皂的品牌经理，这也是美国历史上第一位品牌经理。麦克尔罗伊萌生了"一个人负责一个品牌"的想法，于 1931 年 5 月 31 日起草了文件《品牌管理备忘录》，这是品牌经理制的起源。

品牌经理制是企业为其所开发的每一个产品品牌配备一名品牌经理，全面负责品牌的产品开发、营销的品牌经营管理制度。品牌经理统一协调产品开发部门、生产部门和销售部门，处理品牌运营的各种具体问题。

（一）品牌经理制的优点

1. 加快企业创建品牌的进程

品牌经理制为每一个品牌设置专职管理者，负责品牌设计、规划和执行等全过程，为品牌的成长提供保障。品牌经理熟悉企业生产经营活动，具有高度组织能力，对品牌建设能够进行有条不紊的安排，从品牌和企业整体利益出发，借助制度消除企业所属各部门间因利益博弈而出现的推诿、扯皮等现象，能够增强各职能部门之间的协调性，加速品牌创建进程。

2. 提高品牌产品市场定位的有效性

随着市场由卖方主导转向买方主导，以顾客需求为中心的营销理念已深入人心。品牌经理在新产品研发前，需要结合消费者的需求偏好、个性化发展趋势，确定新产品的目标市场、档次和价格等，并根据这一市场定位明确新产品的功能，塑造新产品的个性，从而提高品牌产品市场定位的有效性。

3. 有利于培养消费者对品牌的偏好和忠诚

品牌经理制驱动品牌经理保护品牌个性，使消费者能够关注到品牌的差别优势，包括价格成本差异性、产品特点差异性、服务质量差异性、品牌风格差异性及促销手段差异性，有效地消除产品、品牌的趋同现象。以差异性明确品牌的市场定位，以差别化战略提高品牌竞争力。这样能够增强消费者的品牌偏好，提高消费者对品牌的忠诚度。销售过程中，可根据品牌的长远利益做出选择，使品牌得到长期发展。

4. 有利于培养高级综合管理人才

品牌经理制对品牌管理人员的素质要求很高，品牌经理必须能够全面应付品牌管理过程中的各项工作，有利于为企业培养出高级的综合管理人才。例如，品牌经理制的提出者尼尔·麦克尔罗伊后来荣升为宝洁公司总裁，并受到艾森豪威尔总统赏识担任了美国国防部部长。

（二）品牌经理制的缺点

品牌经理制能够有效协调企业营销、研发及生产等部门，对市场变化做出积极响应，但仍存在一些缺点。

1. 品牌经理缺乏整体观念

品牌经理制组织模式下，各品牌经理的业务相互独立，各自为战，可能会使得每个品牌风格自成一派，整个企业品牌形象杂乱无章，品牌个性难以度量，缺乏整体考量。

2. 品牌经理管理权力有限

品牌经理由于得不到足够的授权，难以协调品牌研发、生产、市场等职能部门之间的关系，无法有效履行职责，达不到预期效果。

3. 多头领导造成困惑

由于岗位权责划分不够清晰，下级会因多方指令而困惑。例如，产品广告总监在制定广告战略方面，需接受产品市场营销经理的指导，在预算和广告媒介选择方面，则受制于品牌经理，导致品牌运营计划难以有效地贯彻执行。

4. 品牌管理费用过高

由于同一家企业的不同品牌也相互视对方为竞争者，致使每个品牌都需要独立投入，出现重复建设、资源内耗等现象。因此，品牌经理制更适用于规模较大、资金充裕的企业，而不适用于中小企业的专业化品牌。

三、品类经理制

20世纪80年代中后期，品牌经理制的弊端开始逐步显现，主要反映在：由于施行以单个品牌为基点的管理，使得产品大类中品牌的数目大幅度增加，造成资源配置的分散和浪费，不利于生产企业的有效经营，也在一定程度上给大型经销商的发展设置了阻碍。例如，沃尔玛为经营洗衣粉这种产品，需要与有十个不同想法和战略意图的品牌管理者谈判，并在货架管理、产品宣传等方面采用差异化的方法和手段。这无疑增加了零售商的运营成本，加大了管理的复杂性，不利于零售企业有效地管理店铺。因此，改善品牌经理制不仅是生产企业，也是大型零售企业发展必须解决的问题。

品类经理制的产生则可以避免这些问题。品类经理制是由专门的产品事业部负责一类产品的营销与相关品牌的资源管理。品类经理制能够协调品类内各品牌的关系，整合各品牌的优势，避免品牌经理制中出现的资源内耗和重复建设，充分利用品类经理的行业、专业优势，提高品牌管理的效率。品类经理制虽然强调了各品牌之间的协调与配合，但品类与品类之间依然难以整合，导致企业整体品牌形象不突出、不统一。

四、品牌管理委员会

21世纪初，一些跨国公司在品牌整合管理的实践中弥补了品类经理制的不足，形成新的品牌管理组织形式——品牌管理委员会。它由企业的主管副总、品牌委员会委员、品牌项目经理（管理一个产品类别下的多个产品品牌）、品牌经理（分管某一产品的品牌管理者）、技术人员、营销人员、财务人员等组成，注重各品类以及各职能之间的相互合作与协调。作为一个战略性的品牌管理部门，品牌管理委员会的主要职责是制定企业品牌管理规划、设计品牌视觉形象、抉择新品牌推出计划等。其主要目标是构建整体品牌体系，建立整体品牌战略，确保各事业部品牌之间的有效沟通与整合。国内外很多企业，如惠普公司、润迅通信集团等，都建立了自己的品牌管理委员会。

品牌管理委员会能够有效协调各职能部门之间、各品类之间的关系，提高品牌管理效率，统一企业整体形象。同时，品牌管理委员会处于企业的高层位置，对整个企业都有管理权限，有助于建立全员品牌导向。但由于高层管理者身居高位，远离各品牌、品类的一线市场，容易出现决策过于理想化的问题。另外，高层管理者不等同于品牌的专业管理者，容易出现专业错误，难以做出高水平的品牌管理决策。

随着全社会品牌意识的提高，很多企业设置了首席品牌官（Chief Brand Officer，CBO）主持品牌管理委员会，全面负责企业发展中品牌的创建、维护、宣传和推广等事宜。首席品牌官是现代组织（包括企业、政府或其他组织）中设置的专门负责品牌战略管理与运营的高层管理人员，不仅是企业品牌的传播者，更是企业品牌价值的设计者和企业品牌资产的运营者。首席品牌官作为品牌管理制度建立与执行的核心人物，成了企业的新宠。

第四节　品牌管理变革

品牌管理的历史迄今为止已有几千年，然而真正意义上的品牌管理仅有几十年的历史。随着竞争压力不断加大、消费者心理日趋成熟，传统品牌管理模式已无法满足企业的要求，因此，品牌管理的变革时不我待。

一、品牌管理变革压力

科学技术的快速发展以及消费者价值观念的不断转变对传统品牌管理制度提出了挑战，使得品牌管理变革面临一定压力。

（一）互联网技术不断革新

互联网技术的不断发展对营销领域，包括品牌与品牌管理产生了深刻影响。随着消费者对互联网的应用程度不断增加，品牌产品的搜寻成本相应减少，消费者可以通过多种平台、应用软件搜索并进行价格对比、参考评价，这使得产品市场价格不断透明化且竞争激烈。同时，在流量时代，品牌网络的运营成本不断增加，导致企业在互联网时代的品牌管理面临一定挑战。

（二）消费者价值观念的转变

由于产品市场竞争激烈，产品呈现多元化，消费者作为最终购买者，其消费行为变得更加理性。在购买过程中，消费者不仅在意产品的质量、价格等功能性价值，还注重购物过程中的体验与感受等精神性价值。这也意味着消费者的价值观念不断转变，品牌需在物质及精神价值方面满足消费者不断增长的需求。

（三）品牌延伸策略的滥用

传统品牌管理模式认为品牌延伸可以扩大品牌覆盖范围、削减广告成本并提高产品销量。然而，企业为了追求短期利益而过度地延伸品牌很有可能导致品牌核心利益的模糊，从而最终对品牌本身造成致命的伤害，因此企业品牌管理过程中应谨慎思考是否有必要采用品牌延伸策略。

二、品牌管理变化趋势

（一）品牌管理组织高级化

品牌管理组织的变革以强化企业品牌、品类品牌管理职能，以及品牌战略管理职能和产品线品牌管理职能为主。企业品牌、品类品牌的管理职能和品牌战略管理职能的强化可以帮助企业更有效地管理品牌形象和品牌资产。

现如今，许多跨国企业开始对企业内部品牌管理机构进行调整，品牌管理组织内部呈现高级化趋势。过去的品牌经理只是中层干部，任职一般2~3年。而新型的企业内部品牌管理组织呈现金字塔结构，金字塔的最上层是主管品牌的总裁、副总裁或品牌管理委员会，金字塔的中层是品类（家族）品牌经理，而金字塔的塔基则是各个产品线品牌经理和产品品牌经理。

因此，新型的品牌管理组织对品牌管理团队的能力提出了更高的要求：

（1）品牌管理人员不仅需要具有市场营销方面的专业知识和技能，还应该广泛吸纳外部专家顾问和内部资深人士的建议；

（2）品牌管理人员必须对目标客户群的需求和个性有深入的认识，并且具备敏锐的洞察力和创新意识；

（3）品牌管理人员自身的价值观要与品牌的核心价值保持一致。

（二）品牌管理中心化

无论创建还是维护一个品牌，都需要从战略层面对企业运营的整个流程进行管理和监控，建立品牌驱动的业务流程管理体系和与之配套的品牌管理绩效考核体系。国内许多企业将品牌管理职能归入营销部门，依靠业绩驱动，品牌管理人员主要负责广告、公关、促销、策划等工作。这种业务流程管理体系难以实现管理品牌的职能，而品牌驱动的业务流程管理体系强调协调、沟通及监控，不仅监控营销行为，还监控与品牌有关的所有企业经营决策（如投资、预算、财务和兼并等）。

（三）品牌沟通管理一致化

消费者要充分理解品牌，并对品牌信息做出反应，需要足够长的时间，这就意味着品牌传播必须保持长期的一致性。保持品牌沟通一致性的难点在于建立内部品牌沟通机制。品牌管理虽然是高层的责任，员工却是品牌内部对外沟通的主要媒介，想要实现品牌对外的一致性沟通，首先需要保持内部沟通的一致性。只有当企业的每一名员工都能对品牌形成一致的认知并融入品牌文化之中，成为品牌的保护者和传播者时，品牌形象才可能在传播的过程中保持一致，最终被客户认可。可口可乐公司有一句著名口号："在公司悠长的发展历史中，我们一次次地证明，当我们的员工、我们的品牌和我们的合作伙伴一起努力拼搏工作的时候，谁都无法击败我们。"

对内的品牌沟通是一种跨越职能、部门、级别的全面沟通，这种沟通势必会打破传统的企业内部沟通模式。内部品牌沟通的最终目的是使所有员工都成为品牌的拥护者、信徒和传播者。很多跨国企业的品牌管理部门都非常重视企业内部的品牌沟通，他们制订并分发内部品牌介绍手册，组织针对不同层次、不同岗位的品牌知识培训，使用标准化的沟通文件，把对品牌内涵（包括品牌定位、品牌核心价值、品牌文化、品牌基因等）的理解程度和执行效果均纳入各岗位考核。并且，他们定期把品牌管理的相关信息、动态传递给非市场部门，并听取其对品牌管理的想法和建议。此外，他们会在全公司范围内建立可以进行信息共享的交流平台，让所有的员工共享顾客反应、市场变化、成功案例和其他品牌的经验与教训。

  品牌案例 2-1

新加坡航空：品牌内部化——"新加坡空姐"

（四）品牌管理战略化

美国营销学家凯文·凯勒认为，品牌战略反映了公司出售不同产品时所采用的品牌数目和类型，即品牌战略决定在什么产品中应用什么品牌要素，或者新产品中的新要素和现有要素之间的关系。

品牌战略管理分为品牌的纵向（深度）管理、品牌的横向（宽度）管理和品牌的垂直管理。品牌的纵向（深度）管理是对品牌组合进行决策和管理。品牌的横向（宽度）管理是对品牌延伸进行决策和管理。品牌的垂直管理是对企业品牌、家族品牌和产品品牌的组合进行决策和管理。品牌战略管理的重点是针对企业的产品架构进行纵向、横向和垂直的品牌管理。

品牌纵向（深度）管理的目的是通过品牌组合保证细分市场的专业性，即选择实施单一品牌战略还是多品牌战略。多品牌战略虽然由美国通用公司首创，但却被宝洁公司发扬光大。实践证明多品牌战略具有能够占领细分市场、扩大市场份额、引导内部竞争的优点，但也有分散资源、增加传播成本、强化内部冲突的缺点。为了扬长避短，实施多品牌战略的公司开始对原有品牌架构进行变革。精简品牌数量是品牌纵向（深度）

管理的第一个显著趋势。专注于单一细分市场的强势品牌迅速崛起，对宝洁公司、IBM、通用电气公司、联合利华这样采取多品牌战略的大公司产生了威胁。淘汰利润微薄甚至亏损的子品牌，集中资源提升强势子品牌是这些企业的唯一出路，更是未来品牌纵向（深度）管理的主要发展趋势。

品牌纵向（深度）管理的第二个趋势是"金字塔式"品牌结构的普遍运用。一个长期困扰多品牌战略企业的问题就是如何划分子品牌之间的界限，以防止品牌之间的"越位"。在多品牌战略实施过程中，如果品牌的定位或市场重叠，品牌形象和价值将严重受损，"金字塔式"品牌结构成功地解决了这个问题。所谓"金字塔式"品牌结构，就是把市场定位不同的品牌归入不同的层次，保证层与层之间界限分明，从而构建有效品牌矩阵，从根本上预防品牌"越位"。通过科学的细分市场制定明确的分层标准，随时关注并避免引起层次重叠是实施"金字塔式"品牌结构的关键。如果层与层之间的界限不分明，品牌经理在业绩压力下就会进入其他细分市场，造成各品牌边界模糊，使品牌形象受损。

品牌的横向（宽度）管理就是品牌延伸。品牌延伸是企业推出新产品的主要手段，可以帮助新产品快速打开市场，在现有品牌知名度的基础上，能够减少进入市场的费用，节约营销成本。同时，品牌延伸还可以丰富母品牌旗下产品线，借助母品牌市场信誉进入市场，为母品牌注入新鲜感，提升母品牌资产与价值，通过品牌情感诉求提升母品牌形象。

但是，品牌延伸不当也会产生一定弊端。一旦扩张品类与母品牌价值相去甚远，品牌延伸失败，使得母品牌形象变得模糊，会有损母品牌在市场上的专业形象；同时，产品在市场竞争中失败，会为其他产品及母品牌带来损失。正确的品牌延伸决策，需要坚持"客户导向"和"品牌资产提升导向"原则，以业绩导向的品牌延伸战略反而可能会给母品牌带来负面影响。

（五）品牌管理更新化

品牌与企业的生存依赖市场，消费者观念和偏好的变化，新竞争对手和新技术的出现，社会变革等因素都要求品牌不断更新、重塑。重塑品牌是企业适应市场环境变化的行为，品牌重塑不仅可以应对品牌老化，也可用于应对业务转型、市场进入、品牌合并等情况。通过品牌重塑保持品牌基业长青已成为未来品牌管理的趋势。

本章小结

品牌管理的目的是使企业品牌最大限度地被消费者、企业员工所接受和认可。品牌管理是一个整体的系统，对外需要进行管理维护，对内也需要进行精心的呵护与传达。

本章首先对品牌管理的定义进行了阐述。品牌管理是指企业以战略为指引，以品牌资产为核心，以增加品牌资产、打造强势品牌为目的，运用各种资源和手段创建、维护和发展品牌而进行的一系列管理活动。

其次，对品牌管理的内容进行了描述。品牌管理内容主要包括品牌环境分析、品牌战略规划、品牌定位、品牌设计、品牌传播、品牌组织规划、品牌监控、品牌延伸等。

然后，分析了品牌管理组织及其演变过程。品牌管理组织经历了传统品牌管理组织、产品品牌经理制、品类品牌经理制、企业品牌经理制等组织形态的变更，也凸显了品牌管理职位在企业中越来越重要。

最后，对品牌管理的变革以及变革所面临的压力、今后品牌管理模式的变化趋势做了详细的描述，主要包括品牌管理组织高级化、品牌管理中心化、品牌沟通管理一致化、品牌管理战略化及品牌管理更新化。

案例分析

"老干妈"品牌管理

油制辣椒是贵州地区传统风味食品之一。1996年，陶华碧创办了贵阳南明老干妈风味食品有限责任公司。近几十年来，企业一直沿用传统工艺精心酿造，具有优雅细腻、香辣突出、回味悠长等特点。经过20年的发展，企业将不足10元的辣椒酱打造成登上美国销售网站的国际品牌，陶华碧也成为中国最大辣椒酱企业的掌门人。

2013年，"老干妈"企业实现年销售收入37.2亿元，上缴税收5.1亿元。其中引起广泛讨论的是其"不上市""不贷款""不融资"和"现款现货"的经营原则，在"做事不过夜"的强硬作风下，公司各项制度从未被打破。依赖口碑营销、一手交钱一手交货、不跨界投资的"老土"路径，"老干妈"得以步步为营，称霸一方。

随着"老干妈"品牌影响越来越大，消费者将"老干妈"品牌与品类认知联系在一起，但"老干妈"曾经陷入过商标纠纷。湖南某企业申请的"刘湘球老干妈"与"陶华碧老干妈"两个商标几乎在同一时间节点得到国家商标局的认可。一时间，各地货架上同时出现了两个相同的有红底黄字瓶贴、身着白色围裙的"老干妈"辣椒酱，之后"老干妈"开启了维权拉锯战，最终以"陶华碧老干妈"胜诉告终。如今，"老干妈"每年都投入上千万"打假"专项资金，加强商标保护措施。

多年来，"老干妈"一直坚持品牌建设，根植于产品质量，秉承"品牌源自产品，高于产品"原则，注重消费者最初的品牌体验。同时完善产品线规划，进行产品研发，在消费市场趋于同质化的情况下，注重开发产品异质性。"老干妈"独特的亲情化管理是凝聚企业内部团队的利器，真诚的经营价值观和坚持做好产品的理念是"老干妈"称霸国内外辣椒酱市场多年的根本。市场环境不断变化，"老干妈"却始终保持初心，选择适用的品牌管理风格与模式，推动企业的持续发展。

（资料来源：百度百科 https：// baike.baidu.com/item/%E8%80%81%E5%B9%B2%E5%A6%88/938371? fr=ge_ala，笔者整理）

案例思考

1. 你认为"老干妈"品牌成功的原因是什么？
2. "老干妈"的品牌管理对你有什么启示？

附录：品牌策划团队角色

1. 品牌经理（团队组长）：制定品牌管理战略、详细规则和制度；行事果断、思维敏捷并具有决策能力；注重过程管理；了解、熟悉品牌发展及系统性管理进程；有较强的沟通能力，能够协调团队发展，合理进行团队分工。

2. 品牌专员 A：负责所策划品牌的竞品、市场需求、渠道等方面调研；形成数据与调研分析报告。

3. 品牌专员 B：负责创意策划、寻求产品卖点；负责公司品牌策划活动方案的设计、实施与业务管理。

4. 视觉设计专员：负责品牌相关视觉设计，包含品牌 logo、平面广告及相关品牌宣传物料等。

5. 方案陈述专员：了解品牌方案的设计、策划和撰写过程，能够通过制作 PPT 进行方案讲解，要具备良好的语言表达能力与沟通能力。

××品牌策划团队

序号	团队角色	姓名
1	品牌经理	
2	品牌专员 A	
3	品牌专员 B	
4	视觉设计专员	
5	方案陈述专员	

第三章 品牌战略

■ **理论模块任务**

1. 掌握品牌战略概念，了解品牌战略规划主要内容；
2. 明确品牌愿景的含义及意义；
3. 掌握品牌核心价值的内涵及类型；
4. 掌握常见的品牌模式。

■ **实践模块任务**

1. 品牌策划小组在掌握现有策划品牌战略的基础上，正确分析品牌战略环境；
2. 提炼品牌核心价值并规划品牌未来发展模式。

■ **开篇案例**

京东自有品牌 2022 年品牌战略

2022年1月，在京东自有品牌年度战略宣贯会上，京东发布了2022年自有品牌战略，提出京东自有品牌已升级为京东集团独立业务单元，未来将聚焦打造京东自有品牌推出的生活方式品牌——京东京造，同时继续孵化致力于服务三到五线城市的全品类品牌惠寻，沉淀优质供应链能力。

京东京造是京东推出的生活方式品牌，遵循"大众商品品质化，高端商品大众化"的产品理念，自2021年起升级为独立的业务单元。未来京东战略方向上将聚焦构建京东京造业务体，通过"京东京造"和"惠寻"两大品牌集中发挥供应链优势，助力产业集群数智化升级，实现提质增效，为实体企业和实体经济的高质量发展贡献力量。同时，京东自有品牌的使命和愿景也将进一步升级，将以"赋能制造产业，惠及亿万家庭"为使命，以"成为全球领先的全渠道供应链服务商"为愿景，持续为消费者和社会创造价值。品牌依靠京东大数据分析平台，对消费趋势进行深刻洞察分析，深入了解用户需求，以打造出满足国民多场景生活需求的产品。从用户角度而言，京东自有品牌能够依托京东母品牌在用户心中的信赖感，赋能京东京造品牌。

而后，京东自有品牌宣布围绕产业链启动"百大质造工厂计划"，力图在未来三年内，着力打造超过500个产业带品质示范工厂，推动工厂销售额增长超600%，以期为合作伙伴提供稳定和长久的供应链服务，助力特色产业和制造业高质量发展。目前，以京东京造为代表的京东自有品牌已与国内超过70%的产业带合作，京东京造自2018年1月诞生至今，已遍布山东纺织产业带、江苏震泽蚕桑产业带、山东平度坚果产业带等，成为京东供应链上游生产和下游消费的重要桥梁。

京东自有品牌不是依靠品牌溢价获得超额利润，而是通过提升供应链效率和协同能力，节省成本。京东的初心是通过产品定义的数字化、生产制造的智能化、库存管理的线上化以及渠道销售的精准化，进而推动制造业供应链的全流程现代化，帮助产业端降本增效提质的同时，为消费者带来更好的产品和服务体验。

（资料来源：京东黑板报公众号，笔者整理）

品牌的创建、发展、维护与创新是一项长期且复杂的系统工程，必须把它当作一项战略来实施，并进行长期投资。品牌战略是品牌运营和管理的起点，没有品牌战略作导向，品牌管理就像没有方向的船只，对品牌管理工作来说是非常不利的。

第一节　品牌战略概述

一、战略基本概念

战略、企业战略、品牌战略是一连串相关的概念。要理解品牌战略，首先要明晰什么是战略和企业战略。

战略是一个军事学的概念，是关于战争全局和未来发展的谋划。企业战略是把战略的概念移植到企业管理领域，它是关于企业全局和未来发展的谋划。企业战略管理的实践和理论产生于发达国家，形成于20世纪60年代，在美国管理学家的研究和推广下，逐渐形成系统的管理理论。其代表性人物彼得·德鲁克（Peter Drucker）在其著作《管理实践》中提出了战略问题。他认为战略的核心是明确企业的长远目标和中期目标，以目标来指导经营，度量企业绩效。钱德勒（Chandler）撰写的《战略与结构》一书中为企业战略下了这样的定义，企业战略就是决定企业的长期目的和目标，并通过经营活动和分配资源来实现战略目的。肯尼斯·安德鲁斯（Kenneth Andrews）认为战略是目标、意图或目的，以及为达到这些目的而制定的主要方针和计划，它界定企业正在从事的或者应该从事的经营业务，以及界定着企业所属的或应该所属的经营类型。迈克尔·波特（Michael Porter）在1980—1990年10年间先后出版的《竞争战略》《竞争优势》《国家竞争优势》，被誉为"战略管理三部曲"。他认为战略是公司为之奋斗的一些终点与公司为达到它们而寻求的途径的结合物。伊戈尔·安索夫（Igor Ansotf）在其出版的《企业战略》一书中提出：企业战略就是决定企业将从事什么事业，以及是否要从事这一事业。

目前关于企业战略的定义尚未达成统一，不过大多数定义都涉及了战略的核心思想，即设立企业的长远目标、制定经营管理方针、对企业资源的分配决策、谋求持久的竞争优势等。其中具有代表性的是加拿大麦吉尔大学管理学教授亨利·明茨伯格（Henry Mintzberg）对于企业战略的定义，明茨伯格借鉴市场营销学中的4PS方法，即产品（Product）、价格（Price）、地点（Place）、促销（Promotion），提出企业战略是由五种规范的定义阐明的，即计划（plan）、计策（Ploy）、模式（Pattern）、定位（Position）和观念（Perspective）构成了企业战略的5PS，并从这五个不同角度对企业战略这一概念进行阐述。

（1）企业战略是一种计划。从本质上来讲，战略具有"行动之前"的含义。明茨伯格认为战略是一种有意识、有预谋的行动，是一种处理局势的方针。根据这个定义，战略被认为具有两个本质属性，一是前导性，即战略是在企业经营活动之前制定的；二是主观性，即战略是有意识有目的地制定的，反映了人们对未来行动的主观意愿。在实践中，企业战略是公开而又明确的，是作为一种计划写进企业正式文件中的。

（2）企业战略是一种计策。在特定的情况和环境下，企业把战略作为威慑和战胜竞争对手的一种"手段"。例如，一个企业得知竞争对手想要扩大生产能力时，便会对应提出扩大厂房面积和生产能力的战略。由于该企业资金雄厚、产品质量优异，竞争对手可能无力竞争，只好放弃扩大生产能力的设想。然而，实际情况是一旦竞争对手采取了放弃的态度，该企业并不会将扩大能力的战略付诸实施。因此，这种战略只能称为一种博弈，旨在对竞争对手构成一种威胁作用。在战略管理领域和一般谈判过程中，人们越来越多地注意到战略的这一特点，迈尔克·波特在《竞争战略》一书中，用一章的篇幅讨论了"市场信号"的问题，而发送市场信号实际上就是一种竞争性战略。

（3）企业战略是一种模式。明茨伯格认为战略是一种模式，它反映企业的一系列行动。换言之，无论企业是否事先对战略有所考虑，只要有具体经营行为，就构成企业的战略。战略作为计划、模式，是相互独立的。在实践中，计划可能最后没有实施，模式也可能没有事先的具体计划，最后却在实际中形成了。也就是说，战略可能是人类行为的结果，而不是人类设计的结果。

（4）企业战略是一种定位。美国战略学家理查德·鲁梅尔特（Richard Rumelt）指出：一个人的战略会是另一个人的战术，即一件事情是不是战略，主要取决于当事人所处的地位。同时，它也取决于当事人所处的时间节点。今天看来是战术的问题，明天可能就会被证实是战略的问题。战略是随时间变化而不断变化的，是一种动态的过程。企业战略的范围非常广泛，它包括产品及生产过程、顾客及市场、企业的社会责任与自我利益等与经营活动有关系的行为。最重要的是，战略应是一种定位，是组织在自身环境和利益之中所确定的位置。对于企业来讲，其战略在于确定自己在市场中的位置。把战略看成是一种定位，可以通过有效配置企业资源，形成企业有利的竞争优势。

（5）企业战略是一种观念。以上四点主要强调了企业外部环境对企业战略形成的制约和影响，或者企业内部资源和能力在创造和维持竞争优势方面的作用。而"战略是一种观念"这一定义是把重点放在企业战略的思维上。战略被看成一种观念，它体现了组织中人们对客观世界固有的认知方式。企业经营者对客观世界的不同认识会产生不同的经营效果、不同的经营管理效率。由此可以看出，"战略是一种观念"强调了战略是一种抽象的概念，只存在于需要制定战略的人的头脑之中，但它也可以通过一定的方式被企业成员拥有和共享，从而变成一种集体意识并成为组织成员保持行为一致性的思想基础。

二、品牌战略概念

通过以上关于战略和企业战略的论述，我们可以将品牌战略（Brand strategy）定义为：品牌战略是组织为取得竞争优势而充分利用外部环境和内部资源创建、维护与发展品牌的一整套长期性、根本性和全局性的谋划与行动。品牌战略的直接目标是建立、维护、巩固和发展消费者对企业、产品或服务的独特的综合认知关系。具体而言，品牌战略有以下内涵。

（一）帮助组织获得竞争优势

尽管有学者称"品牌将死"和"战略将亡"，但更多的品牌经营者和学术界专家认为品牌战略的目的就是帮助企业获取相对持久的核心竞争力并形成竞争优势。竞争优势可以让企业获得高于行业平均水平的超额利润，超额利润是指一项投资的利润超过投资者预期能从其他相同风险的投资项目中获得的利润。

（二）整合组织内外部资源

品牌战略需要企业整合内外部资源，要让内部资源、企业能力水平和目标适应外部环境，对资源利用能力加以延伸，创造新的机会和市场以适当改变外部环境。

（三）长期系统工程

大卫·奥格威在《奥格威谈广告》一书中谈道：我们坚信每一则广告都必须被看成是对品牌形象这种复杂的象征符号所做的贡献，被看成是对品牌声誉所作的长期投资的一部分。

品牌战略的实施包括品牌创建、维护和发展等活动。在整个过程中，为实现目标，必然涉及对这些活动的计划、组织、协调、控制、评估和修正等管理活动。管理是一个协调工作活动的过程，以便能够有效率、有效果地同别人一起或通过别人实现组织的目标。因此，从不太严格的意义上讲，品牌战略过程也是对品牌战略实施进行管理的过程，前者强调实施与操作，后者强调控制与评价，实际上是从不同角度对同一过程的认识。

三、品牌战略规划主要内容

如同前面讨论的一样，品牌战略是高屋建瓴的谋划和行动，是一个动态的过程。这个过程可能是从无到有地创建一个品牌，也可能是维护和发展已建立的品牌，甚至是终止某个品牌以调整品牌家族之间的谱系关系。本书以创建新品牌为例，展现品牌战略规划过程所涉及的主要内容，包括：品牌战略环境分析、品牌愿景规划、品牌核心价值确定、品牌模式等。

第二节 品牌战略环境分析

一、市场需求分析

市场需求分析是指对消费者需求的分析。消费者对品牌的需求表现为两种形式：一是功能性需求，即对品牌作为识别标识，帮助消费者或用户识别特定企业的特定产品的功能的要求；二是情感性需求，即品牌能够寄托消费者或用户的某种情感，如愉悦、信任、夸耀、联想、自豪、舒适等。分析市场需求一般从市场调查开始，大多数企业的市场调查仅限于对产品的调查，如了解消费者或用户喜欢什么样的产品，能够接受什么样的价格，通过什么样的购买渠道，等等，很少对品牌进行调查研究。其实，消费者对品牌也有自己的感知。例如，消费者期望品牌名称好读易记、朗朗上口，品牌商标特征明显、具有差异化，对于品牌的文字、图案、颜色有文化认同等。因此，企业也可根据实际情况展开对品牌的相关市场调研。

二、竞争者品牌战略分析

品牌是企业竞争的工具，通过对竞争者品牌战略的分析，企业可以有针对性地确定自己的品牌战略。对竞争者品牌战略分析主要包括以下四个方面。首先，分析竞争者的品牌定位，即竞争者品牌的用户画像，想要在消费者心中留下什么印象；其次，分析竞争者品牌设计的合理性，即品牌设计能否充分满足消费者的功能性需求和情感性需求；第三，分析竞争者品牌的基础，即商品的质量、技术水平和服务能力；最后，分析竞争者品牌的延伸空间，即是否能够在现有品牌的基础上实现横向延伸或纵向延伸。

通过对竞争者品牌的战略分析，可以帮助企业明确竞争者在品牌方面的优势和劣势，从而为企业明确更具竞争力的品牌战略。例如，权威品牌研究机构世界品牌实验室发布的2021年中国500强最具价值品牌中，海尔品牌以高达4 575.2亿元的品牌价值位列家电行业第一位。海尔之所以能够获得这样的品牌价值，就是因为海尔注重对同类竞争者品牌战略的研究，在广泛识别竞争者品牌战略的空白点基础上形成差异化、创新化的品牌战略。

三、品牌政策环境分析

品牌政策环境是指国家对企业品牌的法律保护和知名品牌的产业支持政策。品牌政策对企业品牌战略的制定和实施有着重要的引导作用。品牌政策环境分析就是对企业制定品牌战略的宏观环境进行分析，在分析的基础上充分利用政府制定的优惠产业政策，发展自主品牌。同时，企业需利用法律手段保护品牌，建立和完善知识产权保障制度，善于通过法律手段，保障品牌的商标、名称、知识产权等不受侵犯。

四、企业现有的品牌资源分析

品牌资源是所有可以用来建立巩固品牌权益与品牌形象的方法，涉及品牌与消费者的接触及消费者的品牌体验，可以影响与改变消费者的品牌认知与品牌态度。大多数企业在其生产经营活动中已经形成和积累了一些品牌资源，但是，很少有企业从战略的高度认识这些品牌资源，更未充分开发利用已有的品牌资源。因此，对现有的品牌资源进行品牌定位分析，从企业整体发展战略目标的角度去劣取优，对有发展前景的品牌进行保护和拓展，既能够节约人力、物力、财力，又可以在短时间内彰显效果。

第三节　品牌愿景规划

一、品牌愿景内涵

品牌愿景是指企业为品牌确定的未来蓝图和终极目标，是向人们明确地传达品牌内涵。它主要由品牌蓝图、品牌范围、品牌价值观三个部分组成。品牌愿景不是由企业老板、董事会单方面制定的。它不仅代表了员工的共同愿望和目标，更是对品牌所有目标和潜在消费者选择这类品牌终极欲望的表达和描述。同时，品牌愿景必须与企业的使命、价值观保持一致。具体而言，品牌愿景必须能使企业所有员工清晰地回答以下问题：

（1）品牌参与竞争的市场、业务或产品线、渠道是什么？

（2）企业的战略和财务目标是什么？品牌在实现这些目标过程中发挥什么样的作用？

（3）品牌今天代表的是什么？明天又是什么？

（4）我们能够为品牌投入什么样级别和水平的资源？

（5）我们要通过现在的品牌实现目标还是重新界定业务？

与此同时，在确定品牌愿景的时候，不能仅依赖于内部信息，还要关注外部信息的收集。例如，企业在进行市场环境分析时，会深度研究行业内具有代表性的两个竞争企业，以及一个即将超越自己的竞争企业。

 **品牌案例 3-1**

品牌愿景

二、品牌愿景的作用

品牌愿景不仅能够为品牌带来清晰、长远的目标，还可以增加内部员工的凝聚力和工作的积极性。同时，它能够对品牌延伸范围进行严格的界定，并为品牌核心价值、识别系统等方面的规划限定了基调。

（一）实现战略目标

品牌愿景驱使管理层必须为实现品牌战略目标一致努力，并把精力放在能够促进品牌增长的业务和方向上。

（二）指引市场洞察

品牌愿景指引企业深入洞察市场和消费者需求，关注并把握市场和消费者的需求变化，根据变化调整产品、服务类型，以满足消费者的需求。

（三）规划品牌发展

品牌愿景可以清楚地向消费者、股东及利益相关者展现企业和品牌的战略目标、实现路径，以及品牌在实现公司战略目标上能够发挥的作用。

（四）激励员工奋斗

品牌愿景能够激励企业员工为共同的使命、远大的战略目标而奋斗，以此避免品牌由于没有远大目标而漂浮不定，陷入旋涡之中。

（五）界定品牌价值

品牌愿景能够清晰地界定、描述品牌战略规划中的核心价值、品牌识别系统，甚至是品牌营销活动的调性和原则。

（六）明晰品牌延伸

品牌愿景能够明确品牌延伸范围。在品牌资产允许的情况下，品牌愿景科学界定了品牌可以延伸的行业、品类和不可以延伸的行业、品类。

三、品牌愿景的制定

品牌愿景的制定，需要考虑以下问题：

（1）品牌想进入什么市场？市场环境如何？竞争者市场表现如何？
（2）企业可以投入的有效资源是什么？
（3）企业的财务目标是什么？品牌在这些目标里扮演什么角色？
（4）品牌现在地位怎样？未来预期目标又如何？
（5）现在的品牌能够达到未来目标吗？

品牌案例 3-2

京东品牌愿景

第四节　品牌核心价值确定

一、品牌核心价值概念

1997年，美国学者沃克·奇普（Walker Chip）在"The Perils of Popularity"一文中首次使用"品牌核心价值"这一概念，他认为领导品牌，特别是当品牌几乎成为某一类产品的代名词时，是非常危险的。因为，强势品牌的存在使得其所在行业的进入壁垒很高，在这种情况下，企业会失去创新的压力与动力。长此以往，企业将面临被边缘化的危险。企业为保持品牌的领导地位，必须与顾客在品牌核心价值上建立持久的关系。品牌核心价值可以向消费者提供一个选择该品牌的理由。同时，他还指出，品牌核心价值应当以品牌为导向，而不是产品。

国内的很多品牌缺乏对品牌核心价值的定位。营销战略经常受到战术目标的左右而偏离核心价值，广告内容也未能紧扣品牌核心价值，诉求主题月月新、年年变，给消费者造成一种模糊的印象。尽管营销广告的大量投入能够促进产品销售，但久而久之却发现品牌的整体价值感与品牌美誉度、忠诚度并没有得到提升。品牌核心价值的游离缺失成为部分国内企业品牌管理中的"硬伤"。

什么是品牌的核心价值呢？品牌核心价值是一个品牌的灵魂，它是品牌资产的主体部分，它让消费者明确清晰地识别并记住品牌的利益点与个性，是驱动消费者认同、喜欢乃至爱上一个品牌的主要力量。一个品牌要区别于竞争品牌，必须拥有独特的核心价值。品牌的核心价值是品牌的"DNA"，它是企业欲传达给消费者的一种独特的价值主张、一种个性、一种承诺。这种核心价值事实上是指，相对于竞争者而言，企业可以为目标消费者所带来的独特利益。

核心价值是品牌的终极追求，是品牌营销传播活动的中心，即企业的一切价值活动都要围绕品牌核心价值展开，并丰满和强化品牌核心价值。品牌管理的中心工作就是清晰地规划和勾勒出品牌的核心价值，并且在以后的十年、二十年乃至上百年的品牌建设过程中，始终坚持这个核心价值。只有在漫长的岁月中以非凡的定力做到这点，不被风吹草动所干扰，让品牌的每一次营销活动、每一个广告都能为品牌做加法，起到向消费者传达核心价值或提示消费者联想到核心价值的作用。久而久之，核心价值就会在消费者心中留下烙印,并成为品牌对消费者最具有感染力的内涵。例如,京东在品牌建设过程中始终坚持客户为先、诚信、协作、感恩、拼搏、担当的核心价值,以此规范员工行为,传递正能量。

二、品牌核心价值类型

1986年,美国三位学者帕克(Park)、贾沃斯基(Jaworsk)和麦克因尼斯(MacInnis)提出品牌为消费者提供了三种利益,即功能性利益、体验性利益和象征性利益。在此基础上,将品牌核心价值内涵分为三个层面,即功能性价值、情感性价值和象征性价值。这三个层面的价值宛如三重奏,为品牌演奏出悦耳动听的旋律。

(一)功能性价值

功能性价值是品牌立足的基石,它主要体现产品的功能性利益或物理属性,如笔记本电脑的处理器、洗衣粉的去污能力、苹果手机的系统等。功能性价值是绝大多数品牌在发展初期的立身之本,没有功能性价值,品牌只能是空中楼阁。

 品牌案例3-3
国产运动品牌乘风破浪

(二)情感性价值

品牌的情感性价值指的是消费者在购买、使用某品牌的过程中获得的情感满足。大部分品牌相关研究均表明,随着消费者生活水平的不断提高,消费者更倾向于品牌资讯能够传递的感性利益引起消费者的情感共鸣,并能够唤醒消费者的情感效价,而使其不仅仅只关注功能价值。比如曾经火爆一时的"复古"元素、"80、90后时代记忆"等元素,都在不断唤醒特定人群的情感记忆,试图引起消费者的情感共鸣,最终引发消费者的购买行为。

 品牌案例3-4
娃哈哈:喝瓶87年的AD钙奶为自己加油

(三)象征性价值

象征性价值主要诠释品牌所蕴含的人生哲理、价值观、审美品位、身份地位等,人们往往通过使用这样的品牌产品,体现人生追求,张扬自我个性,寻找精神寄托。

品牌核心价值既可以是功能性价值,也可以是情感性价值或象征性价值,还可以是三者的和谐统一。随着人们生活水平不断提高,消费者选择品牌时往往更注重精神感受,情感性或象征性的品牌核心价值日益成为消费者认同品牌的驱动力。

当然,功能性价值是情感性价值和象征性价值的基石,情感性价值和象征性价值只有在坚实可靠的功能性价值支撑下,才更有说服力和感染力。比如劳力士诠释"尊贵、成就、优雅"的品牌内涵,其对产品品质的追求也几近苛刻,每个制表工艺环节都严格讲究,除了表身质料的选择之外,宝石的镶配位置以及做工都经过反复的草图设计,深思熟虑后才最终成型。劳力士的每块表都进入气压室测试防水性能,同时用每一百年误差两秒的原子钟进行准确度校准,发现稍有不合格,则弃之。劳力士精良的品质有力支撑了"尊贵、成就、优雅"的品牌核心价值。

三、品牌核心价值提炼

品牌核心价值的提炼是一个深奥的战略问题,并无放之四海而皆准的准则,企业要想提炼出精准的品牌核心价值,必须做好深入细致的市场调研,了解市场及竞争对手情况,最重要的是洞察消费者的内心。

(一)高度的差异化

若一个品牌的核心价值与竞争品牌相比没有鲜明的差异,会让受众认为其为"模仿"或"没有特色"的品牌,缺乏个性的品牌核心价值是很难引起消费者的关注和情感共鸣的。特别是在产品同质化的时代,企业在形成核心价值时多倾向于提炼其功能性的理性价值,而感性价值包括了情感型价值和自我表达型价值,更容易形成鲜明的差异。比如在高档白酒行业,茅台、五粮液、水井坊品牌意味着高贵,而舍得在高贵元素的基础上,以中国传统文化为基础附加了"舍得大智慧"的内涵,与高端消费者的价值观非常吻合,与主流的高端白酒品牌形成了鲜明差异。同时差异化的品牌核心价值也是避开正面竞争、低成本营销的有效策略。

(二)富有感染力

一个品牌具有触动消费者的内心世界的核心价值,就能引发消费者共鸣。例如,中国洗发水品牌奥妮,在20世纪90年代中期宝洁品牌旗下洗发水一统江山的时候,它以"植物洗发,益处多多""黑头发,中国货""植物一派,重庆奥妮"为传播主题,唤起了消费者对"植物洗发"的认知,富有感染力的品牌传播唤醒了消费者对于植物洗发的概念,在消费者心中形成了"植物洗发水"第一品牌的位置。

(三)核心价值与企业资源能力相匹配

尽管传播能让消费者知晓品牌的核心价值并且为核心价值加分,但品牌核心价值就其本质而言并不是一个传播概念,而是价值概念。核心价值不仅要通过传播来体现,更要通过产品、服务不断地把价值长期一致地传递给消费者,使消费者真正认同核心价值。否则,核心价值就成了空洞的概念。企业的产品和服务需要相应的资源支持,因此,核心价值在提炼过程中,必须把企业资源能力能否支持核心价值作为重要的考量因素。

(四)具备广阔的包容性

不少企业期望通过品牌延伸提高品牌无形资产的利用率来获得更大的利润。因此,在提炼和规划品牌核心价值时要有前瞻性,充分考虑品牌核心价值的包容性,预埋好品牌延伸的管线。否则,试图进行品牌延伸时却发现核心价值缺乏应有的包容性,只能改造核心价值或放弃品牌的延伸,不管是哪种情况,都会对企业产生一定的负面作用,影响企业品牌建设。

（五）有利于获得较高溢价

品牌的溢价能力是指同样或类似的产品能比竞争者品牌卖出更高价格。品牌核心价值对品牌的溢价能力有直接且重大的影响。一个具有高溢价能力的品牌核心价值与品牌识别有以下特点：首先，功能性利益有明显优于竞争者的地方，如技术上的领先乃至垄断、原料的成本优势、原产地优势等。其次，在情感型与自我表达型利益方面有突出的特点，例如劳力士、浪琴和江诗丹顿等名表品牌能够给消费者带来独特的精神体验，表达"尊贵、成就、完美、优雅"等自我形象。

第五节　品牌模式

对于现代企业，尤其对于多产品经营的企业来说，如何有效地管理多个品牌，搭建科学有效的品牌结构，建立合理的品牌组合战略，以确保清晰、统一、协调、平衡地展现品牌形象，最终促进企业实现其发展战略，已成为不可忽视的任务。目前，企业常用的品牌模式主要有下列四种。

一、单一品牌模式

（一）单一品牌模式概念

单一品牌模式也称统一品牌模式，是相对于多品牌模式而言的，它是指企业生产的所有产品都使用同一个品牌名称。运用单一品牌模式的多为耐用品生产企业，包括汽车行业的宝马、奔驰，电子消费品行业的索尼、三星，电器行业的海尔、长虹等。为了最大限度地节省传播费用，使新产品快速进入市场，彰显强势品牌形象，很多企业采用单一品牌模式。此外，对于刚建立的品牌，因为其产品单一、规模较小且传播费用相对不足，也适合采用单一品牌模式。

（二）单一品牌模式的优缺点

单一品牌模式下，所有的产品共用一个品牌名称（通常为企业品牌）、一种核心定位、一套基本品牌识别。其最大的好处在于"集中优势兵力打歼灭战"，将所有的品牌资产集中于一个品牌之上，能够扩大企业的知名度，提高新产品进入市场的成功可能性，减少顾客的认知不协调，等等。如宝马将自己定位为"终极驾驶机车"，推出的1系列、3系列、5系列、7系列车型虽然面对不同定位的消费群体，但在传播过程中，统一使用宝马品牌名称。这样，产品品牌与企业品牌都统一在了"终极驾驶机车"这一内涵之中，体现了单一品牌模式的优势。

1. 单一品牌模式的优点

企业实施单一品牌模式有三个优点：

（1）有利于新产品进入市场，减少投入期资源投入。新产品最初进入市场时，消费者对其比较陌生，一般不愿主动购买。如果新产品使用老品牌则可以给消费者提供识别该产品的捷径，依托老品牌的市场知名度，从而迅速消除消费者对该产品的不信任感。

（2）降低产品的广告宣传和促销费用。单一品牌模式在广告宣传时，只需针对一个品牌做广告或促销活动，就可以对该企业的所有产品起到宣传促销作用，在当今广告宣传费用投入比重较大的情形下，这一优势能够大大减少企业的资源浪费。

（3）有利于增强企业知名度，树立良好企业形象。企业采用单一品牌模式进行营销活动，虽面向的是不同消费群体，但推广与宣传在无形中会强化品牌的感染力，有利于提高品牌的知名度。同时，品牌与企业名称交相辉映，有利于树立企业形象，壮大企业声势。

2. 单一品牌模式的缺点

企业实施单一品牌模式也存在一些缺点：

（1）容易错失市场机会。当用户需求大幅度变化或缺少差异化竞争优势时，企业往往会采取增加新的产品线或开展品牌延伸策略。但由于单一品牌模式限定了品牌名称的使用，因此企业在进行品牌延伸时可能会受到阻碍，并错失市场机会。

（2）优先效应和近因效应。所谓优先效应，是指在某个行为过程中，最先接触到的事物给人留下较深刻的印象和影响，起着第一印象和先入为主的作用。近因效应，则是指在某个行为过程中，最近一次接触的事物给人留下较深刻的印象和影响。由于它能对最初形成的优先效应起到巩固、维持、否定、修改或调整的作用，并且与消费者的下一次购买行为在时间上最为接近，因此消费者一旦对单一品牌形成负面认知或负面态度，在优先效应和近因效应的影响下，就能对企业新产品产生负面认知。

（3）可能遭受连带损失。由于品牌系统中的所有产品均使用单一品牌，因此很可能导致"一荣俱荣，一损俱损"的结局。在企业的营销实践活动中，因某个产品的负面效应而影响企业所有产品，导致企业效益滑坡甚至破产的事件不胜枚举。如果企业在危机出现后能够及时调整品牌策略，也许还能扭转局面，但即便这样，对企业来说也是一记重创。比如三株口服液，1996年因受"常德事件"影响，"三株"品牌一落千丈，此时，遭受巨大损失的三株集团为了避免企业受到更大损失，立即将三株系列中的护肤品品牌"生态美"产品包装中的"三株"字样去掉，由此保留下了发展势头良好的国产护肤品品牌"生态美"。不过，遭受重创的三株公司再也没有回过神来，从此告别了昔日在保健品行业的辉煌，一蹶不振。

(三) 单一品牌模式适用条件

1. 企业产品的关联度

企业采用单一品牌模式是为了借助已有品牌的声誉和影响迅速向市场推出新产品。单一品牌模式实质上是采用品牌延伸的方式推出新产品，要想使得新产品被市场所接受，原有品牌产品与新产品之间应保持较强的关联度。

2. 企业的品牌定位

品牌定位一旦确定，企业的经营决策就必须与之保持一致，否则就会造成品牌形象混乱，引起消费者的困惑和不满。一般说来，品牌定位的最大范围是商品所属的行业，如果企业想跨行业经营，则应考虑选用多品牌模式。

3. 产品的质量保证

企业采用单一品牌模式所推出的新产品必须具备质量保证。如果新产品发生了质量问题，就会牵连到整个品牌的产品，使消费者对品牌产生不满，导致更多的消费者迅速远离品牌旗下产品。

二、多品牌模式

随着消费需求日趋多样化和差异化，越来越多的企业在深入科学的市场调查基础上，积极发展多个品牌，面向不同的细分群体进行产品设计、价格定位、分销规划及广告活动，以保证品牌和产品利益点能够满足消费者的个性需要。

（一）多品牌模式定义

多品牌模式是指企业对每一个产品或者每一类产品都使用一个或者一个以上独立品牌，这些独立品牌有不同的品牌名称、不同的定位及不同的品牌识别。这种策略是宝洁公司（P&G）首创的，并获得了巨大成功。宝洁公司以生产经营洗涤用品为主，并涉足织物软化剂、化妆品、卫生用纸、纸尿布及一些食品和软饮料，在美国市场上拥有8个领域的市场占有率桂冠，是世界日化领域的超级巨人。据统计，宝洁公司共有300多个品牌，很多学者都反对过多地拥有品牌，像宝洁公司这样大胆贯彻多品牌策略并且富有成效的确实不多。宝洁公司的产品大多是一种产品多个牌子（一品多牌）。以洗衣粉为例，它推出的品牌有汰渍、碧浪、洗好等9个品牌。在中国市场，香皂有"舒肤佳"，牙膏有"佳洁士"，卫生巾有"护舒宝"，仅洗发水就有"飘柔""潘婷""海飞丝""沙宣""润妍"等多个品牌。市场细分使宝洁公司获得了巨大的品牌延伸拓展空间，个性差异化服务为宝洁公司提供了丰厚的利润回报。在我国，实施多品牌策略的企业也不乏其例，如洋河酒厂除拥有"洋河蓝色经典"这个品牌外，旗下还有"海之蓝""天之蓝""梦之蓝"及"手工班"等多个品牌。又如京东旗下有"京东""达达""京东到家""京东健康"及"京东物流"等多个品牌。

（二）多品牌模式的优缺点

1. 多品牌模式的优点

采用多品牌模式的优点主要表现在以下几个方面：

（1）独木不成林，一花不是春。多品牌模式有利于市场的培育和成熟。

（2）可以使战略管理具有一定的灵活性，限制竞争对手的延伸领域。

（3）多种不同的品牌一旦被零售商接受，就能够获得更多的货品陈列机会，取得更多的货架面积，减少竞争者这方面的机会，有利于保持竞争优势。

（4）有助于企业全面占领一个市场，满足不同偏好消费群的需要。一种品牌有一个独特的定位，可以赢得某一消费群，多个品牌各有特色，就可以赢得众多消费者，广泛占领市场。一般单一品牌的市场占有率达到20%已经相当不错，而宝洁公司三个洗发水品牌（飘柔、潘婷、海飞丝）曾为其带来66.7%的市场占有率。

（5）企业内部多个品牌之间的适度竞争，有利于提高效率，从而提高企业的整体经营业绩。

（6）采用多品牌模式的公司赋予每种产品一个品牌，而每一个品牌之间又是相互独立的，某个品牌的失败不至于殃及其他品牌及企业的整体形象，有利于提高企业的抗风险能力。

2. 多品牌模式的缺点

采用多品牌模式也有不利的一面，主要包括以下几点：

（1）营销投入成本增加。由于对不同品牌进行各自不同的广告宣传促销活动，大大增加了产品营销成本,影响企业经济效益,不符合营销集约化原则。

(2) 内部品牌竞争激烈。企业内部各品牌之间的激烈竞争,可能使新品牌的推出导致老品牌的没落。或者在老品牌的重压下,新品牌根本无法顺利地在市场获得关注。

(3) 新产品进入市场缓慢。新品牌的品牌知名度低,在每个新品牌的市场生命周期的导入期,须花费巨资和很长时间进行品牌宣传,新品进入市场的过程相对缓慢,不利于打开新产品市场,导致品牌投资获利周期缓慢。

(4) 品牌培育存在问题。企业的人力、物力、财力在多个品牌中过于分散,不利于企业品牌和旗帜品牌的培育,更不利于名牌的打造。如果企业规模过小,则不适宜开展多品牌模式。有营销专家认为,一个企业在年销售额不到三五百亿元的情况下进行多品牌经营,只是在削弱自身的竞争力。

(5) 新增品牌边际效益递减。企业为了占领市场等需要使用多品牌策略,但随着多品牌的推出,新品牌的边际效益呈递减趋势。

(三) 多品牌模式的运用条件

实行多品牌模式,品牌数量并非越多越好。如果品牌数量过多,项目分散过细,可能导致品牌内部竞争激烈,每个品牌市场占有率都较低、获利空间受阻。企业的资源过于分散,很难形成规模效益,这就要求企业在实施多品牌策略时,要充分注意到品牌的数量是否合适,一旦发现品牌过多,致使企业不能集中发展重点品牌时,应当果断放弃弱势品牌。概括来说,实施多品牌战略,必须注重企业是否具备运用多品牌的前提条件。

1. 企业的规模和经营实力

多品牌策略是企业实力的象征,企业的资金实力、市场驾驭能力是企业实施多品牌战略的重要条件,一般而言中小企业无力经营多品牌。目前市场上的多品牌企业,无论是宝洁还是五粮液皆是实力雄厚的企业。

2. 产品与行业特点

一般而言,消费者更注重个性化的产品适合采用多品牌策略,如生活用品、食品、服饰等日用消费品。而家用电器等耐用消费品适合采用单一品牌策略,如松下、东芝、日立、LG、海尔等,无论洗衣机、彩电、音响、空调、冰箱均采用同一品牌,这是因为耐用消费品的产品技术、品质等共性化形象对消费者来说更为重要,其个性化形象相对而言不是主要购买因素。

3. 品牌间差异化定位

企业可以开展品牌差异化营销,形成不同的品牌定位并协同对外。实施多品牌策略的最终目的是通过新品牌去占领不同的细分市场,夺取竞争者的市场份额。如果引入的新品牌与原有品牌没有足够的差异,就等于企业自己内部在进行竞争。同时品牌间的差异要具有可识别性,可识别性是指多品牌间的差别能够让消费者较轻松地感受到。当做出品牌定位决策时,这种定位的设计就应该是消费者能够轻易识别的,因为产品的最终购买者是消费者,只有让消费者识别出品牌间的差异才有可能实现经济价值,如果品牌宣传所传播的信息让消费者无法识别或无法感知差异,那么品牌定位是没有意义的。

4. 品牌细分市场规模性

同种产品下的多品牌策略应特别注意品牌的目标市场是否有足够的市场容量，特别是在激烈的市场竞争格局下，许多成熟市场已被分为碎片，企业如果过多推出多品牌势必造成细分市场之间的重复和竞争激烈化。

三、主副品牌模式

多品牌模式的"多子多福"虽然减轻了原有品牌的风险，但产生了宣传费用大幅提升的弊端，如何才能"鱼和熊掌兼得"呢？可以在保持主品牌的基础上对新产品或服务使用其他品牌名称，来凸显新产品或服务不同的个性形象，这就是被越来越多的国际知名企业视为现代品牌经营妙招的主副品牌模式。

（一）主副品牌模式概念

所谓主副品牌模式，就是指在主品牌保持不变的情况下，在主品牌后面为新产品添加一个副品牌，以便消费者识别该产品，拉近消费者与该品牌之间的情感距离，促使消费者认知并购买该产品。简言之，就是在品牌（商标）不变的情况下，给新产品起一个"小名"，如海尔——小神童、TCL——巡洋舰、长虹——金太阳、美的——冷静星、红心——小厨娘等，均属于主副品牌产品。与其他品牌模式相比，主副品牌模式最突出的特点是它具有极强的针对性。主副品牌模式解决了单一品牌模式容易导致的品牌个性模糊和多品牌模式容易导致的资源浪费问题。

（二）主副品牌模式的优缺点

1. 主副品牌模式的优点

副品牌的作用主要是用来陪衬主品牌。采用主副品牌模式的好处主要包括以下三点：

（1）市场进入风险低。副品牌产品可以有效地利用已经取得成功的主品牌的社会影响力，以较低的营销成本迅速进入市场、打开局面，从而降低新产品上市的风险和压力，最大限度地发挥企业品牌资本的优势。同时，主副品牌模式在企业品牌系统及所有相关的品牌联想之间能够建立更加紧密的联系。

（2）强化品牌个性。每个品牌都体现其标识的产品的特点，都是属性、利益、价值、文化、个性和用户的无形组合。而副品牌更能直观、形象地表达产品的特点和个性，让消费者一看就可联想到具体的产品特点和个性形象。

（3）节省营销费用。企业采用主副品牌模式，广告宣传的重心仍是主品牌，副品牌从不单独对外宣传，都是依附于主品牌联合进行广告活动。所以企业可以把主品牌的宣传预算用在主副品牌的共同宣传上。这样，副品牌就能在节省宣传成本的同时尽享主品牌的影响力。

2. 主副品牌模式的缺点

虽然主副品牌模式能为企业的品牌系统管理带来诸多好处，但也会对企业品牌管理造了一定负面影响：

（1）副品牌由于要直接表现产品特点，与某一具体产品相对应，大多选择内涵丰富的宣传词汇，因此适用面比较窄。过于细分的市场不利于副品牌获取市场份额，因此，选择有利可图的目标市场对于主副品牌模式来说十分重要。

（2）副品牌可能失败并影响主品牌的形象。采用主副品牌模式，会将副品牌与企业品牌系统中所有的品牌联系起来，企业的风险随之增大。如果企业品牌系统中的某个副品牌发生了问题，就有可能使主品牌和其他同样采用主副品牌模式的品牌形象受损。

（3）成功的副品牌可能会淡化企业的主品牌形象。如果副品牌与主品牌的品牌联想不一致甚至相互冲突，可能会改变消费者对企业主品牌或者其他副品牌的印象。

（三）主副品牌模式的运用条件

企业是否采用主副品牌模式应视具体情况（如企业状况、行业状况、产品状况等）具体分析。

（1）若由于技术不断进步等原因，产品不断更新换代，更新期较短，则最好使用主副品牌模式，这样既可以区别于以往产品，又可给予消费者以企业不断发展的形象，这种情况在移动电话和计算机等行业中比较典型。

（2）若企业经营同一类产品，而且该市场竞争激烈、产品使用周期较长时，可使用主副品牌模式。如家电行业就属于这种情况，我国的洗衣机、冰箱、空调等行业企业多采取主副品牌模式。

但以下几种情况下不适合采用主副品牌模式：

（1）企业品牌或其主导产品品牌已经定位，品牌使用范围基本界定，若企业还想进行品牌延伸或扩张时，最好不用主副品牌模式。例如，派克公司使用主副品牌模式进军低档笔市场导致失败，便是有力的证明，这样会损伤原有的中高定位市场，有损品牌在消费者心中的定位形象。

（2）如果企业生产产品跨度太大，与已成功品牌产品相关性不大，则不宜使用主副品牌模式，最好使用多品牌模式。

（3）产品的使用周期较短时，使用主副品牌模式的效果也会很有限。例如，在个人清洁用品、洗发护发用品、护肤用品等行业中，保健医生可能呼吁，要求消费者从保健的角度出发，不要经常使用一种品牌的牙膏或洗发水、护肤品。同样在医药行业，医生的忠告也使消费者为避免抗药性而拒绝长时间服用一种品牌的药品。以上这些情况，都在客观上制约了主副品牌模式的应用范围。

四、联合品牌模式

（一）联合品牌模式概念

联合品牌模式是指两个或更多的品牌相互联合，相互借势，能够将品牌的各种资源进行有效整合并创造双赢或多赢的战略。每个品牌都期望另一个品牌能强化整体形象或消费者的购买意愿。企业在面临品牌投资日益增加的压力下，为使品牌建设工作更有成效，最好的办法就是尝试联合品牌。企业可以通过品牌联合，借助相互的竞争优势，形成单个企业品牌不具有的竞争力，通过品牌合作，共同创造更高的价值。

（二）联合品牌的优缺点

1. 联合品牌的优点

联合品牌能够整合品牌之间的优势资源，当合作双方的品牌之间存在真正的协同作用以及当各方的品牌联想都很强而且双方形成互补的时候，联合品牌的影响力将超出人们的期望。具体来说，联合品牌的优点表现在以下几个方面：

（1）实现优势互补，开拓新市场。联合品牌中的各个品牌要素，可能在某些方面具有自己的独特优势，而一个品牌所具有的优势可能恰恰是另一个品牌缺乏并且需要的。因此，品牌联合可以更好地实现各个品牌间的优势互补。尤其是当开拓新市场时，企业需要寻找一个良好的当地企业来合作开拓市场。

（2）强化品牌形象，提升品牌价值。当品牌单独出现、没有说服力时，推行品牌联合策略可以更好地提升品牌价值、改善品牌形象。此外，进行品牌联合可以更好地标明品质、强化形象。

（3）暗中联合有时效益更佳。并非所有的品牌联合项目都会选择对外公开。在某些领域，暗中联合不失为一种上策。例如，在汽车行业，奔驰与斯沃琪（Swatch）合资生产出一种叫司马特（Smart）的新型轿车，但奔驰并没有把自己的商标贴在司马特汽车上。同样，在冰茶市场，雀巢和可口可乐公司联手应付联合利华的利普顿（Lipton）产品，由雀巢负责产品创意、设计，可口可乐负责销售，共同推出"雀茶"，但"雀茶"产品并没有标明是联合品牌，可口可乐的品牌名也只是在产品包装上一带而过。

2. 联合品牌模式的缺点

在实施联合品牌过程中，也蕴藏着许多风险，如果运用不当，就会造成消极后果。联合品牌模式的风险主要体现在以下几个方面：

（1）企业对品牌控制力降低。在与另一个品牌结成联盟时，如果出现问题，企业不能保证及时和完满地解决。同时，消费者对于联合的各品牌的介入度和期望通常都很高，不尽如人意的表现会对联合的各品牌都产生不利影响。

（2）联合品牌的一方经营出现问题会殃及另一方。例如，当联合品牌中的一方申请破产时，另一方就会受到牵连，导致股市下挫、失去投资商及失去消费者信任等危险。

（3）如果联合品牌中的另一方加入了多个联合品牌协定，则会带来过分暴露的风险，使品牌联想传递被削弱，从而淡化了品牌的原有意义。

（三）联合品牌实施方式

概括起来，品牌联合的实施方式主要有以下五种。

1. 中间产品联合品牌

如富豪汽车公司的广告称，它使用的是米其林轮胎；固特异公司称，它生产的车胎是奥迪和奔驰车推荐使用的部件；IBM公司则在其计算机产品上标注"Intel Inside"（内有英特尔）。

2. 合资联合品牌

如日立生产的一种灯泡使用"日立"和"GEPP"联合品牌；花旗银行和美国航空公司提供其共同发行的花旗银行AAA级信用卡。

3. 多持有人联合品牌

这往往表现为技术联盟形式，如托利金德（Taligent）是苹果公司、IBM公司和摩托罗拉公司技术联盟下的品牌。

4. 地区联合品牌

企业进行地区联合的目的主要在于充分利用地理细分市场上浓厚的地域文化与亲

和力，以此在少投入或不投入的情况下，轻松打开当地市场。五粮液公司在这方面做得比较成功，如"京酒"就是一个典型的地区联合品牌，京酒是北京市糖业烟酒公司申请商标注册、由五粮液公司按照其要求进行生产的。北京市糖业烟酒公司拥有"京酒"的全国独家经销权。对五粮液公司来说，此次"联姻"使得"京酒"在一夜之间被摆上了北京人的餐桌，而且"京酒"在和同档次产品的竞争中，很快获得了主动权。

5. 跨界联合品牌

将两个不同行业的知名品牌整合成一个概念推出，在彼此产品不交叉的前提下，两个品牌都能够获得新的形象魅力。例如，饿了么与运动品牌 KEEP 联名"美味飞盘"，提出美食不是运动的对立面，把握两者的平衡才是解锁健康的关键。以此作为核心主题，以新晋人气运动项目"飞盘"作为沟通载体，设计了 6 款印有汉堡、披萨等美食图案的"美味飞盘"，其中附赠的实物刀叉又让"飞盘"秒变餐盘，飞盘由此具有了运动工具与用餐器具的双重功能。配上"身材诚可贵，美食亦珍贵，两个都想要，KEEP Hungry"的文案，传递了"想吃就吃，想练就练"的理念。

本章小结

品牌的创建、发展、维护与创新是一项长期而复杂的系统工程，必须把它当作一项战略来实施，并进行长期投资。品牌战略是品牌运营和管理的起点，没有品牌战略作为导向，品牌管理就像没有方向的船只，只能随风任意漂流，这对品牌管理工作来说，是非常不利的。

品牌战略被认为是组织为取得竞争优势而充分利用外部环境和内部资源创建、维护与发展品牌的一整套长期性、根本性和全局性的谋划与行动。品牌战略的直接目标是建立、维护、巩固和发展消费者对企业、产品或服务的独特的综合认知关系。

品牌战略规划过程中所涉及的主要内容包括品牌战略环境分析、明确品牌使命、明确品牌价值和愿景、确定品牌差异化定位、进行品牌识别界定规划、进行品牌整合传播规划、确定品牌模式、对品牌运营结果进行评估与监控等。品牌战略环境分析主要包括市场需求环境分析、竞争品牌分析、品牌政策环境分析、品牌现有资源分析。品牌愿景是指一个品牌为自己确定的未来蓝图和终极目标，向人们明确地展现品牌是什么。它主要由品牌蓝图、品牌范围、品牌价值观三个部分组成。品牌核心价值是一个品牌的灵魂，它是品牌资产的主体部分，它让消费者明确清晰地识别并记住品牌的利益点与个性，是驱动消费者认同、喜欢乃至爱上一个品牌的主要力量。品牌核心价值的类型可以分为功能型、情感型和象征型三种。

对于经营多产品的企业，如何有效地管理多个品牌，搭建科学有效的品牌结构，建立合理的品牌组合战略，以确保清晰、统一、协调、平衡地展现品牌的形象，最终促进企业实现其发展战略，是企业不可忽视的任务。目前，企业常用的品牌模式包括单一品牌模式、多品牌模式、主副品牌模式、联合品牌模式。

案例分析

"全聚德"百年老店的品牌战略

中华著名老字号"全聚德",始建于1864年(清同治三年),含义为"全而无缺、聚而不散、仁德至上"。159年来,历经几次重大的历史变革,"全聚德"获得了长足的发展。1993年5月,中国北京全聚德烤鸭集团公司正式成立,为全聚德在改革开放时期的大发展奠定了坚实的基础。1997年,中国北京全聚德烤鸭集团公司按现代企业制度,转制为中国北京全聚德集团有限责任公司。1999年,全聚德被国家工商总局认定为驰名商标,是中国第一例服务类中国驰名商标。

全聚德集团成立以来,充分发挥老字号品牌优势,在发展过程中确立了详细的品牌发展战略:积极注册商标、完善特许经营、注重品牌合作、强化内部管理。全聚德既古老又年轻,既传统又现代,向着"中国第一餐饮,世界一流美食,国际知名品牌"宏伟愿景而奋勇前进。2021年7月15日,在全聚德品牌创建157周年之际,全聚德全新IP形象"萌宝鸭"正式亮相,也标志着全聚德品牌发展的新突破。全聚德品牌管理过程主要包含以下几个阶段。

一、发挥老字号优势,积极注册商标

1993年,全聚德集团在成立之初,就委托国家专业资产评估机构对"全聚德"品牌进行无形资产评估,确认"全聚德"品牌以1994年1月1日为基准日的社会公允价值为2.6949亿元人民币。1999年年初,全聚德集团又委托北京新生代资产评估事务所对"全聚德"无形资产进行了第二次评估,最后确认以1998年12月31日为基准日的"全聚德"品牌价值为7.0858亿元人民币。比起1994年的数据提高了2.62倍,充分显示出"全聚德"无形资产的迅速增值。2005年8月6日,世界品牌实验室联合《世界经理人周刊》在人民大会堂召开世界品牌大会,发布了2005年《中国500最具价值品牌》排行榜,"全聚德"品牌从前一年排名第56位,提升至2005年的第49位,全聚德品牌价值评估也从2004年的84.58亿元人民币,提升至2005年的106.34亿元人民币。

中国北京全聚德集团有限责任公司经国家工商局商标局正式注册了"全聚德"商标9个,注册范围涵盖25类97项,包括以全聚德烤鸭为基础,向前延伸和向后延伸使用"全聚德"商标的25类近百种商品类商标,形成"防御商标",通过这种商标注册的方法可以最大限度地保护"全聚德"商标不被侵权,从而将其品牌的知名度和信誉一直保持下去。在国际上,全聚德在美、日、法、德、英、俄、加、澳、意及中国香港等35个国家和地区正式注册了"全聚德"商标,包括全聚德烤鸭商品商标及国内外各全聚德烤鸭店使用的服务商标,从而使"全聚德"商标在国内外得到了统一管理及有效保护。

1996—1998年,"全聚德"商标连续三届被北京市工商局评为"北京市著名商标"。1998年3月,北京电视台《北京特快》节目组会同中国人民大学舆论研究所,就"哪些产品最能代表北京的品牌形象"的话题采用问卷调查方式进行随机抽样调查。调查结果表明,全聚德烤鸭名列榜首,被一致认为是最能代表北京经济形象的标识性产品。

1999年1月5日,"全聚德"商标被国家工商局、商标局认定为我国第一例餐饮行业服务商标中的中国驰名商标。"全聚德"作为中华老字号,历史久远,闻名遐迩,商标使用时间长,宣传工作到位,因此被评为驰名商标是众望所归。按照《与贸易有关的知识产权协议》(TRIPS协议)的规定,签约国应对其成员国认定的驰名商标予以特殊保护,因此驰名商标"全聚德"将得到世界100多个国家的共同承认与保护。

二、树立品牌核心价值,完善品牌管理策略

"全聚德"品牌名称的含义,一来占有一个"全"字,象征着完整、完全;二来"聚德"意为聚拢德行,可以象征企业经营活动讲德行。全聚德之所以能够成为知名品牌,其价值主要体现在产品的选材、厨艺、服务,如同全聚德烤鸭的过程,从选鸭、填喂、宰杀到烧烤,都是一丝不苟的。全聚德在品牌发展过程中,依然按照周恩来总理对全聚德"全而不缺,聚而不散,仁德至上"的诠释,始终发挥"艰苦创业、开拓创新、争创一流"的精神,扎扎实实地进行体制创新、机制创新、管理创新、营销创新、科技创新、文化创新、精神文明创新七大创新活动建设。

对于餐饮行业来说,产品和服务如同一架飞机的双翼。其中,产品是基础,服务是放大器。全聚德作为老字号品牌,在品牌管理过程中,始终遵循守正创新的理念,回归餐饮的"人、货、场"。疫情防控期间,生意大受影响,工作人员建起周边消费者的微信群,服务周边群体,让品牌始终伴随他们成长。同时,在品牌形象年轻化方面,2021年,全聚德全新推出萌宝鸭IP形象,打造出更符合新生代年轻人审美观的品牌符号。2022年,全聚德又在萌宝鸭的基础上,延伸打造出品牌文化传播新项目"萌宝星厨直播间",通过IP动漫短视频的形式,推出"星厨探店""萌宝小星厨""星厨故事秀"等一批面向Z世代,甚至是小学生等更为广泛新生代的品牌推广项目,用年轻人更容易接受的方式讲述中华饮食文化的博大精深。

在疫情防控期间,全聚德以社群为基础,采取了"以点带面"式地接近消费者的系列举措,各家门店皆建立了社群,全聚德也重新审视了自己的品牌定位,要做"身边人有温度的餐厅"。全聚德转变思维方式,注重消费者的综合体验,一方面作为游客打卡的"北京名片",一方面还要做"北京人的餐厅",做好本土化服务,转向年轻化、市场化。

三、重视品牌合作

全聚德的品牌合作,坚持两条原则:一是纵向一体化,即品牌的延伸要能够形成上下游的产业关联;二是紧紧围绕餐饮主业,形成服务于主业的横向关联。德国费迪南德碧洛德葡萄酿酒有限公司是一家拥有三百多年悠久历史的专业葡萄酒酿造公司,公司总部坐落于世界著名葡萄种植地——德国莱恩堡。公司旗下汇集了众多世界著名酿酒艺术大师,在世界各地拥有最现代化的葡萄酒酿造企业,并在全球20多个国家和地区设有40多个分支机构。全聚德集团采用品牌延伸策略,与德国碧洛德酒业公司合作,采用"全聚德—碧洛德"双商标生产纯正的德国白葡萄酒和法国红葡萄酒,引进国内市场,新闻界称其为"中国人出品牌,洋人造佳酿",国内外两家老字号企业的跨国"联姻",产生了复合的放大效应。"全聚德—碧洛德"红、白葡萄酒上市销售以来,经营业绩直线上升,并且在消费者心目中逐步树立起了"吃全聚德烤鸭,品全聚德·碧洛德酒"

的消费观念。

随着市场经济形式和消费者生活方式的转变,老字号品牌已经意识到转型迫在眉睫,于是纷纷采取品牌升级、IP 创新、数字化营销、跨界联合等多种新型营销手段。全聚德也紧跟市场潮流,采取各种品牌创新举措,表现出旺盛的生命力,以一种更加年轻和差异化的形象深化大众对于"全聚德"品牌的认知。

(资料来源:知乎,https://zhuanlan.zhihu.com/p/380292766,笔者整理)

案例思考

1. "全聚德"品牌的核心价值是什么?
2. "全聚德"品牌在发展过程中主要有哪些战略规划?
3. "全聚德"与"碧洛德"品牌合作给我们带来哪些启示?

第四章 品牌定位

理论模块任务

1. 了解品牌定位理论的由来；
2. 理解品牌定位的内涵与原则；
3. 掌握品牌定位的决策步骤和品牌定位策略；

实践模块任务

1. 品牌策划团队根据选定小微品牌，明确品牌定位现状及存在问题；
2. 通过理论模块学习，完成品牌消费者分析、品牌竞争者分析、品牌差异点分析；
3. 针对所选定品牌存在问题提出可行性的品牌修正策略。

开篇案例

京东物流

京东集团是中国自营式电商企业，旗下设有京东商城、京东金融、拍拍网、京东智能及海外事业部等。京东集团2007年开始自建物流，2017年4月正式成立京东物流集团，2021年5月，京东物流于香港联交所主板上市。京东物流是中国领先的技术驱动的供应链解决方案及物流服务商，以"技术驱动，引领全球高效流通和可持续发展"为使命，致力于成为全球最值得信赖的供应链基础设施服务商。

与网络型快递企业（通达系、顺丰）不同，京东物流快递配送业务早期仅服务于B2C仓配业务，即仅包括从仓储（区域仓、中心仓）至消费者这一段的配送服务，不包括上门揽件、干线运输、中转等前端环节。经过近些年的发展，京东物流建立了包含仓储网络、综合运输网络、最后一公里配送网络、大件网络、冷链物流网络和跨境网络在内的高度协同的六大网络，服务范围覆盖了

中国几乎所有地区、城镇，不仅建立了中国电商与消费者之间的信赖关系，还通过"211限时达"等时效产品，重新定义了物流服务标准。

同时，京东物流还主动承担起企业社会责任，全面支持就业扶贫，优先录取建档立卡贫困劳动者等困难群体，为他们提供稳定有保障的就业岗位。疫情防控期间面向全国

开放包括仓储员、分拣员、快递员、驾驶员在内的超过 2 万个一线岗位，缓解受新冠疫情影响出现的就业难问题。

纵观京东物流的版图，小件快递业务领域有京东快递，同城业务领域有达达，但在大件快递业务领域略显空白。2022 年，京东物流收购德邦快递，补足了京东快运的全国网络体系短板，也进一步加强了京东物流供应链基础设施底盘能力，提升了京东物流在产业互联网时代的竞争力，完善了京东品牌全产业链、全场景、生态化布局。

（资料来源：京东物流官网，https://www.jdl.com/，笔者整理）

在产品同质化现象严重的现代社会，品牌成为企业最宝贵的无形资产。如何能让自己的品牌在众多品牌中脱颖而出，精准的品牌定位举足轻重。回顾京东物流的品牌成长历程，我们不难发现，精准的品牌定位是让企业在众多品牌中脱颖而出的关键因素。

第一节　品牌定位概述

一、品牌定位理论的演进

在品牌定位理论演进方面，艾·里斯（Al Ries）和杰克·特劳特（Jack Trout）把美国市场营销的发展分为产品时代、品牌形象时代和定位时代，并于 1969 年首次提出定位（Positioning）概念。里斯和特劳特认为，"定位是从一个产品开始的，这个产品可能是一种商品、一项服务、一个机构甚至一个人，也许就是你自己"。

定位理论最初应用于产品定位，然后发展到品牌定位。从品牌定位的演变过程来看，品牌定位理论经历了 USP 理论、品牌形象理论和定位理论三个阶段。国内学者卢泰宏在为《定位：争夺用户心智的战争》中文版作序时总结了定位理论演进各阶段的核心观点及方法等，本教材综合国内外学者理论，将品牌定位理论拓展至四段论，即 USP 理论、品牌形象理论、定位理论和重新定位理论。

（一）USP 理论

USP（Unique selling proposition）指的是一个广告中必须包含一个向消费者提出的不同于竞争者的销售主张，其特点是必须向受众陈述产品的卖点，同时这个卖点必须是独特、能够带来销量的。USP 理论是由美国达彼思广告公司的董事长劳斯·瑞夫斯（Rosser Reeves）于 20 世纪 50 年代提出的。USP 理论的独特销售主张包括以下三个方面：

（1）强调产品具体的特殊功效和利益，每一个广告都必须涵盖一个独特的销售主张。例如某电钻广告："我卖的是一个洞，而不是钻头。"强调电钻的易用性，任何人都可以轻松打出一个规整的洞。

（2）强调特殊性，是竞争对手无法提出的，具有独特性与差异性。

（3）强调独特主张能带来强劲的市场能力，这一项主张必须足以影响和吸引顾客，满足顾客需求。

同时，USP 理论还具备以下三个特点：

（1）功能性。必须包含独特的商品效用以满足消费者购买需求，并能够给予消费者一个明确的利益承诺。

（2）独特性。独特性表现在必须是唯一的、独特的，是其他同类竞争产品不具有或未曾提出过的功能利益。

（3）可行性。独特的品牌特性必须与相关者的需求相关，对消费者产生强大的吸引力，这样才能有利于市场传播，引发消费者购买行为。

（二）品牌形象理论

该理论是20世纪60年代由大卫·奥格威提出的，他认为在产品功能利益点越来越小的情况下，消费者购买时看重的是实质与心理利益，强调创造、占据消费者心智中的第一位置。品牌形象理论的基本要点如下：

（1）随着同类产品的差异性减小、品牌之间的同质性增大，消费者选择品牌时理性因素减少，因此描绘品牌的形象要比强调产品的具体功能特性更重要。

（2）消费者购买时追求的是"实质利益+心理利益"，更强调在消费者的心智中解决差异化的问题。

（3）广告应该努力去维护良好的品牌形象，甚至不惜牺牲短期利益，任何一则广告，都是对品牌形象的长期投资。

（三）品牌定位理论

1969年杰克·特劳特（Jack Trout）在美国《产业营销》上发表了题为《定位：同质化市场突围之道》的文章，提出通过定位来突破同质化的瓶颈。1981年艾尔·里斯和杰克·特劳特联合推出《定位：攻占心智》一书，该书系统阐述了定位理论。可以说，定位及其衍生理论已经成为营销的主流指导思想。定位理论被公认为是"有史以来对美国营销影响最大的观念"。菲利普·科特勒这样评价定位理论："它深刻揭示了消费者内心对某个品牌的现行定位或重新定位的心理活动的本质。"

品牌定位理论的基本内涵如下：

（1）定位的起点是目标消费者的心理，而不是产品本身。

（2）明确产品的目标市场，使产品在目标市场的顾客心里留下位置。

（3）对可能的市场和可能的顾客施加一定的营销影响，通过策划和创意，制造产品的显著社会声誉，以形成品牌竞争市场优势。

（4）品牌定位的最高境界在品牌内部结构方面，是将利益点与支持点巧妙地结合在一起，以单一信息传播的方式，传递给消费者。

（5）不要试图改变顾客心理，顾客心理一旦形成，极难改变。

（6）跟随领先品牌的"Me too"（我也这样/我也有）策略是无效的。

（7）品牌在顾客心里有特定的排列梯度。

（四）重新定位理论

2011年，杰克·特劳特和史蒂夫·里夫金（Steve Rivkin）出版了《重新定位：竞争、变革和危机时代的营销》一书。他们提出通过重新定位调整消费者的认知，这些认知可能是关于企业的，也可能是关于竞争对手的，重新定位的关键在于为自己企业建立起正面定位。

市场重新定位对于企业适应市场环境，调整市场营销战略是必不可少的。企业在以下情况下需考虑重新定位：

（1）竞争者推出的市场定位与本企业产品差异性小，侵占了本企业品牌的部分市场，使本企业品牌的市场占有率有所下降。

（2）消费者偏好发生变化，从喜爱本企业某品牌转移到喜爱竞争对手品牌。

综上，对 USP 理论、品牌形象理论、定位理论和重新定位理论进行对比分析，如表 4-1 所示。

表 4-1　品牌定位理论的对比

理论	USP 理论	品牌形象理论	定位理论	重新定位理论
产生时间	20 世纪 50 年代	20 世纪 60 年代	20 世纪 70 年代	21 世纪初
时代背景	产品主导	形象主导	定位主导	竞争主导
代表人物	劳斯·瑞夫斯	大卫·奥格威	艾尔·里斯和杰克·特劳特	杰克·特劳特
主要观点	强调产品特征及利益	塑造形象长远投资	创造心理第一位置	重新定位竞争对手并占据消费者心智
方法依据	实证	精神和心理满足	品类的独特性	心智差异化
沟通特点	产品属性	形象识别系统	消费者需要	消费者心智模式

从理论提出的时代背景可以看出，四个理论有一定的时代性和发展性。USP 理论强调产品特征及利益，更加关注产品本身；品牌形象理论关注塑造形象，因此注重长远投资；品牌定位理论产生于信息爆炸时代，因此更加关注消费者的心理需要；重新定位理论产生于竞争与变革的时代，关注重新定位企业或竞争者并占据消费者的心智。

二、品牌定位的概念

艾尔·里斯和杰克·特劳特认为，定位要从一个产品开始，这个产品可能是一种商品、一项服务、一个机构甚至是一个人。但是，定位不是你对产品要做的事，定位是你对预期顾客要做的事，即在预期顾客的大脑里占据位置。菲利普·科特勒给定位下的定义是：定位是指公司设计出自己的产品和形象，从而在目标顾客心中确立与众不同的有价值的地位，定位要求企业能确定向目标顾客推销的差别数目及具体差别。

根据以上对定位的定义，我们可以归纳出品牌定位的本质其实就在于差异化，这种差异化包含了两个层面的内容，一是目标顾客的差异化，二是顾客价值的差异化。所谓目标顾客的差异化，是指企业应该从该类产品的消费者当中选择一个特定的细分人群进行服务，形成用户画像差异化。市场营销的一个基本理念是：一件产品不可能满足所有消费者的需求，一家公司只有以市场上的部分特定顾客作为其服务对象才能发挥其优势，提供更有效的服务。因而，明智的企业根据消费者需求的差异进行市场细分，并从中选出某细分市场作为企业的目标市场。需要注意的是，细分市场仅仅只是迈出的一小步，而从中选出较竞争对手具有明显差异的目标市场和目标顾客才是最关键的一步。同时，企业必须对多种多样的客户要求做出更快的反应，以明确差异化的顾客价值。卓越的顾客价值、更高的顾客忠诚度与企业的利润率之间存在着相互促进的关系。顾客通常愿意为更符合自己需要、价值评价更高的产品支付更高的价格，这也给差异化的企业带来了更高利润。

三、品牌定位的原则

（一）消费者导向原则

品牌定位的出发点是满足消费者的需求，为消费者提供品牌价值。对消费者心理把握越准，品牌定位策略就越有效。从大脑处理信息的角度来看，消费者的头脑并不是一个足够大能装下所有信息的容器，他们接收的信息是有限的，留存在大脑中的信息更是少之又少。哈佛大学心理学家乔治·米勒（George Miller）研究发现，普通人的大脑能够同时处理的不同概念的信息单元小于或等于七个，如果品牌定位没有新的记忆点，很容易被消费者忽略。此外，大脑信息系统对所接收的不同概念的信息不会并行处理，而是进行阶梯式排序，按照顺序处理，越靠前的信息对人的行为影响越大，特别是处于第一位的信息。由此可见，品牌定位成功的关键是要迎合消费者的心理，对消费者的消费需求、消费行为和消费心理把握得越准，定位的策略就越有效。

（二）个性化原则

品牌如同人一样，个性突出才能给消费者留下深刻印象。在产品日益同质化的竞争环境中，个性化的品牌才能吸引具有相同价值观念的消费者。品牌带给消费者的利益包括功能利益、情感利益和象征性利益。当品牌的个性与消费者的自我价值相吻合时，消费者才会选择该产品。企业可以根据品牌的物理特性和功能利益进行定位，但定位不仅仅是品牌物质特性和功能利益的综合，它还包含一些属于心理或精神层面的成分。例如，京东的 IP 形象 JOY，是可爱的小狗形象，用亲和力与友善陪伴消费者，为用户带来更快乐、更轻松的购物体验。

（三）差异化原则

差异化是塑造品牌的目的之一。在信息爆炸时代，消费者接收信息的方式发生了巨大改变，人们每天接触到的信息不计其数。而只有通过差异化的品牌定位，一个品牌才能与其他品牌区分开来。

品牌案例 4-1

Rose only：一生只爱一人

（四）动态调整原则

品牌定位不是一成不变的。现代社会瞬息万变，技术、产品、竞争对手和消费者等都在时刻发生变化，这就要求企业在不断变化的环境中，抛弃以不变应万变的传统静态定位思想，对周围环境时刻保持高度敏感，以便及时调整品牌策略。品牌定位应秉持静态定位与动态调整相结合原则。例如，小米的品牌定位是为"发烧"而生，产品从最初的手机、小家电发展成为智能家居生态体系，紧跟时代步伐动态调整定位应对市场环境变化。

四、品牌定位的意义

(一) 品牌定位有助于消费者牢记品牌

现代社会是信息社会,人们一睁开眼睛就开始面对信息轰炸。各种消息、资料、新闻、广告铺天盖地,令人应接不暇。根据心理学家乔治·米勒的心智阶梯理论,消费者心智中存在一个阶梯,每一个阶梯,代表了一种产品的品类。而阶梯上的每一级,代表一个品牌,在每一个阶梯上,最多可以容纳7层品牌,比如饮料行业的可口可乐、百事可乐,手机行业的苹果、华为、三星等。对企业而言,只有以消费者为导向进行个性化、差异化品牌定位,为企业塑造令人耳目一新的品牌形象,才能在消费者有限的心智阶梯中占有一席之地。

(二) 品牌定位有利于传递品牌核心价值

品牌核心价值是品牌向消费者承诺的核心利益,代表品牌对消费者的独特价值和终极意义,是品牌的精髓所在。但由于品牌核心价值是无形资产,因此需要合适的载体和恰当的传达方式。品牌定位正是这样一种有效的传达方式。品牌定位可以在品牌核心价值的基础上,通过与潜在消费者心中的信息空白点进行择优匹配,运用一系列品牌营销手段,让潜在消费者产生对品牌的认知、偏好,进而做出实际的购买行为。

(三) 品牌定位是企业成功创建品牌的基础

企业要塑造一个成功的品牌,需要经过品牌定位、品牌规划、品牌设计、品牌推广、品牌评估、品牌调整、品牌诊断等一系列步骤。其中,品牌定位是整个品牌建设的第一个环节,是其他环节的基础。如果品牌定位得当,那么品牌建设的过程就会产生传递效应。如果品牌建设的中间过程出现失误,那么品牌定位可以为中间过程修正提供策略参考,从而使品牌建设的成效与预期相吻合。

第二节 品牌定位决策步骤

品牌定位对于企业打造成功的品牌至关重要。本书将品牌定位决策分为三个步骤,即消费者分析、竞争者分析和创建品牌差异点。

一、消费者分析

(一) 消费者需求的外部因素

(1) 文化价值维度理论。荷兰学者吉尔特·霍夫斯塔德(Geert Hofstede)在1968—1973年间,以IBM公司设在全球56个国家和地区的子公司员工为对象,研究发现了各国之间文化差异的五个维度:权力距离、集体主义/个人主义、男性/女性主义、不确定性规避、短期/长期导向。而后经进一步研究,又增加了放纵主义,形成六个维度。

第一,权力距离(Power Distance Index;PDI)。权力距离是指组织和机构中权力较小的成员接受权力分配不均的程度。权力距离大的文化,强调严格的上下级关系,社会呈现明显的等级阶层,社会成员能够接受这种不公平;而权力距离小的社会,比较注重平等、民主和非正式关系,人们更容易质疑权威并试图分配权力。有研究发现,在权力距离大的国家,消费者认为有能力的品牌能提供更多的价值。

第二，个人主义和集体主义（Individualism vs. Collectivism：IDV）。个人主义/集体主义是指一个人如何看待自己与他人、社会的关系，这个维度主要探讨"社会中人们融入群体的程度"。在个人主义文化中，个人之间的联系松散，通常只将个人与其直系亲属联系起来，强调"我"，消费者把品牌视作自我个性与形象的展示；集体主义文化则描述了一个社会，在这个社会中，人与社会中其他人紧密联系在一起，当与其他团体发生冲突时，这些团体内成员毫无疑问地忠诚并相互支持。

第三，不确定性规避（Uncertainty Avoidance：UAI）。它被定义为一个社会对不确定性的容忍程度。在这个维度中，人们接受或避免一些意想不到的、未知的或远离现状的事件。高不确定性规避的消费者会在消费过程中感知到更多的风险，并尽可能逃避这些风险。例如，在高不确定性规避者看来，熟悉的国内产品能带来更多的安全感，品牌的含义更为重要，因为好的品牌能为高风险规避者带来更多的信任，他们会更倾向于选择可信赖且表现稳定的品牌。同时高不确定性规避者具有更高的品牌忠诚度。

第四，男性/女性主义（Masculinity vs. Femininity：MAS）。它是指在社会中居于统治地位的价值标准是由男性主导的还是由女性主导的。在男性气质突出的国家中，社会竞争意识强烈，成功的衡量尺度倾向于社会地位、财富、功名；而在女性气质突出的国家中，生活质量的概念更为人们所看中。

第五，短期/长期导向（Long-term Orientation vs. Short-term Orientation：LTO）。短期导向的人会视时间为有限资源，对时间较没有耐心；而长期导向的人则更愿意为了未来的收获而等待。彼尔德（Bearde）提出，长期导向会影响消费者形成勤俭节约的习惯和强制性购买的行为。短期导向的消费者侧重于此时此刻，一般基于即刻的需求而做决定，而不考虑未来的结果。因此这类消费者更可能"冲动消费"。相反，长期导向的消费者更愿意在采购之前做计划，很少会被即刻的欲望所诱惑。与短期导向消费者相比，长期导向的消费者更注重稳定的品牌承诺。

第六，放纵与约束（Indulgence vs. Restraint：IND）。这个维度指的是社会规范赋予公民实现人类欲望的自由度。放纵的社会被定义为一个相对自由地满足与享受生活和娱乐相关的人类欲望的社会。放纵主义允许人们相对自由地追求本能的一些快乐和享受；而约束的社会则通过较强的社会准则来限制这些需求。放纵主义社会的人们认为自己生活得更健康和快乐，更强调享受，有更积极乐观的生活态度，而约束型社会的人们则恰恰相反。

（2）社会阶层。社会阶层是一个社会中具有相对同质性和持久性的群体，它们是按等级排列的，每个阶层成员具有类似的价值观、兴趣爱好和行为方式。低阶层的消费者存在立即获得感和立即满足感的消费心理，比较注重安全和保险因素；中层消费者一般讲究体面，同一阶层内的消费者彼此之间更容易攀比；上层消费者则更注重成熟和成就感，倾向于购买和使用具有象征性的产品。

（二）消费者需求的内部因素

（1）消费者个性。个性（Personality）是导致每个人对所处环境刺激做出不同反应的稳定心理特征。在品牌选择方面，消费者会不自觉地选择与其自身个性相契合的品牌。近年来，研究者们在人格描述模式上形成了比较一致的认识，提出人格的大五模式，被称为人格心理学中的一场革命，其主要分为开放性、责任心、外倾性、宜人性和神经质性人格。基于这一理论，美国学者詹尼弗·阿克（Jenniffer Aaker）研究得出，美国市场上的品牌主要表现为五种品牌个性：能力、真诚、兴奋、教养和强韧。阿克进一步以西班牙和日本消费者作为研究对象，结果发现，日本消费者心目中，品牌的个性主要表现为坦诚、刺激、教养、能力和平和；而西班牙消费者品牌的个性主要表现为坦诚、刺激、教养、平静和激情。根据中山大学学者黄胜兵和卢泰宏的研究，中国品牌的个性维度有仁、智、勇、乐、雅五个维度。

（2）消费者情感。消费升级时代，消费者的购物从任务型购物转为享乐型购物。消费者开始更加重视购物时获得的情感体验。在此，我们重点讨论以下几种消费者情感因素。

① 怀旧。一般来说，怀旧是指对过去的渴望，或对过去有关活动的怀念。怀旧会与消费者的年龄、心理活动、生活方式等有一定关系。研究发现，消费者的怀旧情感对广告态度、品牌态度和购买意向具有显著的正向影响。

② 依恋。依恋是指个人与品牌之间的一种情感联结，通过产品或品牌满足消费者支持自我、发展自我的需求，产品或品牌成为一种延伸的自我，消费者从而对其产生依恋。如果营销经理人致力于建立品牌忠诚，他们必须让消费者对品牌形成情感依恋，而不只是重复购买。

③ 内疚。内疚被认为是一种功能性情绪，因为它告知个人违反了某种标准，并激发其修复行为。在消费背景下，内疚通常与冲动购买、强迫性消费和过度消费有关。消费者内疚会给销售方带来正面影响，防止消费者侵占销售方的便宜（如退还售卖方多找的零钱），会抑制消费者抱怨和负面口碑的出现，还会对不同产品的折扣促销产生差异化影响。一般来说，消费者对购买或消费享乐型产品更容易产生内疚感。

二、品牌竞争者分析

（一）以市场调研确认品牌竞争者

品牌定位首要要进行深入的市场调研，以建立对市场宏观环境、竞争格局、渠道终端状况、消费者行为、心理特征等的良好把控。确认品牌竞争者是一个需要全面考虑的过程，品牌竞争者不仅包括同种类产品的品牌，还包括其他种类产品的品牌（直接和间接的替代产品品牌）。例如，一个功能性饮料品牌要考虑和其他各种功能性饮料定位的竞争，还要考虑和茶饮、果汁、咖啡的竞争，企业必须考虑到所有可能的竞争者及对消费者产生的各种影响。确认品牌竞争者是一个行业竞争分析过程，这个分析过程能够为企业未来品牌定位打下基础。

（二）评估消费者对竞争者品牌的看法

确认了竞争品牌后，企业就要考察消费者对竞争品牌的看法，明确消费者认为哪些属性对评价一个品牌最重要。对于大多数品牌，消费者都要考虑产品的用途和属性。为了明确这个问题，企业可以通过组织专门的营销调研，如邀请消费者试用产品、参加专题讨论会、共同参与调查过程，以了解消费者在选购品牌时会认为哪些产品属性更重要。如一个消费者在选择奶粉品牌时会考虑奶粉的安全性、营养性、原产地、性价比等属性和因素，这也为企业明确差异性定位提供了基础。

(三) 明确竞争者品牌定位

在确认了产品的相关属性及其对消费者的重要性之后,企业必须明确每个竞争品牌是怎样在这些属性上定位的,可由此得知竞争品牌之间是如何相互区别的,明确竞争品牌的定位是在消费者研究的基础上得出的结论。一般而言,探求竞争品牌的定位可以采用竞争性框架的方法,竞争性框架就是根据产品的某些属性来做一个树形图,并细分这些属性,最后把所有竞争性品牌按属性在这个树形图上"对号入座",以明确竞争品牌的差异性定位。

三、创造品牌差异点

差异点(Points of difference)是指顾客能强烈联想到的、给予积极评价的、竞争性品牌所不具备的品牌特征或利益。无论是采用新的定位方向还是采用原有市场的定位方向,品牌都必须具备与众不同的差异点,这样才能有效地吸引消费者。一般而言,创造品牌差异点可分以下几个步骤。

(一) 细分消费者偏好

市场细分的概念是美国市场学家温德尔·史密斯(Wendell Smith)于1956年提出的,它是企业根据消费者需求的不同,把整个市场划分成不同的消费者群体的过程。市场细分的理论基础来自波特教授的差异化和集中化战略,寻找差异并把企业有限的资源集中用在最需要的地方。

企业通过采用不同的市场细分变量如生活方式、购买动机、人口特征等进行市场细分,在每一个细分市场中都可能有不同的购买动机和重要属性的排序,企业要明确分清哪些购买动机、哪些属性是重要的,并且找出它们之间的差异。为此,企业可以设想一个理想的品牌,它具有消费者所有选择中偏好的目标,这些偏好甚至可以是想象出来、在现实中并不存在的。设想这个理想品牌的目的是帮助企业细分市场的不同偏好和理想,或者是找到这些偏好和理想的倾向。

(二) 确定目标市场

目标市场是指在市场细分的基础上,依据企业的目标、资源和经营能力,优先考虑和选择要进入的市场,或最大限度地满足那部分市场消费者的需求。目标市场潜在的需求规模由潜在消费者的数量、购买能力、需求弹性等因素决定。对企业而言,市场容量并非越大越好,"适度"是个相对概念。对小企业而言,市场规模越大,需要投入的资源越多,而且对大企业的吸引力也就越大,竞争也就越激烈。因此,选择不被大企业看重的较小细分市场反而是小企业的发展上策。

目标市场确定以后,必须能够透过消费者表层的行为和需要,寻找到其内心的价值需要。定位理论的创立者艾尔·里斯和杰克·特劳特在《新定位》一书中,强调定位的重心在于消费者的心灵,对消费者心灵的把握越准,定位策略就越有效。定位不在产品本身而在消费者心理,无论企业定位技巧有多高明,其成功的关键还是迎合消费者的心理。因此,对目标市场的顾客心理需求活动的把握是品牌定位的最重要环节。

> **品牌案例 4-2**
>
> 京东超市品牌定位

(三) 确定品牌定位核心理念

品牌理念是品牌要向目标消费者传递的价值取向，这种价值取向不是来自企业的一厢情愿，而是基于分析目标消费者的共同价值观并将之提炼总结出来。品牌理念必须具有两个特征：能与消费者产生共鸣和推动企业的价值取向。它是品牌所特有的，能持续不断地形成本品牌和竞争品牌的差异化。它必须不断地向企业员工和合作者进行灌输，如"做得更出色"或"走不同的路"等，也会对认真思考和品味其中含义的人们有所启发。品牌理念是赋予品牌人格化的重要手段。

品牌理念是品牌定位的灵魂。品牌理念是企业在实施品牌定位时所遵循的基本指导思想，它是企业在充分了解目标消费者的价值观之后，将企业产品要表达的价值取向与目标消费者的价值观完美结合的产物。通过市场细分而被企业划分为某一特定群体的消费者并不一定具备一模一样的价值观，重要的是如何将这些不是很一致、统一的价值观进行提炼，以形成集中、单一和稳定的品牌理念，这才是品牌和消费者进行交流的内核。

第三节　品牌定位策略

一、产品视角定位

(一) 功能性利益定位

消费者购买产品主要是为了获得产品的使用价值，希望产品具有所期望的功能、效果和效益，因而强调产品的功效诉求是品牌定位的常见形式。很多产品具有多重功效，品牌定位向顾客传达单一的功效还是多重功效并没有绝对的定论，但由于消费者能记住的信息是有限的，往往只容易对某一强烈诉求产生较深的印象，因此，向消费者承诺一个功效点的单一诉求更能突出品牌的个性，获得成功的定位。功能性价值主要源于商品的价格、品质和耐久性，也意味着消费者通过获取信息对商品进行合理和经济性评价。

> **品牌案例 4-3**
>
> 王老吉的功能性定位

(二) 情感性利益定位

该定位是将人类心理方面的关怀、牵挂、思念、温暖、怀旧、爱等情感内涵融入品牌，使消费者在购买、使用产品的过程中获得情感体验，从而唤起消费者内心深处的认同和共鸣，最终获得对品牌的喜爱和忠诚。

> **品牌案例 4-4**
>
> **椰树牌椰汁**
>
>

与功能价值定位不同，情感价值定位多与产品或服务引起的情感共鸣有关，而且情感价值意味着与特定感情相连或引发某种情感的价值。

（三）自我表达性利益定位

该定位通过表现品牌的某种独特形象和内涵，让品牌成为消费者表达个人价值观、审美情趣、自我个性、生活品位、心理期待的一种载体和媒介，使消费者获得一种自我满足和自我陶醉的快乐感觉。例如，旺仔牛奶的"代言人"旺仔说着"再看！我就把你喝掉"，可爱讨喜的形象正好符合儿童"快乐但又爱模仿大人"的心理，小朋友看到旺仔就像看到了自己，因此它成为很多小朋友的童年回忆。

二、竞争视角定位

（一）领导者定位

领导者定位即强调品牌在同行业或同类品牌中的领导性、专业性地位。在现今信息爆炸的时代，海量信息的覆盖使得消费者对信息的识别能力不断降低，但对领导性、专业性的品牌识别度不断提高。比如，在我国 B2C 电子商务行业，大部分消费者都能想到选择"京东"，这也是京东品牌在 B2C 行业领导者定位策略的表现。

作为市场领导者的企业一般具有以下特点：在相关的产品市场上，占据最大的市场占有率，实施诸如价格调整等营销措施时对市场具有举足轻重的影响；领导新产品的技术开发动向；在行业内具有举足轻重的定位，受到其他行业竞争者的尊重。

（二）类别定位

类别定位是将产品与某种特定的产品品类联系起来，以建立消费者的品牌联想。类别定位是为了在消费者心智中建立该品牌产品等同于某类产品的影响。例如，美国的七喜汽水，定位是不含咖啡因的饮料，在欧美国家人均咖啡因摄入相对较高的情况下，成功吸引了一部分细分消费者。

（三）比附定位

比附定位是指通过与竞争品牌比较来确定自身市场地位的定位策略。企业通过各种方法和同行中的知名品牌建立一种内在联系，借助竞争者之势，使自己的品牌迅速进入消费者的心智，占领一个牢固的位置，借名牌之光而提高自身品牌的知名度。比附定位一般有三种形式。

1. 甘居"第二"

当品牌占有较大的市场份额或是独占鳌头时，在定位策略上，通常会尽可能地凸显自己领导者的地位，采用"十大品牌""行业领先企业"这样的方式。但甘居第二就明确承认同类中另有最负盛名的品牌，自己只不过是第二而已。这种策略会使消费者对该公司产生一种谦虚诚恳的印象，相信公司所说是真实可靠的，彰显品牌个性，同时迎合了人们同情弱者的心理，较容易使消费者记住第二序位，忘记排名第三、第四的竞争品牌。如美国的艾维斯（Avis）租车的经典定位——我们是第二，所以我们更努力。艾维斯租车完全不按套路出牌，它既坦诚了自己某些方面的不足，而这种甘居第二的品牌定位又将自己的劣势转化为与市场第一品牌关联的优势。有时候，在品牌定位上"甘居第二"可能会带来意想不到的收获。

2. "攀龙附凤"

首先承认同类中卓有成就的品牌，本品牌虽自愧不如，但在某些方面与这些品牌并驾齐驱、平分秋色。例如，巴奴毛肚火锅提出的"服务不是巴奴的特色，毛肚和菌汤才是"，既让自己与火锅行业领先者海底捞相提并论，又形成了明显的差异化定位。

3. 高级俱乐部

公司如果不能取得第一名或攀附第二名，便可采用此策略，借助群体的声望和模糊数学的手法，强调自己是高级群体俱乐部的一员，从而提高自己的形象和地位。如美国企业克莱斯特宣称自己是美国三大汽车公司之一，这种定位方式使得消费者感知到克莱斯勒是与通用、福特一样好的汽车生产商。

 **品牌案例 4-5**
蒙牛品牌定位的智慧

三、消费者视角定位

（一）消费群体定位

该定位直接以产品的消费群体为诉求对象，突出产品专为消费群体服务，来获得目标消费群的认同。把品牌与消费者结合起来，有利于增进消费者的归属感，使其产生这是"我的专属品牌"的感觉。比如泰国的红牛，"累了困了喝红牛"的广告宣传，强调红牛的功能是快速补充能量，消除疲劳，将消费群体锁定为运动或疲劳后精力需要恢复的人们，满足他们的需求。

（二）消费情景定位

情景定位是将品牌与一定环境、场合下产品的使用情况联系起来，以唤起消费者在特定情景下对该品牌的联想，从而产生购买欲望和购买行为。例如，日本麒麟饮料的午后红茶，是下午茶的直译，将午后辛苦工作的白领人员与特定的产品联系起来，在其心智中形成定位。

四、其他视角定位

（一）性价比综合优势定位

有的品牌经常使用质量/价格，即性价比综合优势定位。这种定位包括两种方式：一是宣传品牌具有一流的质量，与质量相比只需二流的价格，明确其性价比优势；二是强调具有竞争性价格的产品质量或价值。采用这种定位策略要求品牌确实具有一流的质量并且能让消费者信服，同时品牌的价格确能让消费者体会到实惠。例如，小米手机通过网络渠道销售，降低了渠道成本，并将降低的成本让利给消费者，让消费者感知其性价比,从而建立品牌与"米粉"之间的黏性。

(二) 文化定位

文化定位是指将文化内涵融入品牌,形成品牌文化上的差异。这种文化定位不仅可以大大提高品牌的品位,而且可以使品牌形象更加独具特色。产品的功能与属性容易被模仿,而品牌文化却很难模仿。文化定位对于提高品牌的品位、提升品牌的价值、保持和扩大市场占有率、获得消费者认同和忠诚具有重要的意义。

(三) 概念定位

概念定位即以一个新的理念或概念包装产品,使产品、品牌在消费者心目中占据一个新的位置,形成新的概念,以获得消费者的认同,使其产生购买欲望的定位策略。该类产品可以是老产品,也可以是新产品,尤其在新产品特征不是很突出、和同类产品差别化不是很大的情况下,这种定位策略运用非常广泛。

本章小结

从品牌的演变过程来看,品牌定位理论的发展经历了四个阶段:20世纪50年代的USP理论、60年代的品牌形象理论、70年代的品牌定位理论以及21世纪的品牌重新定位理论。四种理论体现了一定的时代性和发展性,其中USP理论强调产品特征及利益,更加关注产品本身;品牌形象理论关注塑造形象,注重长远投资;品牌定位理论产生于信息爆炸时代,更加关注消费者的心理需要;重新定位理论产生于竞争与变革的时代,关注重新定位企业或竞争者,力图占据消费者的心智。

品牌定位在品牌管理过程中有着不可估量的作用,它有助于消费者记住企业所传达的信息,是确立品牌个性的重要途径,是品牌传播的基础,为消费者提供了一个明确的购买理由。在实施品牌定位的过程中应该遵循四大原则:消费者导向原则、个性化原则、差异化原则和动态调整原则。

品牌定位的过程是一个通过对消费者、竞争者和品牌自身的综合分析,为品牌在消费者心目中确定其独特性、差异性的过程。品牌定位决策步骤主要包括消费者分析、竞争者分析及创造品牌差异点,以明确品牌与消费者交流的内核。常见的品牌定位策略有产品视角定位、竞争视角定位、消费者视角定位和其他视角定位,只有明晰品牌定位策略,才可能在消费者心智中形成品牌定位锤,获得消费者关注。

案例分析

泡泡玛特

泡泡玛特(POP MART)2010年诞生于北京,是一个定位于潮流玩具的本土化品牌,2020年12月11日在港股挂牌上市,是国内潮玩领域的领先者。至今,泡泡玛特已经发展了13个年头,主要围绕全球艺术家挖掘、IP孵化运营、消费者触达、潮玩文化推广、创新业务孵化与投资五个领域,构建了覆盖潮流玩具全产业链的综合运营平台。其品牌定位也经历了摸索、变迁与强化的过程。

1. 从潮玩IP切入

泡泡玛特的创始人在2010年成立泡泡玛特时，将其定位为一家与众不同的杂货铺，他期望影响到的用户是以Z世代为核心圈层的年轻人，尤其是一、二线城市的潮人。Z世代意指在1995—2009年出生的人，又称网络世代、互联网世代。据调研可知，Z世代用户有四个明显标签：懒、外貌协会、拥抱民族品牌、追求小众。2015年，泡泡玛特从销售数据中发现，从日本引进的潮流玩具品牌"Sonny Angel"销售额非常高，占泡泡玛特整个销售额的一半以上，且复购率也很高。这给了泡泡玛特明确的启示：他们之前给用户提供的选择太多了，反而冲淡了用户对品牌的认知，用户更倾向于将泡泡玛特简单定义为一个销售玩具的经销商。

2. 以IP运营为核心

IP（Intellectual Property）是最近几年流行起来的一个缩略词，其本意是知识产权，具有比较清晰的界定与描述。在泡泡玛特的发展历程中，IP与品牌既相辅相成，又表现出区别。2015年，泡泡玛特与香港设计师Kenny谈下了Molly形象的独家授权，然后迅速解决了IP商业化的一系列问题，开始采用盲盒销售形式。这个"愤怒的女孩"Molly给泡泡玛特带来了丰厚的收入。截至2020年上半年，泡泡玛特共运营了93个IP，其中包含12个自主研发IP、25个独家IP，以及56个代理的非独家IP。

3. 泡泡玛特品牌定位的变迁与强化

在泡泡玛特确认了以IP运营为核心的战略后，他们的官宣中将自己类比为"中国的迪士尼"，虽有蹭热度之嫌，但有利于投资者与用户更快速地知晓泡泡玛特的定位。不过，自比迪士尼也是一把双刃剑，这给泡泡玛特的定位造成了一定的负面影响，因为迪士尼的众多强势IP是以内容为核心支撑起来的，通过电影、主题乐园、周边产品而行销全球，而泡泡玛特的主打产品却略显单薄。

因此，类比为迪士尼的宣传策略使用户对泡泡玛特的认知出现模糊与困惑。泡泡玛特显然发现了这个问题。因此，在上市前，其对外宣传口号中已不再提"中国的迪士尼"，而是强调"中国的泡泡玛特"。他们签约有才华的潮玩设计师，帮助他们将灵感以玩具为载体予以实现，再以商品的形式售卖出去，从而既满足了艺术需求，也创造了商业价值。

当前，泡泡玛特的综合实力在不断增强，同时其IP也越来越具备辨识度，很多人哪怕不是泡泡玛特的用户，也已经知道了有这样一家公司在做潮流玩具，而且是市场上的领头羊。

（资料来源：百度百科，https：//baike.baidu.com/item/POP%20MART/4052562? fr＝ge_ala，笔者整理）

案例思考

1. 泡泡玛特是如何成功实现品牌定位的？
2. 结合泡泡玛特成功定位的案例，试分析品牌定位的关键因素是什么。

第五章 品牌设计

▌ 理论模块任务

1. 了解品牌设计的重要性和主要内容;
2. 掌握品牌名称的类型和设计原则;
3. 掌握品牌标识设计的原则和风格演变;
4. 了解品牌设计中的其他要素。

▌ 实践模块任务

1. 品牌策划团队根据选定小微品牌,明确品牌名称寓意,挖掘其品牌名称设计存在问题并予以再设计;
2. 在品牌名称更新的基础上,现有团队成员利用已掌握的手绘技艺或软件,重新设计简化品牌标识;
3. 在可行性范围内,尝试设计品牌中的其他要素,如吉祥物及其他标志物等。

▌ 开篇案例

京东 "618" VIS 体系设计

京东是中国最大的自营式电商企业,是 B2C 行业的代表企业,其产品品类包含:3C、服装、家居、母婴、食品、医药保健、图书等。京东的前身域名是 360 buy,2013 年正式将域名切换为 JD,作为"京东"两字的拼音首字母,JD 更易于让消费者产生品牌联想,有利于京东品牌形象的传播和提升。同时,"京东商城"官方名称简化为"京东"二字,为未来在物流、金融等其他业务上的拓展做铺垫。

2016 年开始,京东 6.18 店庆日全面升级,在延续以往"狂欢趴"的基础上,结合品质购物的消费升级及促销节日 IP 化的趋势,将店庆日重新定义为"6.18,品质狂欢节"。京东在探索品牌设计定位前,不仅考虑设计表现,更多考虑面向的消费者的心理以及对于大型电商活动的视觉印象,通过对京东主流消费群体的调查分析,得出更加客观的设计依据。在设计上也是关注当下行业内品牌设计发展趋势,追求全新的设计定位,力求在设计元素风格方面更符合未来趋势。

第五章　品牌设计

京东在开展品牌设计前展开了项目背景分析、用户调研、头脑风暴式设计探索并进行筛选过滤，通过颜色、形状、质感三大维度，加上京东固有的企业文化形象来定位，最终决定品牌设计元素。京东 6.18 品质狂欢节经过 VIS 体系全面重新设计，保证了项目从开始到最后都严格统一贯穿品牌标准与方向，也给消费者带来了印象深刻的品牌视觉传递。

（资料来源：京东黑板报公众号，笔者整理）

品牌定位为企业确定并塑造品牌整体形象指明了方向和奠定了基础，但若没有使消费者喜爱的品牌外部视觉形象，就没有办法有效地进行品牌传播，品牌整体定位就失去了意义。因此，品牌设计可谓意义重大。

第一节　品牌要素的内涵与设计

一、品牌要素的内涵

品牌专家凯文·凯勒认为，品牌要素（Brand element）是指那些用于识别和区分品牌的各种有形或无形元素的总称。由此可见，品牌要素本身是商标设计系统，用来帮助市场上的消费者及其他利益相关者识别和区分目标品牌与竞争品牌。

美国品牌专家大卫森（Davidson）曾提出一个"品牌冰山"的概念（图 5-1），即品牌就像大海中的一座冰山，消费者只能看到品牌浮在海面上的部分，海面下的部分只能去感受和体会。这其中，海面下的部分是无形元素，如品牌理念、品牌核心价值、品牌个性、品牌文化等，海面上的部分是有形要素，即可见的品牌名称、品牌标识、品牌形象代表、品牌口号、品牌包装等。

品牌要素的重要性体现在，它能传递品牌形象外观，并通过这些形象化的外观，传递品牌的内在价值，增强消费者对品牌的认知并形成品牌态度，进而影响消费者的购买决策，为企业的长期财务收益做出贡献。

图 5-1　品牌冰山理论

二、品牌要素设计原则

品牌要素的设计目的是将品牌个性化为品牌形象，企业在进行品牌要素设计时，应遵循以下原则。

（一）整体性原则

人们在接收外界信息时，83%的印象通过眼睛，11%借助听觉，3.5%依赖触摸，其余的源于味觉和嗅觉。因此，企业的品牌设计应从企业内外部环境、组织实施、传播媒介等方面综合考虑，做到品牌的理念、核心价值、个性等内在无形要素与品牌有形要素如符号、标识、形象等的一致，以利于品牌战略全面贯彻落实和实施。具体而言，就是品牌设计要适应企业的内外部环境，符合企业的长远发展战略，实施的具体措施要配套合理，以免因某一环节的失误而影响全局。

（二）以消费者为中心的原则

品牌设计的目的是表现品牌形象，只有为公众所接受和认可，设计才是成功的。以消费者为中心就是要做到以下几点：

（1）准确的市场定位。不了解目标市场的需求，品牌设计就是"无的放矢"。

（2）满足消费者的需要。消费者的需要是企业一切活动包括品牌设计的出发点和归宿。例如，蕉下品牌成功的最大奥秘就在于从产品设计上尽可能地满足了消费者的一切防晒需要。

（3）尽量尊重消费者的习惯。习惯是一种已形成的定式，它既是企业品牌设计的障碍，也是品牌设计的机会。

（4）正确引导消费者的观念。以消费者为中心并不表明一切都迎合消费者的需要，品牌设计应该坚持自我的原则，科学合理地引导消费者的观念。华为公司不断坚持正确引导消费者观念的原则，凭借高质量品质和智能特性，获得了消费者的青睐，引领了智能手机的消费潮流。

（三）新颖性原则

品牌设计应力求构思新颖、造型美观，既要有鲜明的特点，与竞争品牌有明显的区别,又要切实反映企业或产品的特征,暗示产品的优良属性。例如,宝洁在美国推出的白色肥皂取名为"象牙"(Ivory),就暗示了肥皂像象牙一样洁白无瑕,令人爱不释手;可口可乐(Coca-Cola),从名字上就可以看出它是饮品,美味可口,让人快乐。

(四)内涵性原则

品牌大都有独特的含义和解释。有的品牌是一个地方的名称,有的品牌是一种产品功能,有的品牌是一个典故,有的品牌是创始人名字。具有内涵的品牌,能够唤起消费者和社会公众对品牌的联想。

(五)兼顾性原则

企业作为社会经济组织,在追求经济效益的同时,也应该努力追求社会效益,注意保护环境,在发展生产的同时注意提高员工的生活水平和综合素质,做到两者兼顾,这是一切企业活动必须坚持的原则,同时也要在品牌设计中得到充分的体现,在品牌理念设计中体现社会责任、职业道德等。

第二节 品牌名称设计

古埃及的砖匠在他们制作的砖上印上符号以便于人们识别他们的产品,中世纪欧洲的贸易商要求产品上有"商标"以确保质量,并在独家市场上为生产商提供法律保护。而品牌名称最早出现于16世纪早期。当时,威士忌酒厂将产品装在木桶中,木桶顶部有烧焦的印记作为"品牌识别"。这些品牌印记不仅可以让消费者识别容器,而且还阻止了酒馆老板用便宜的产品替代。以生产者名字作为品牌名称,既可以让消费者易于识别产品,又可以将产品和服务与竞争对手的区分开来。

品牌名称(Brand name)是构成品牌的最基本、必不可少的要素,是品牌构成中可以用文字表达并能用语言进行传播与交流的部分,是形成品牌概念的基础。它可以反映产品内容、提高品牌认知、强化品牌联想,并最终提升品牌价值。

一、品牌名称的类型

艾尔·里斯和杰克·特劳特指出:在定位时代中,你要做的最重要的营销决策便是为产品取个名称。好的产品是一条龙,而为它起一个好的名字就犹如画龙点睛,对提高品牌知名度、扩大产品品牌的市场份额,具有良好的作用。

好的品牌名称是品牌被消费者认知、接受乃至形成忠诚的前提,纵观世界上一些著名的企业,它们的品牌名称既是各具特色的,又都遵循着共同规律,还包含着诸多精彩的偶然创意。本教材将品牌命名的基本类型划分如下。

(一)按品牌文字类型划分

按品牌文字类型划分,品牌名称可分为文字品牌名和数字品牌名。

1. 文字品牌名

文字品牌名是品牌命名的常用选择。但在运用中文还是外文的选择上不同的企业有不同的决策。一方面我们看到国外品牌进入中国市场时都要为已有的品牌名称取一个对应的中文名,如路易威登、三星、爱马仕等;另一方面,我国一些企业常用外文为自己的品牌命名,以便于走品牌国际化路线,如"Tiktok""Wechat""UR"等。此外中文品牌中的汉语拼音也是一种品牌名称类型，如"Haier""Changhong""Anta""Baidu""Suning"等。

2. 数字品牌名

数字品牌名是以数字或数字与文字联合组成的品牌名称。尽管各国文字有较大的差异，但数字却是全世界通用的。采用数字为品牌命名容易为全球消费者所接受，但也须考虑各国对不同数字的含义的理解，避免与目标市场国消费文化相冲突。如中、日、韩文化回避数字4，西方人忌讳数字13。我国较著名的数字品牌有999感冒冲剂、五粮液、二锅头、360等。

(二) 按品牌名称的字意来源划分

按品牌名称的字意来源划分，品牌名称可分为：企业名称品牌名、人物名称品牌名、地名品牌名、动物名称品牌名及植物名称品牌名。

1. 企业名称

它是指将企业名称直接用做品牌的名称。企业式名称又可分为两种类型：全称式和缩写式。全称式如摩托罗拉公司的摩托罗拉手机、索尼公司的索尼电器等；缩写式名称是用企业名称的缩写来为品牌命名，这种类型的品牌名称较著名的如3M，全称为Minnesota Minning & Manufacturing Co，汉译名称为明尼苏达采矿制造公司，公司所有的产品都以3M为品牌名称，类似的还有TCL、LG等。

2. 人物名称

它是以商品的发明者、制造者或与该商品有特殊关系的人名作为品牌名称。品牌名称可能是创业者、设计者的名字，例如，国外众多奢侈品品牌的名称大多为创始人姓名，路易威登这一奢侈品品牌的创始人就叫路易·威登。这种因人取名的产品能借助名人的威望及消费者对名家的崇拜心理，把特殊的人和产品联系起来，激发人们的回忆和联想，留下深刻的印象。中国以人名命名的品牌名称主要有李宁、陶华碧老干妈、谭木匠等。

3. 地名名称

它是以产品的出产地或所在地的山川湖泊的名字作为品牌名称。以地名命名的产品通常是想突出此产品与该地方所具有的独特资源有关，是其他地方不具备的，由此而形成独一无二的其他产品无法替代的产品品质，以突出产品的原产地效应。例如，茅台、青岛啤酒、洋河酒等都是地名或地名的演变。这种方法利用了消费者对著名产地产品的信赖心理，给消费者以真材实料、品质上乘、具有独特地方风味的感觉，从而树立起消费者对产品的信任感。

4. 动物名称

它是以动物的名称为品牌名称。动物式名称常能给消费者留下深刻的印象，著名的有鳄鱼、小天鹅、熊猫、凤凰、金丝猴、白鳍豚、圣象、神龙等。在不同民族文化背景下，同一动物所暗示的象征意义有时截然不同，因此，选择动物名称命名时，须考量所在国文化中对于动物的禁忌。

5. 植物名称

它是以植物的名字作为品牌名称，如苹果牌电脑、两面针牙膏等。但植物生长深受自然环境限制，不同地区的人们对植物的熟悉程度有所差异，同时人们对植物的偏好也不同，因此植物不宜作为全球性品牌的名称。同样，不同国家和地区的居民对植物所延伸的含义也有不同的理解。菊花在意大利被奉为国花，但在拉丁美洲和法国的有些地区则被视为妖花，因此我国的菊花牌电风扇若要出口至这些国家，则容易产生分歧。

二、品牌名称命名原则

（一）简洁明快

品牌名称应该易说、易拼、易读、易懂。心理学研究表明，人的注意力很难同时容纳五个以上的要素。根据这一原理，品牌名称应该力求简短，名字越短越可能引起消费者的遐想，也越容易产生记忆。市场上，高知名度的品牌名称都是非常简洁的，如宝马、奔驰、大众等。

（二）与众不同

品牌名称应具备独特的个性，与众不同，才有利于品牌脱颖而出，避免与其他品牌名称混淆。同时，品牌要做到独特，一要坚持取材的广泛性，不拘泥于定型化的象征词语；二是不要盲从跟风；三是切忌模仿和抄袭。这样才可以满足消费者追求新奇、厌倦重复的心理，形成差异化。例如，日本的 SONY 原名为"东京通信工业公司"，在进入美国市场时重新命名，SONY 来源于拉丁文"Sonus"和当时流行的"Sonny boy"（可爱男孩）两个词。最初选择"SONNY"作为品牌名称，但日本人可能会把"Sonny"读成"Sonni"（日语"损失"的意思），所以去掉中间一个"n"，命名为"SONY"。

（三）启发联想

品牌名称要有一定的寓意，让消费者从中联想到有意义的内容。比如大众在 20 世纪 70 年代至 90 年代对多款轿车都选择气候现象进行命名，帕萨特（Passat）原指一种名为"信风或贸易风"的气候现象，古代西方商人常借助信风吹送，往来于海上进行贸易。这种风的特征是方向很少改变，年年如此，稳定出现。结合品牌名称良好的寓意，1973 年，大众将帕萨特命名为旗下的前置前驱车型。

（四）唤起共鸣

品牌名称能唤起消费者的心理形象，也被称作是品牌的意向性。意向性是指品牌名称容易、快速唤起心理图画的程度。现有研究指出，品牌在进行营销活动时，可以唤起消费者过往的经历，打造消费者似曾相识的感觉，驱动消费者购买行为。

（五）动态适应

品牌名称在变化的环境中要能够延续，则品牌名称要有转换性和适应性。全球化时代，品牌名称不再只局限于一个国家或地区的消费者，品牌在命名时必须具备全球化意识。因此，品牌命名要在广泛掌握各国和地区的习惯、文化、环境的基础上，迎其偏好，避其忌讳。

三、品牌命名的程序

品牌命名过程中，可能会因偶然的灵感迸发获得非同凡响的品牌名称。多位学者总结了品牌命名的主要步骤。

（一）确定品牌命名目标

品牌命名之前，应该先对当前的市场情况、未来国内市场及国际市场的发展趋势、品牌主体的战略思路、载体的构成成分与功效、人们使用后的感觉、竞争者的命名等情况进行摸底。明确需要什么类型的品牌名，要在多少个国家使用该品牌名，新品牌名与公司目前的命名文化是否相适配，竞争对手会做出什么反应等一系列问题。在识别以上问题的基础上确立品牌命名的目标，做到有的放矢。

（二）集思广益搜集方案

确立目标之后，企业可以开始搜集备选方案，发动头脑风暴，让所有可以参与的人畅所欲言、集思广益，甚至可采用计算机软件辅助取名，任何可能为企业带来好处的名称都不能放过。在此过程中尽量减少即时的评价和筛选，以免打击参与者的积极性和创意，应将头脑风暴产生的品牌名称逐一记下，日后再做筛选。

（三）科学评价备选名称

将所有搜集的品牌名称，用品牌命名原则的标准进行评价和筛选，并列出相关结果。评价和筛选品牌名称的一个重要问题是由什么人来筛选。一个合理的评价小组十分重要，小组成员最好包括语言学、心理学、美学、社会学、市场营销学等方面的专家。可供评价筛选的原则除了前面已经阐述的品牌命名原则外，还应注意品牌未来的发展，尽量避免品牌名称含义过于狭窄，以便未来使品牌能够有效延伸。

（四）目标受众调研测试

专家对品牌名称的评价和筛选结果需通过目标受众的测试。品牌是主体与受众心灵的烙印，是思想共鸣的产物，因此要充分考虑目标受众对品牌名称的评价与感受。通常可采用问卷调查、电话访谈、网络聊天等形式了解受众对品牌名称的反应。如果测试的结果表明目标受众并不认同被测试的品牌名称，那么不管评价小组专家或品牌负责人多么偏爱这个名称，一般都不应该采用而应考虑重新命名。

（五）法律审查申请注册

通过受众测试的名称，要经过详细全面的法律审查。这个过程既费钱又费时，但如果不能注册就得不到法律的有效保护。例如，有时注册一个名称可能会遇到许多异议，在这种情况下，就应当分析为何有异议，还要与异议者保持联系，考虑签署必要的商业协定。另外，在某些特殊情况下，有必要实施周密的调查，以查证某一商标是否被使用。如果是，那么用在哪个行业的哪种产品上，必要时可通过诉诸法律以废止某个商标，以便自己注册。通过法律审查的名称可由决策者们根据偏好做出选择并最终确定，尽快进入法律程序进行相关注册，在确保通过注册之前要遵循保密原则，不要事先发布并向他人泄露，以免遭竞争者或他人暗算。比如，世界知名品牌Facebook将其母公司更名为"Meta"，意为"元宇宙"。但在品牌名称发布后被一家名为"Meta.is"的公司起诉，指控Facebook涉嫌侵犯其商标并存在不公平竞争行为。

品牌案例 5-1

联想品牌更名

索尼公司创始人盛田昭夫曾说过：取一个响亮的名字，以便引起顾客美好的联想，可以提高产品的知名度与竞争力。品牌名称作为品牌的核心资产，是企业战略组成的重要部分，好的名字可以快速在消费者心智中形成记忆，让消费者接受并喜欢该品牌。

第三节　品牌标识设计

品牌标识是品牌符号识别系统中一个重要组成部分，品牌标识是一种"视觉语言"，是企业形象、特征、信誉、文化的综合与浓缩。现有研究表明，品牌标识在市场传播中的作用很大，因为视觉刺激比文字更易于识别。品牌标识是一个公司或一个品牌的视觉表现，也是在快速变化的市场中传达企业和品牌身份的关键手段。品牌标识比品牌名称能更加形象、生动地展现品牌内涵，能够创造品牌认知、品牌联想和消费者的品牌偏好，进而影响品牌体现的质量与顾客的品牌忠诚度。在品牌传播中，品牌标识的创意和策划不仅在程序上是第一位的，也是最重要的环节之一。

一、品牌标识功能

在营销实践中，一个好标识的价值是公认的，企业通常会在设计和宣传品牌标识上投入大量资金。例如，2008年百事可乐的标识重新设计花费100万美元，2008年英国石油公司的标识重新设计花费了2.11亿美元，2012年伦敦奥运会标识的设计花费了62.5万美元。品牌标识设计对强势品牌的发育、生长、繁衍有着重要的影响，心理学家的研究表明，人们凭感觉接收到的外界信息中，83%来自眼睛，标识正是品牌给消费者带来的视觉印象。与产品名称相比，品牌标识更容易让消费者识别。品牌标识作为品牌形象的集中表现充当着无声推销员的重要角色，其功能与作用体现在以下几个方面。

（一）品牌标识有利于消费者识别品牌

品牌标识是公众识别品牌的信号灯。风格独特的品牌标识是帮助消费者记忆的利器，使他们在视觉上形成感观效果。例如，当消费者看到"两只小鸟的巢"（图5-2）时，就知道这是他们要购买的雀巢咖啡（Nestle）。检验品牌标识是否具有独特性的方法是认知测试法，即将被测品牌标识与竞争品牌标识放在一起，让消费者辨认，消费者用于辨认花费的时间越短说明标识的独特性越强。一般来讲，风格独特的品牌标识能够很快地被识别出来。

图5-2　雀巢品牌标识

（二）品牌标识能够引发消费者的联想

风格独特的标识能够刺激消费者产生美好的联想，从而对该企业产品产生好印象。例如，康师傅方便面上的胖厨师（图5-3）、旺仔牛奶上的旺仔（图5-4）以及骆驼牌香烟上的骆驼等，这些标识都是可爱的、易记的，能够引起消费者的兴趣，产生好感。而消费者一般倾向于把某种感情从一种事物传递到与之相联系的另一种事物上，因此，消费者往往会爱屋及乌，把对品牌标识的好感转化为积极的品牌联想，这有利于企业以品牌为中心开展营销活动。

图 5-3　康师傅品牌标识　　　　　　　　图 5-4　旺旺品牌标识

（三）品牌标识便于企业进行宣传

品牌标识是最直接、有效的广告工具和手段，品牌宣传手段丰富多彩，各种艺术化、拟人化、形象化的方式均可采用，但核心内容应该是标识。企业应通过多种宣传手法让消费者认识标识、区别标识、熟悉标识和喜爱标识，不断提高品牌标识及其所代表的品牌知名度和美誉度，激发消费者的购买欲望直至最终形成购买行为。

二、品牌标识设计原则

品牌标识是以特定、明确的图形来表现事物，不仅单纯表达事物的作用，更重要的是以具体可见的图形来表达一种抽象的精神内容，也就是指品牌中可以被识别但不能用语言表达的部分，也可以说它是品牌的图形记号。如可口可乐的红颜色圆柱曲线、麦当劳的黄色"M"，以及迪士尼公园的富有冒险精神、充满童真的米老鼠、唐老鸭、朱迪等。

标识是品牌符号识别要素的核心，也是整体传播系统的主导。在视觉要素中，标识应用最广泛、出现频率最高，品牌标识成为企业信誉和产品质量的保证，一定程度上成为消费者识别和购买商品的依据。标识要取得良好的传播效果，要求设计者一方面深刻理解标识所代表的象征意义和内容；另一方面要考虑使所设计的标识切中消费者的心理，以唤起心灵上的共鸣。在品牌标识设计中，除了最基本的平面设计和创意要求外，还必须考虑消费者对营销因素的认知和情感心理，归纳起来，应遵循下述品牌标识设计四大原则。

（一）易于识别性

识别是标识最基本的功能，标识设计只有简洁鲜明、富于特色和感染力，才具有独特的个性与强烈的视觉冲击力，并易于区别、传播、理解和记忆，有利于品牌形象的建立。一般来说，简单的元素比复杂的元素更容易记忆，因为它们仅需要消费者投入短暂的注意力，便可以在大脑或记忆系统中编码。一旦刺激储存在消费者大脑中，记忆就更容易被唤起。如果品牌标识形象模糊不易识别，就很难让消费者认知和记住。例如星巴克的品牌标识，从最初的标识体现品牌名称、产品品类到现如今仅通过"航海女神"作为品牌LOGO，是出于消费者对品牌认知不断加深的基础上做出的品牌识别简化，更易于识别。

1971
We start by selling coffee beans in Seattle's Pike Place Market.

1987
We add handcrafted espresso beverages to the menu.

1992
We become a publicly traded company.

2011
We mark 40 years and begin the next chapter in our history.

图 5-5　星巴克品牌标识简化

（二）造型性

标识必须具有良好的造型，良好的造型不仅能提高标识在视觉传达中的识别性和记忆性，提高传达企业信息的效率，加强对企业产品或服务的信心与对企业形象的认同，同时能提高标识的艺术价值，给人以美的享受。例如，"M"是一个极普通的字母，但通过对其施以不同的艺术加工，就可以形成表示不同商品的标识或标记。鲜艳的金黄色拱门"M"是麦当劳的标记，由于它棱角圆润，色泽柔和，给人以自然亲切之感。现如今，麦当劳这个"M"型标识出现在全世界多个国家和地区，成为被公众广泛认知的快餐标识。

（三）延展性

品牌标识应能在各种传播媒介、各种应用项目以及各种制作方式和品质材料上具备良好的视觉表现效果。为了适应这种需求，标识在视觉识别系统的设计及应用中必须具有延展性，除了有统一标准的设计形态外，还需要有一定的变化设计，产生具有适合度的效果与表现，如阴阳变化、彩色黑白、空心线框、放大缩小等。

（四）时代性

标识要为消费者熟知和认同，就必须将其应用到长期宣传和使用过程中。随着经济的发展、生活方式的改变和消费者心理的变化，企业有必要根据时代的需要重新审视、改进原有标识或设计新标识，这样才能避免僵化、陈腐过时的印象，体现企业求新求变、勇于开拓、追求卓越的精神。如摩托罗拉的标识虽然只取一个字头"M"，但是，摩托罗拉充分考虑到自己的产品特点，把一个"M"设计得棱角分明，双峰突起，就像一双有力的翅膀，配以"摩托罗拉，飞跃无限"的品牌标识作为一种特定的视觉符号，突出了自己在无线电领域的特殊地位和高科技的形象，展示出勃勃冲劲，无限生机。又如，奔驰标识在不同时期也进行了相应的调整，以符合不同时代的设计导向和消费者对品牌标识的感知需求（图 5-6）。

图 5-6　奔驰品牌标识变化

三、品牌标识设计风格演变

20 世纪以来，标识的设计风格经历了从现代主义风格到后现代主义风格两个阶段。在商业传播中，现代主义文化强调对进步和未来的信仰，从工作中求得解放。后现代主义文化丢弃了等级，以个人的自我发展和自我统治为中心，无法容忍他人的操纵，这种文化为西方年轻一代所崇尚。

（一）现代主义风格

现代主义艺术风格盛行于 20 世纪的欧洲，代表性人物有毕加索、蒙德里安等。现代主义风格的基本理念主要强调"和谐统一""装饰即是罪恶""简单就是美""美在比例""越少就是越多"，在设计行为上把装饰部分减少到最基本的圆或方、水平或垂直线等几何图形，但这种过于方正或圆滑的风格在视觉上缺乏美感。

（二）后现代主义风格

后现代主义从 20 世纪 50 年代萌芽到 20 世纪 60 年代逐步发展成熟。后现代主义风格强调感官愉悦、随心所欲、漫不经心，注重的是暂时性、片刻性、不严肃、不经意、无关联性。20 世纪 80 年代初，后现代主义风格被运用到标识设计中，它放弃了现代主义和谐统一的原则，不求明朗、利落、清晰、单纯，追求繁杂、模糊。采用后现代主义风格设计的标识呈现出一种有趣且丰富的复杂性，造成视觉上的多样性和活力，能够与现代人的审美观相匹配。

第四节　品牌其他元素设计

一、品牌形象代表

在注意力经济日渐兴起的时代，人们更喜欢用感官去认识世界，品牌形象的塑造不仅依赖于企业的努力，也同消费者的感知和体会有很大的关系，品牌人物以其形象化、情感化、个性化的特征使品牌的形象深入人心。

品牌形象代表是指企业或组织为消费者传递品牌产品的属性、利益、价值、文化、个性等特征所营造的特殊人物或塑造出来的虚拟形象。品牌形象代表通常以虚拟或实在的人、动物、景物等为原型。品牌形象代表与标识图案一样都是图形,但标识图案是比较抽象的图形,而品牌形象代表则是比较具体、生动的图形。通常情况下为品牌设计或寻找代言人已成为我国众多企业塑造品牌形象策略的一种通用技法,品牌代言人分名人明星代言人和虚拟形象代言人两种类型。

(一) 名人明星代言

名人明星通常指文艺界或体育界的明星,具有一定的市场认知度。例如,李宁的品牌代言人包括各类明星。名人明星代言的作用在于可以利用其知名度和人们的喜爱,提高品牌的关注度和知名度,从而产生爱屋及乌的效果,并通过明星的个性或形象魅力,强化品牌的个性和形象等。但使用名人明星代言也存在几个应注意的问题。

(1) 匹配性。名人明星的知名度高并不意味着就适合为品牌代言,这其中的要点就是,名人明星的个性必须与品牌个性相匹配。如果选择的名人明星与品牌个性不太契合,消费者可能会因名人明星与品牌形象相差甚远而产生负面情绪,甚至出现抵制消费行为。

(2) 时效性。时效性是采用名人明星代言的重大风险之一。名人明星成名快,但长盛不衰的不多,当为品牌代言的名人明星知名度下降时,名人明星代言的作用就会不断减弱甚至可能产生负面效应,企业不得不更换新的品牌代言人,这对于品牌而言又是一笔不菲的市场投入。

(3) 受众单一。随着粉丝经济的盛行,名人明星虽然影响力大,但其受众群体相对单一,尤其在追求个性化的今天,消费者的欣赏水平有极大的差异,很难找到一位影响力既大又能让不同层面的消费者都满意的明星代言人。

(4) 正向黏性。一些名人明星通过影视作品成名,但也凭借剧中的人物形象在消费者心智中形成强烈的定位。当名人明星以品牌形象代表的身份出现时,观众会不自觉地将其代言的品牌与其影视作品中的人物形象做比较,唤起大脑中已经形成的既定定位。这时会经常出现重新定位失败的情况,即消费者心目中始终留有明星过去的形象定位而无法建立起新的形象联想,这就是正向黏性。

品牌案例 5-2

谷爱凌竖起"中国牛"

(5) 逆向关联性。逆向关联性是指明星为品牌代言后的言行会反过来影响代言品牌。这种逆向关联性会出现两面性,可能会强化品牌的正面影响,也可能会对品牌造成负面影响,比如因明星负面新闻曝光而影响品牌形象,可能会导致消费者抵制品牌,给品牌带来一定公关危机。

由于名人明星是人,是动态的,为品牌带来高回报的同时也带来了高风险,因此,在选用名人时应该遵循以下两个原则：

（1）围绕品牌个性、产品定位选用名人明星。约翰·菲利普·琼斯（John Philip Jones）发现，广告中使用与品牌匹配的名人明星比使用不太匹配的名人明星，具有更好的说服效果。也就是说，名人明星与品牌之间的匹配程度能有效地影响广告的说服力。研究还发现，名人类别与产品类别之间匹配与否，会对品牌信任、品牌好感产生不同影响。因此，品牌在选用名人明星时，一定要考虑与品牌定位是否相一致。

（2）利用可信度高的名人明星。选择名人明星应综合考虑其在受众心中的形象、自身素质、市场表现、发展前景等综合因素。许多国际品牌在中国选择形象代表时都非常谨慎，例如Prada品牌选择春夏作为形象代表，看重的就是她一直以来的个人时尚形象和与品牌的契合度。

（二）虚拟形象代表

虚拟形象代表通常是用平易近人的或拟人化的可爱形象以唤起受众对品牌的关注和好感。它是品牌发展到一定阶段的产物，是美化和活化品牌的有力手段，能够与受众建立起紧密的情感联系，提高品牌的亲近度和忠诚度，是品牌建设不可或缺的强力"武器"。总之，欲使品牌快速成长，就需要创造一个人见人爱的卡通形象并广泛应用于市场之中。比如米老鼠、唐老鸭、冰墩墩、雪容融等都是典型的卡通形象。

图5-7 冬奥会吉祥物冰墩墩、雪容融

使用卡通形象具有以下优点：

（1）成本低。卡通形象创意的费用一般比明星代言的费用低。卡通形象一般都是企业自己设计出来的，除在设计上的投资外，还有形象维护等方面的费用（如申请形象专利）。

（2）时间长久。卡通形象一旦深入人心就会让人记忆深刻。很多卡通形象经过几十年时间的洗礼，已经影响了几代人，深受人们的喜爱，比如唐老鸭、小熊维尼、海尔兄弟、舒克贝塔等。卡通形象可以作为品牌长期、稳定的形象代表，陪伴品牌共同成长。因其具有鲜明持久的定位，渗透力强劲，因此，品牌的广告累积效应非常明显。

（3）形象专属。卡通形象能够始终与品牌保持高度匹配，不会发生错位，并且具备品牌所需要的最佳性格、年龄、职业等特征，可以按照企业的要求传播品牌，力求达到品牌与卡通形象之间的高度契合。卡通形象一般属于企业所有，使用卡通形象不会出现"稀释效应"。稀释效应是指因名人明星同时代言多个不同品类品牌，可能会导致品牌形象模糊，并且因名人明星存在时效性，更换代言人会造成品牌形象延续断层的现象。

（4）规避风险。使用卡通形象比依靠明星代言更能有效规避品牌风险。明星代言可能会因为明星负面新闻爆出而影响品牌形象问题，而使用卡通形象则可以规避此类风险。卡通形象往往是根据企业自身的品牌定位、品牌个性和品牌战略规划而制定的，在设计开发的过程中已经融入品牌管理当中。企业不仅可以自主设计卡通形象，而且还可以根据市场变化随时做出调整，以使其与品牌形象、品牌内涵一脉相承，相互促进。

（5）受众广泛。卡通形象不仅孩子们喜欢，有相当一部分成年人也喜欢卡通形象。以卡通形象进行诉求，可以诱发人们心底潜藏的童趣。人们在忙碌的工作中，通常会把童心潜藏起来，当发现产品恰好迎合了自己的童心时，会有一种被唤起的感觉。消费者在工作压力过大的情况下，可以在卡通形象中找到一种精神动力。例如，海尔兄弟身上体现出来的精神，吸引了相当一部分成年人。

（6）启发品牌联想。卡通形象有利于形成品牌联想，例如，Hello Kitty 是由日本 Sanrio 公司创造的卡通形象之一，以一只明亮的粉红色头上有蝴蝶结的白色卡通小猫形象出现，面向女性市场，让女性消费者看到 Hello Kitty 的周边产品后就会联想到可爱的 Hello Kitty 形象。

二、品牌口号

品牌口号是品牌理念的精练宣传语。简短易懂的品牌口号通过不断地重复，有助于唤起目标顾客的心理诉求和思想诉求。例如，宝洁——优质创新；IBM——停止空谈，开始行动；华为——丰富人们的沟通与生活；腾讯——一切以用户价值为依归。

品牌口号是对品牌理念的口语化表达，通过精练、易懂、易传播的语句充分表达品牌理念。例如，麦当劳的口号"我就喜欢"打破了国家与文化界限，以年轻人的口吻道出了全球同步的新生活、新态度，让麦当劳与全球的消费者，特别是年轻消费者，一起享受"简单、轻松的用餐体验"。

三、品牌包装

俗话说"人靠衣装马靠鞍"，包装能够给人留下深刻的印象。因此，包装是品牌设计中的一个重要因素。

（一）包装的重要性

品牌包装是指设计或制造的产品容器或包裹物。马克·戈贝（Marc Gobe）在其《情感品牌——如何使你的品牌看上去与众不同》一书中把包装称为"一部半秒钟的商业广告"。包装除了具有保护产品、促进销售的作用外，还有一些其他方面的重要作用。

包装的外观能够成为品牌认知的重要载体。包装不仅指的是为产品披上件外衣，还包含在与消费者接触的各类场合，把产品的个性特征以各种载体形式进行塑造和推广的行为。这种外观通常是品牌形象不可分割的一部分，比如可口可乐的沙漏形状的设计。包装是对产品概念由内向外的诠释，它从包装的形式、材料，到终端卖场的各类推广物品，形成一个对消费者由大向小的环境影响。比如一家品牌店铺，从店面形象、橱窗、产品陈列、功能区域划分，到导购人员服装、价格牌等各个细节，都围绕着一个品牌概念，使得消费者从整体环境到细小环节，无处不在感受着品牌文化的影响力。

此外，包装传递的信息能够建立或加强品牌联想。实际上，消费者对品牌的联想大多集中在包装上，包装除了在购买过程中与消费者接触外，消费者购买产品后包装也会在特定的时间和空间里与消费者保持接触，如沐浴时使用的洗发水，早餐桌上的牛奶盒等。且包装承载了品牌的其他要素。所以在传播意义上，它是品牌信息最全面、最综合的传播媒介。由于消费者在生活层面与它经常接触，它还是品牌体验的重要载体。

（二）包装设计

由于包装的重要性，包装设计已成为品牌产品开发和上市策略中不可或缺的一部分。为实现特定的感官效果，设计师根据品牌个性选择设计元素，并在包装设计上呈现一致性。包装设计需要遵循以下两个原则：

（1）包装设计突出品牌个性。品牌包装的图案元素和色彩设计是突出品牌个性的重要因素，个性化的品牌是品牌最有效的促销手段，能够呈现醒目的效果，使消费者一看到就产生强烈的兴趣。

（2）保护美化商品。在考虑品牌产品特性的基础上，包装设计应从外包装材质、工艺等要素考量，包装要起到保护商品的作用。另外，包装设计要有美感，让人心情舒畅，这样更容易使消费者喜爱。

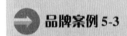 品牌案例 5-3

国产咖啡品牌：三顿半

包装设计的视觉效果至关重要，它是消费者肉眼可以直接看到的，它不仅可以反映企业的品牌形象，同时可以让客户对产品、包装留下深刻的第一印象。因此在包装设计时，需注意以下几点：

（1）形式与产品诉求相吻合。包装形式与内容表里如一，能够表达出产品的利益诉求，让消费者一看到包装即知晓商品本身。包装上的图形、文字、色彩等具有"自我说明"的作用，通过这些信息的描述，可以增进消费者对产品的认识。

（2）充分展示商品。通过包装使消费者精确地理解产品通常有两种方式，一种是用形象逼真的彩色照片来表现，真实地再现商品，这种方式在食品包装中最为流行；另一种是通过全透明或开天窗的包装方式，直接展示商品本身。

（3）强调商品形象色。这里说的是，品牌包装要更多地使用大类商品的形象色调，使消费者产生类似信号反应一样的认知反应，快速地凭借色彩明确包装物的内容。

（4）保持视觉形象的一致性。品牌包装要与企业视觉识别系统形象统一，以品牌的统一形象区别于其他不同品牌的包装，有利于消费者对品牌和企业形象产生记忆。例如，可口可乐在引进罐形包装后，仍在包装上画上原用的瓶状图案。按照常规设计，这一笔显然多余，但这样做使可口可乐保持了品牌形象与包装视觉上的一致性。

（5）强化个性形象。一个成功的包装设计不仅有一个图文并茂的包装外观，还要营造一种令消费者印象深刻的环境。

四、品牌色彩运用

20世纪80年代美国营销界总结出了"7秒定律"，即消费者会在7秒内决定是否有意愿购买商品。而在短短 7 秒内,色彩的决定因素占 67%。同时,日本立邦涂料有限公司设计中心的研究进一步证明了这一定律,他们发现色彩可以为产品、品牌的信息传播扩展 40% 的受众,提升人们认知理解力达 75%。也就是说,在不增加成本的前提下,成功的色彩设计可以为产品增加 15%~30% 的附加值。一些国际知名品牌早已把色彩战略作为品牌战略的关键性武器,不遗余力地在消费者心中抢注自己的"品牌色"。在日常生活中,视觉被称为"五感之王",人们对于视觉的敏感度占到所有感官刺激的 70% 以上。当人们看到一个事物的时候,对于色彩的注意力占到 60% 以上,远超过对于物体形状的记忆,可见色彩在人们生活中扮演着何等重要的角色。

不同的颜色给人以不同的感受。

(1) 红色。红色具有热烈、冲动、强有力的意象。红色能使肌肉的机能和血液循环加快。由于红色容易引起注意,因此在各种媒体中被广泛使用。除了具有较佳的明视效果之外,红色也被用来传达有活力、积极、热诚、温暖、前进等含义的企业形象与精神。另外红色也常被用来作为警告、危险、禁止、防火等标示用色,尤其在工业安全用色中,红色是警告、危险、禁止、防火的指定色,人们在一些场合或物品上看到红色标示时,不必仔细看内容,即能了解其警告危险之意。

(2) 橙色。橙色具有富足、快乐、幸福的意象。橙色是欢快活泼的光辉色彩,是暖色系中最温暖的色。它使人联想到金色的秋天,丰硕的果实。橙色可视度高,在工业安全用色中,橙色即是警戒色,如火车头、登山服装、背包、救生衣等。橙色可作为喜庆的颜色,也可作为富贵色,如皇宫里的许多装饰。同时,橙色可作餐厅的环境色,起到增加顾客食欲的作用。

(3) 黄色。黄色具有灿烂、辉煌的意象。黄色有着太阳般的光辉,象征着照亮黑暗的智慧之光,同时象征着财富和权力。在工业用色上,黄色常被用来警告危险或提醒注意,如交通标识上的黄灯,工程用的大型机器,学生用雨衣、雨鞋等,都使用黄色。黄色、黑色和紫色相配,显得很有力量;黄色与绿色相配,显得很有朝气、活力;黄色与蓝色相配,显得美丽、清新;淡黄色与深黄色相配,显得最为高雅。

(4) 绿色。绿色具有清爽、理想、希望、生长的意象,符合服务业、卫生保健业的诉求。在工厂中为了避免工作时眼睛疲劳,许多工作的机械都采用绿色。一般的医疗机构场所也常采用绿色来作空间色彩规划,标示医疗用品。鲜艳的绿色是一种非常美丽、优雅的颜色,它象征着生命。同时,绿色代表宽容、大度。绿色的用途极为广阔,无论是童年、青年、中年还是老年,使用绿色都不失活泼、大方。绘画、装饰设计中也都离不开绿色,可用其作为一种休闲的颜色。

(5) 蓝色。蓝色具有理智、准确的意象。天空和大海都呈蔚蓝色,蓝色也是永恒的象征。蓝色的用途很广,纯净的蓝色表现出一种美丽、文静、理智、安详与洁净。由于蓝色具有沉稳的特性,强调科技、效率的商品或企业大多选用蓝色当标准色、企业色,如电脑、汽车、影印机、摄影器材等。另外受西方文化的影响,蓝色也代表忧郁,运用在文学作品或感性诉求的商业设计中。蓝色可以安定情绪,一般医院、卫生设备的装饰,或者夏日的衣饰、窗帘等都会采用天蓝色。一般的绘画及各类饰品也离不开蓝色。例如,瑞幸咖啡的 LOGO 为白色的背景色加上蓝色小鹿形象,形成年轻沉稳的气质,体现了互联网咖啡和年轻目标群体的定位,冷色调的颜色在视觉层面上成功地与其他品牌形成差异,给消费者带来新的感受。

(6) 紫色。紫色具有强烈的女性色彩,因此在商业设计用色中,紫色受到限制,除了和女性有关的商品或企业形象之外,其他类型的设计不常采用其为主色。紫色是波长最短的可见光波,是非知觉的色。紫色给人美丽而又神秘的深刻印象,它象征虔诚。此外,也会用紫色表现孤独与献身,用紫红色表现神圣的爱与精神的统辖领域。紫色处于冷暖游离不定的状态,加上它的低明度性质,构成了这一色彩心理上的消极感。与黄色不同,紫色不能容纳许多色彩,但它可以容纳许多淡化的层次,一个暗的纯紫色只要加入少量的白色,就会成为一种十分优美、柔和的色彩。随着白色的不断加入,产生出许多层次的淡紫色,而每一层次的淡紫色,都显得那样柔美、动人。

(7) 褐色。褐色具有原始材料的质感,如麻、木材、竹片、软木等,通常用来传达某些饮品原料的色泽及味感,如咖啡、茶、麦类等,也多用于设计强调格调、古典优雅的企业或商品的形象。

(8) 白色。白色具有高级、科技的意象,通常和其他色彩搭配使用。纯白色会带给人寒冷、严峻的感觉,所以在具体的选择上,会使用如象牙白、米白、乳白、苹果白这类暖色调的白色。在生活用品、服饰用色上,白色是永远流行的主要颜色之一,可以和任何颜色做搭配。

(9) 黑色。黑色具有高贵、稳重、科技的意象,许多科技产品如电视、跑车、摄影机、音响、仪器的色彩,大多采用黑色。同时黑色的庄严意象,也常用在一些特殊场合的空间设计。生活用品和服饰设计会利用黑色来塑造高贵的形象。黑色作为永远流行的颜色之一,可和许多色彩做搭配。

(10) 灰色。灰色具有柔和、高雅的意象,属于中间性格,男女皆能接受,因此也是一直流行的颜色。许多高科技企业,尤其是与金属材料有关的企业,几乎都采用灰色来传达高级、科技的形象。灰色作为品牌色彩时,大多采用不同的色彩层次变化,避免过于单一、沉闷,从而产生呆板、僵硬的感觉。

不同类别的商品对色彩的要求不同,因此企业在进行标准色选择时,要根据企业所处行业、商品品类及品牌个性等综合考量,以实现色彩战略与品牌战略的有机融合,使消费者形成深刻记忆。

本章小结

品牌设计是在企业定位的基础上,基于正确品牌定位的视觉沟通。它通过某种实体形象,不仅能够协助企业把握正确的品牌方向,同时能够使消费者正确、快速地对企业形象产生深刻记忆。品牌设计的主要内容包括对企业或产品名称、标志、代表性人物、品牌形象、主流色彩等方面的设计。品牌设计要以消费者为中心,遵循整体性、新颖性、内涵性和兼顾性原则。

品牌名称是品牌构成中可以用文字表达并用语言进行传播与交流的部分。品牌名称按品牌文字类型划分为文字品牌名和数字品牌名。按品牌名称的字意来源分为企业名称品牌名、人物名称品牌名、地名品牌名、动物名称品牌名及植物名称品牌名。品牌名称在设计过程中须遵守市场营销、法律及语言三个层面的原则。

品牌标志是品牌符号识别系统中一个重要组成部分,品牌标志是一种"视觉语言",是企业形象、特征、信誉、文化等的综合与浓缩。相比品牌名称,品牌标志能更加生动形象地展现品牌内涵,培养品牌认知、品牌联想和消费者的品牌偏好,进而影响品牌的质量与消费者的品牌忠诚度。品牌标志设计须遵循以下原则:(1)易于识别性原则;(2)造型性原则;(3)延展性原则;(4)时代性原则。品牌其他要素的设计包括品牌代表性人物设计、品牌吉祥物设计、品牌主流色彩设计等,这些要素的设计对品牌形象的塑造起着重要作用。

案例分析

肯德基的品牌设计

KFC是著名跨国连锁餐厅肯德基的英文简称,全名为Kentucky Fried Chicken(肯塔基州炸鸡)。肯德基是目前世界上最大的炸鸡连锁企业,主要售卖炸鸡、汉堡、薯条等高热量快餐食品。

自创建以来,随着市场环境的不断变化,肯德基也在不断更新形象标识视觉系统,主要包括以下六代标识。

1. 第一代标识

肯德基第一代品牌标识是在英文名称"Kentucky Fried Chicken"前加上创始人哈兰·山德士的形象,采用横向识别的形式,文字居左,人物形象居右,符合时代特色。

2. 第二代标识

第二代标识于1952年进行更换,使用至1978年,企业将品牌创始人形象放在Kentucky Fried Chicken前面,进行视觉强化,同时字体加粗,突出品牌名称,增强消费者的记忆。

3. 第三代标识

第三代标识使用于1978—1991年,将Kentucky Fried Chicken缩减为代表字母"KFC",在消费者既定认知的基础上将品牌名称简化,用红色和蓝色强化消费者对于品牌创始人形象的识别能力。

4. 第四代标识

第四代标识于 1991—2006 年间使用，充分把握了视觉营销的战略节奏感，通过使用过渡阶段的蓝色进一步深化品牌创始人形象，成为肯德基品牌视觉记忆点的象征。

5. 第五代标识

第五代标识于 2006—2016 年使用，采用更为简洁的黑红双色，在 logo 的设计上，增加辅助性宣传语，增强消费者对品牌 logo 的视觉感官。

6. 第六代标识

2016 年，肯德基推出了第六代标识，去除了上校的红色围裙，不禁让人回想到最初肯德基的上校形象，标志着肯德基回归初心。第六代标识更加简洁，没有繁复的修饰，也不会担心消费者不易识别。

  肯德基品牌标志经过多年发展，始终保留"老爷爷"形象，一方面因为这是多年来形成的品牌视觉符号，贸然删改会对大众的品牌印象造成不可预估的影响；另一方面，肯德基老爷爷是肯德基的创始人，他对肯塔基州的饮食做出了卓越的贡献，为肯德基赋予了品牌传奇色彩。

（资料来源：刘姝君. 肯德基快餐品牌形象的设计方法 [J]. 时尚设计与工程，2022（02）：28-31. 笔者整理）

案例思考

1. 请用所学知识分析肯德基品牌标识的更新体现品牌标识的什么原则。
2. 通过阅读案例，肯德基的品牌标识更新给你带来什么启示？

第六章 品牌个性

理论模块任务

1. 了解品牌个性的概念和特征；
2. 理解品牌个性的维度；
3. 掌握品牌个性的塑造策略。

实践模块任务

1. 根据选定的小微企业品牌，结合品牌个性理论模块，提炼其品牌个性维度；
2. 制定能够彰显品牌个性维度的营销方案。

开篇案例

京东品牌 IP 营销运作

数字化时代，消费者的注意力被越来越多的 IP 所吸引。随着消费者的需求不断多样化，品牌获取流量变得越来越难。京东是做 3C 产品起家的电子商务企业，平台以男性用户居多。随着不断优化和丰富产品品类，京东的用户结构也在发生改变，女性和年轻用户群体不断增加。同时社交媒体的兴起使得品牌与顾客沟通的渠道也发生改变，京东致力于 IP 营销打造品牌与消费者之间的社交力，增加品牌的人格化，通过 IP 赋予京东品牌更多的亲和力。

一、京东 IP 小 JOY 形象塑造

JOY 诞生于 2013 年，是京东识别系统中的重要组成部分。形象是来自太空的小狗，视觉上采用了金属质感，代表了京东的科技感。但随着京东的用户越来越年轻化，京东希望把 JOY 打造成一个 IP，而不仅仅是 logo 符号。希望可以让公众看到一个有生命力的形象，受到更多年轻人的喜欢，获得大众审美的认同。

2017 年，京东对 JOY 进行全新的变装，金属小狗变成了一只白色的小狗，更加圆润可爱，并为 JOY 赋予了独立的人设和故事。JOY 的形象改变以后，京东不断地创造内容，赋予 JOY 更多打动人心的故事，让 JOY 的形象更加饱满，延续 JOY 的生命，让它拥有更多的 IP 价值。

2018 年年初，关于 JOY 形象的第一部短片上线，京东邀请奥斯卡获奖团队共同制作，影片讲述的主题是"传递信任，共享价值"，短片不仅让 JOY 的形象更加鲜活，还赋予了 JOY 京东的"诚信、分享及合作"企业文化和理念。

二、京东 IP 聚合营销布局

京东在选择 IP 营销合作对象时，参照标准为：第一，用户非常喜欢、大众熟知的 IP 形象，拥有一定的粉丝号召力和认同感；第二，通过和不同类型的 IP 合作，覆盖更多不同类型、年龄段、性别、地域的用户，实现群体扩张。比如小 JOY 与变形金刚电影 IP 的结合，更受男性的喜爱；与 Line Friends 品牌联名更受年轻女性粉丝的喜爱；与草间弥生这类艺术家 IP 合作，可以覆盖更多的文艺潮流圈层用户。

京东 IP 聚合营销将 IP、京东、商家、粉丝的营销价值聚合在了一起。在这四者的链条中，京东通过大数据平台和营销能力，帮助其他三方做出更高效的选择。对于三方的任何一方来说，京东都提供了高质量的数据筛选，通过京东的筛选，减轻了另外两方寻找、谈判和市场营销成本，高效促进了品牌合力、流量合力和生产合力的营销价值聚合，而粉丝也可以获得满足，实现京东在整个链条中的价值。

三、京东 IP 营销运作

京东一直以来都在不断进行创新的互联网营销探索，针对用户喜欢的知乎、豆瓣、社交网站、网红视频等，采用不同的方式进行推广。由于消费者无法快速了解到所有的商品，所以京东会先选择一些重点的头部产品介绍给消费者。在 2018 年 Line Friends 的超级 IP 日中，京东界面运用了 Line Friends 中不同的形象作为视觉皮肤，设计了站内互动游戏，用户之间可以分享这些萌宠的卡片，为 22 个品牌方共计带来了 800 多万粉丝。JOY 与 Line Friends 结合的宣传片也获得了很好的曝光和转化，上线的当天播放量就突破了 2 亿。

在 Line Friends 超级 IP 日中，京东在跑遍北京的上百辆大巴车上、运送到全国各地的快递包装箱上都运用了 Line Friends 的形象，也第一次启动了跨界的快闪店，把布朗熊从韩国请到了北京，每天线下的队伍都排得很长，只为一睹这些萌宠的真容。这些来到现场的粉丝流量，也为快闪店的销售成绩带来了极大的提升作用。

京东通过将小 JOY 这个 IP 打造成更有生命力、具有新颖个性的形象，通过一系列的品牌活动，不断提升 JOY 的 IP 属性和自身价值，并且和其他 IP 跨界设计一些产品，输出内容，赋予 JOY 更多的形象和故事情节，让 JOY 的形象深入人心。

（资料来源：京东黑板报公众号，笔者整理）

正如世界上没有完全相同的两片树叶一样，世界上也没有完全相同性格的两个人。每个人都具有自己独特的性格，品牌也正如人一样具有独特的性格，我们把品牌的这种性格称为品牌个性。品牌个性是每一个品牌所特有的，是一个品牌是否具有长久生命力与活力的关键，也是品牌塑造与管理的重要一环。

第一节　品牌个性的内涵

一、品牌个性的定义

（一）个性

英文中的个性一词（personality）来源于拉丁文"persona"。《心理学大词典》中给出的个性定义为：个性，也称人格，是指一个人的整个精神面貌，即具有一定倾向性的心理特征的总和。个性结构是多层次的由复杂的心理特征的独特结合构成的整体。这些层次包含能力、气质、性格、活动倾向，这些特征相互联系、有机结合为一个整体，对人的行为进行调节和控制。不同的学者从不同的角度对个性进行解释，菲利普·科特勒从营销学角度将个性定义为一个人所特有的心理特征，它导致一个人对他或她所处的环境有相对一致和持续不断的反应。

（二）品牌个性

在营销实践活动中，自从名人开始为品牌代言以来，品牌的人格化现象开始彰显。品牌个性是市场营销学学者及企业在万物有灵论（认为万物都是有生命的）基础上，将品牌拟人化，把心理学的个性概念应用到品牌管理理论上，形成了具有人格的品牌，即品牌个性。美国斯坦福大学品牌个性研究专家詹尼弗·艾克（Jennifer Aaker）认为，品牌个性是与品牌相连的一整套人格化特征。品牌个性为消费者提供了比一般产品更生动、更鲜活、更完整的内容。要成功地区分一个品牌，其个性必须是诱人的、强大的、可取的和一致的。

品牌的个性特征是指品牌的象征性特质，如品牌象征时尚还是传统、活泼还是古板、高社会地位还是低社会地位等。迄今为止，研究者对品牌个性的定义仍然存有争议。因为个性是个人成长过程中由先天的本质和后天的经验共同作用的结果，人可以具有个性、塑造个性和展现个性。品牌本身是一个没有生命的客体，严格说来，品牌并不具备个性。但是，品牌所具有的象征性意义及其所传达的信息远远超过了它的经济属性，在消费者与品牌的互动（购买和消费）过程中，消费者往往会与品牌建立一定的情感和联系，消费者也常常将品牌视为带有某些人格特征的"朋友"。从这个意义上看，品牌也具有了生命，具备了独一无二的个性特征。在竞争日益激烈的市场上，企业必须让品牌有自己的个性，最终决定品牌市场地位的是品牌总体上的性格差别，而不是产品间的差异。

二、品牌个性的特征

品牌个性的特征主要体现在差异性、稳定性和对应性上。

（一）差异性

品牌个性差异性是指品牌个体间相互区别的那些独有的特征。品牌所有者总是期望自己的品牌与别的品牌不一样，以便独占属于自己的细分市场，准确服务于自己的目标顾客。在茫茫的产品世界中，许多品牌的品质、成本价格甚至定位差异都不大，而个性却能够给品牌塑造一个脱颖而出的机会，并在消费者脑海里保留自己的位置，以展示自己与众不同的魅力。

（二）稳定性

品牌个性需要保持一定的稳定性，因为稳定的品牌个性是持久占据顾客心理的关键，也是品牌形象与消费者体验的共鸣点。如果品牌没有内在的稳定性及相应的行为特征，那么消费者就无法辨别品牌的个性，自然就谈不上与消费者的个性相吻合，最终会在消费者心目中失去品牌的魅力。就如同一个人，上午开朗热情，下午却沉闷冷淡，一会儿高兴得手舞足蹈，一会儿又痛哭流涕，别人与他接触时会感觉茫然不知所措。

品牌案例 6-1

三只松鼠

（三）对应性

在我们熟悉的群体中，我们对每个人的个性都很了解，如果发生了危机事件，我们就知道哪个人会勇往直前，哪个人会懦弱退缩，这是把人的个性与事件处理的理性反应对应起来了。品牌个性也具有这一特征，比如你使用的生活用品、喝的饮料和驾驶的车辆等，都反映着你的个人取向。在张扬个性的时代，人们按照自己的个性选择自己喜欢的品牌，只有在品牌个性与消费者个性对应的情况下，消费者才会主动购买，否则很难打动消费者。

三、品牌个性与品牌形象

（一）品牌个性与品牌形象的共性

1. 品牌形象包涵了品牌个性

在内涵上，品牌形象对品牌个性具有包容性，因为对品牌个性的进一步探究，可以让我们明确其在打造品牌形象中的作用和地位。

品牌形象是存在于人们心智中的图像和概念的群集，是关于品牌知识和对品牌主要态度的总和，包括了品牌个性、产品属性、用户与品牌利益的关系及其原因。品牌形象包括硬性和软性两种属性，品牌个性属于软性的属性。品牌形象是人们如何看待这个品牌，是人们对品牌由外而内的评价；而品牌个性则是品牌所自然流露的最具代表性的精神气质，是品牌的人格化表现，一般以形容词来描述。

2. 品牌个性是品牌形象的灵魂

品牌形象包含了品牌个性，但品牌个性是塑造品牌与品牌之间形象差异的最有力的武器。外表的形象是可以模仿的，但个性却无法模仿。品牌产品的有形部分容易模仿，但品牌的个性却是独一无二的。消费者对品牌的认知也是逐步深入的过程，在这个过程中一般是从"品牌标识"开始,到"品牌形象",再到"品牌个性","品牌个性"是沟通的最高层面。品牌个性比品牌形象更深入一层,品牌形象只是造成认同,而品牌个性则可造成崇拜。一个品牌的沟通若能做到个性层面,那么它在消费者心中的印象将是极其深刻的,它的沟通也是非常成功的。

(二)品牌个性与品牌形象的区别

关于这两个概念,戴维·阿克有极为精辟的表述:如果说品牌形象是指消费者如何看待这个品牌,那么品牌个性便是你希望消费者如何看待这个品牌。具体而言,品牌形象就是消费者对品牌产生的联想,即一提到品牌消费者便会想到的东西。这种联想可能是功能、物理实质等硬性属性,比如产品的价位、外观、性能等;也可能是软性属性,比如产品的价值、体验、趣味性等方面的特征。这些属性要素在消费者心灵与记忆中不断积淀与扩散,形成品牌构想的相关网络。品牌个性仅是其中的软性属性,典型的品牌个性更是在软性属性中最能体现出与其他品牌的差异,最富有人性的部分。

第二节 品牌个性维度

塔佩斯(Tepus)和克里斯塔(Christal)通过对样本的整理,用因子分析法进行分析,建立了人类个性的大五模型,他们在大五模型中将各种个性特征划分为神经质(Neuroticism)、外倾性(Extraversion)、开放性(Openness)、宜人性(Agreeableness)和责任心(Conscientiousness)五大个性维度和30个维度特征(表6-1)。

表6-1 人格个性大五模型的个性维度与特征

个性维度	维度特征
神经质	焦虑、愤怒、沮丧、自我、冲动、脆弱
外倾性	热情、社交、专断、活跃、寻求刺激、积极
开放性	幻想、艺术、敏感、实践、思考、有价值
宜人性	值得信任、直率、利他、顺从、谦虚、脆弱
责任心	能干、讲次序、忠实尽职、追求成就、自律、深思熟虑

由于模型中五个概括性的个性维度几乎涵盖了绝大多数的个性特征,具有代表性和典型性,因此,大五模型被认为构成了一个合理的个性框架,能够比较准确地测试出人类的个性特征。同时,大五模型具有生理学和心理学的双重理论基础,它是一个语言词汇分析归类的结果,也是建立在生理学、心理学甚至进化论等基础之上的研究成果。因此,大五模型在多种学术研究领域(如心理学、消费者行为学、人力资源管理等)得到应用,其有效性和可靠性也得到了证实。

一、美国品牌个性维度

1997年,社会心理学家詹尼弗·艾克(Jennifer Aaker)在 *Journal of Marketing Research* 杂志上发表了一篇名为"Demensions of Brand Personality"的论文,认为品牌个性可以直接由消费者个性得以表现,是人类个性特征投射到品牌的结果,并强调了情感在品牌中的重要性。她将品牌个性定义为与品牌特定使用者相关联的人格特性集合,以此定义为基础，根据西方人格理论的大五模型，从个性心理学出发，以美国文化为背景，以西方著名品牌为研究对象，依靠现代统计技术，发展出一个系统的品牌个性维度体系。这个体系包括五大维度，能力（Competence）、真诚（Sincerity）、兴奋（Excitement）、教养（Sophistication）和强韧（Ruggedness）。

在研究过程中，詹尼弗·艾克教授初步获得了309个意义比较单一的品牌个性形容词，并通过淘汰测试获得了114个用于测试品牌个性特质的词汇。然后通过对631个具有代表性（代表美国）的样本、37个品牌的初步测试，得到一个包括5个维度的品牌特征量表，在5个维度下面有15个次级维度和42个品牌个性特征（表6-2）。

表6-2 美国品牌个性维度及特征

品牌个性维度	品牌个性次级维度	品牌个性特征
能力	可靠	可信的、勤奋的、安全的
	智慧	智慧的、技术的、团结的
	成功	成功的、领导者的、自信的
真诚	脚踏实地	纯朴的、小镇的、家庭为重的
	诚实	真诚的、诚信的、真实的
	健康	原创的、健康的
	愉悦	愉悦的、感情丰富的、友好的
兴奋	大胆	时髦的、大胆的、令人兴奋的
	活泼	酷的、活泼的、年轻的
	有想象力	独特的、有想象力的
	时尚	时尚的、独立的、现代的
教养	上流社会	上流社会的、富有魅力的、优雅的
	迷人	迷人的、女性化的、柔顺的
强韧	户外	户外的、男性化的、西部的
	结实	粗犷的、强硬的

艾克教授提出的这个品牌个性维度中的真诚、兴奋和能力与大五模型中的宜人性、外倾性和责任心具有一一对应关系，给研究品牌个性与消费者个性之间的关系提供了有价值的参考。

这个模型对很多品牌个性特征描述得非常贴切，一些成功品牌的个性表现得尤其突出。例如，康柏和柯达"真诚"的品牌个性非常明显，万宝路、耐克在"强韧"的品牌个性上表现得非常突出，保时捷具有"兴奋"的品牌个性，摩托罗拉和IBM的品牌个性是"能力"，劳力士和香奈儿则体现了有"教养"。如同人的个性是复杂的一样，品牌也可能同时具有多种个性，如麦当劳在真诚和能力个性方面得分很高。同时，品牌个性与产品类别有关，强韧是李维斯牛仔的正面驱动因素，却是麦当劳的负面驱动因素。

二、中国品牌个性维度

2001年，中山大学卢泰宏教授在国外品牌个性研究的基础上，对中国本土的品牌个性进行了调查研究，调查的范围包括552名消费者、40个国内知名品牌。问卷调查中使用了98个品牌个性描述性词汇，利用多种方法进行分析和相互验证，最后纳入因子分析的品牌个性词汇共66个，并得到五个因子提取方案。

第一个因素囊括了最多的品牌个性词汇，可解释的品牌个性的词汇达到28个。主要词汇包括平和的、环保的、和谐的、仁慈的、家庭的、温馨的等。这些词汇一般用来形容人们所具有的优良品行和高尚品质，表达的是"爱人"及"爱物"之意。这些词汇都是属于古汉语中"仁"的范畴，因此，可以把第一个中国品牌个性维度命名为"仁"。

第二个因素所包括的品牌个性词汇有14个。包含专业的、权威的、可信赖的、专家的、领导者、沉稳的、成熟的、负责任的等。因此，可以用"术"或者"才"来命名第二个因素。但考虑到与第一个因素相对应，这里使用了一个比"术"或者"才"更抽象的词"智"来命名第二个因素。因为在古汉语中"智"的外延不仅局限于"术"或者"才"，也包括睿智、沉稳、严谨、贤能等。这样能更加贴切地描述本维度中所包括的词汇，也更加能体现中国传统文化。

第三个因素包括8个品牌个性词汇，如勇敢的、威严的、果断的、动感的、奔放的、强壮的等。这些词汇可以用来形容"勇"，勇所具有的"不惧""不避难"的个性特征，既包括了作为一种道德的勇，如勇敢、果断等，也包括了作为个人形象特征的勇，如强壮的、粗犷的等。因此将第三个品牌个性维度，命名为"勇"。

第四个因素包括8个品牌个性词汇，如欢乐的、吉祥的、乐观的、自信的、时尚的等。这一维度中的词汇都是用来形容高兴的、乐观的、自信的、时尚的外在形象特征。仔细分析这些词汇，可以发现几个层次的含义：来自内心的积极、自信和乐观，表现为外在形象的时尚和酷，以及既表达群体的乐，也表达个体的欢乐。这些词汇反映的都是"乐"，只是"乐"的表现形式有所不同。因此，对于这一品牌的个性维度，可以命名为"乐"。

第五个因素也包括8个品牌个性词汇，如高雅的、浪漫的、有品位的、体面的等。这些词汇可以用来形容儒雅的言行风范，浪漫的、理想的个性以及秀丽、端庄的容貌特征，或者体现别人对自己的尊重。这些词汇中有些与中国传统文化中的"雅"相联系，有些则与现代意义的"雅"相联系。总之，这一品牌个性维度可以用"雅"来命名（表6-3）。

表6-3 中国品牌个性维度及特征

品牌个性维度	品牌个性特征
仁	正直、仁慈、温馨、务实
智	成功、智慧、信赖
勇	粗犷、进取、强壮
乐	吉祥、时尚、乐观
雅	魅力、品位、儒雅

三、品牌个性维度的国际比较

美国文化背景下的品牌个性体系包括五大维度：能力、真诚、兴奋、教养和强韧。在此基础上，艾克和她的同事在2001年对美国、日本、西班牙三种文化背景下的品牌个性维度进行比较，结果表明，真诚、兴奋、教养这三个品牌个性维度是上述三种文化背景下的品牌个性所共有的，而平和是日本文化背景下的品牌个性所特有的，激情是西班牙文化背景下的品牌个性所特有的，强韧是美国文化所特有的，能力则是日本文化和美国文化所共有的，而西班牙文化中没有。据此，艾克等人提出了不同文化背景下的品牌个性维度具有差异的论断，为品牌个性提供了新的研究思路。

2006年，Sung和Tinkham以韩国为研究背景，指出与美国消费者相比，韩国的消费者在感知品牌时更可能把重点放在儒家和儒家资本主义价值观上，因而韩国文化背景下的品牌有两个特别的维度，即"被动喜爱"和"支配地位"。通过对"麦当劳"等国际品牌的实证研究，测出韩国品牌个性构成维度分别为被动喜爱、支配地位、赶潮流的、能力、教养、传统、强韧、崇尚西方。

2006年，Smith、Brian和Hans以澳大利亚为研究背景，以会员制运动组织为研究对象，针对运动组织品牌进行品牌个性维度研究。研究结果表明，澳大利亚文化背景下的品牌个性包括6个维度，分别为能力、真诚、教养、强韧、革新和兴奋。

2007年，Bosnjak、Bochmann和Hufschmidt以德国为研究背景，得出德国文化背景下的品牌个性包括四个维度，分别为认真、情感、肤浅和动力。动力又细分为兴奋和厌烦两个层面。与其他研究不同的是，该研究引入了负面品牌个性。

2008年，Thomas和Sekar以印度为研究背景，以印度"最值得信赖品牌"高露洁为研究对象，对艾克的品牌个性维度进行检验。研究表明，印度文化环境下艾克品牌个性维度中的教养和强韧信度很低，这进一步验证了不同文化背景下品牌个性维度构成具有差异的说法。

此外，相关的研究还得到了法国、俄罗斯等国的品牌个性维度（表6-4）。

表6-4 品牌个性维度的国际比较

国家	年份	品牌个性维度
美国	1997	真诚、兴奋、能力、教养、强韧
法国	1999	支配、能力、尽责、男子气、豪放、诱惑
法国	2000	真诚、兴奋、能力、教养、爱好
日本	2001	真诚、兴奋、能力、教养、平和
西班牙	2001	真诚、兴奋、教养、平和、激情
中国	2003	仁、智、勇、乐、雅
韩国	2003	仁、义、乐、勇、信
俄罗斯	2003	成功和当代、真诚、兴奋、强韧、教养
澳大利亚	2006	能力、真诚、教养、强韧、革新、兴奋
韩国	2006	被动喜爱、支配地位、赶潮流的、能力、教养、传统、强韧、崇尚西方

续表

国家	年份	品牌个性维度
德国	2007	认真、情感、肤浅、动力
印度	2008	真诚、兴奋、能力

注：表中重复部分为不同学者在不同年份，针对不同企业或品牌展开调研后出现的品牌个性维度差异。

第三节 品牌个性的塑造

品牌个性的塑造，犹如人类个性的养成，是一个高度精细化的过程，容不得一点点的偏差，在塑造品牌个性的过程中必须整体把握和综合运作影响品牌的各种因素，使之加强消费者对品牌个性的认知。

一、品牌个性的心理学基础

现代心理学认为，人类的一切活动，包括消费者行为，总是以人的需要为基础的。消费者需要是指消费者生理和心理的匮乏状态，即感到缺少些什么，从而想获得它们的状态。个体在其生存和发展过程中有各种各样的需要，如饿的时候有吃饭的需要，渴的时候有喝水的需要，等等。

在市场经济条件下，消费者的需要直接表现为购买商品或接受服务的愿望。消费者的购买行为主要受两类不同需要的影响：一种是消费者能够意识到的需要；另一种是消费者在购买活动中的确存在而又无法被其所意识到的感受或冲动，这就是潜意识的影响。

弗洛伊德把心灵比喻为一座冰山，浮出水面的是少部分，代表意识，而沉没在水面之下的大部分，就是潜意识。他认为，人的言行举止只有少部分是受意识控制的，其他大部分则由潜意识所主宰，而且这种主宰是主动地运作，人却没有觉察到。潜意识是指被长期压抑，个体当时感受不到的本能欲望或经验。潜意识中的本能欲望不可能随心所欲地获得满足，它一定会受到道德、文化、法律等多种因素的压抑和排挤。但是，它不可能被泯灭，相反一定会得到释放。

依据弗洛伊德的潜意识理论，研究消费者人格的学者相信，人类的驱动力大多数是无意识的，而且消费者可能也不了解其购买行为背后的真正原因。这些学者将消费者的外表及拥有物都视为个人人格的反映和延伸。当消费者坚持要买某样东西时，多少可以折射出他们潜意识中的本能欲望和潜在的心理需求。

自我概念是指个体对自身一切的知觉、了解和感受的总和。每个人都会逐步形成对自己的一些看法。它主要回答的是"我是谁""我怎么样"一类的问题。消费者的自我概念不止一种，而是包括以下多种类型：

(1) 真实的自我，指消费者实际上如何真实地看待自己；
(2) 理想的自我，指消费者希望如何看待自己；
(3) 社会的自我，指消费者感到别人如何看待自己；
(4) 理想的社会自我，指消费者希望别人如何看待自己；

（5）期待的自我，指消费者期望在将来如何看待自己，是介于真实的自我与理想的自我之间的一种形式。

一般消费者根据自己是什么样的人（真实的自我）和希望自己成为什么样的人（理想的自我），来指导自己的消费行为。因此，消费者比较倾向于购买那些与他们自己具有相似个性或那些能使他们自己的某些个性弱点得到补偿的产品。

对不同产品类别的品牌个性与消费者自我概念的研究发现，消费者自我概念与品牌个性越是一致，对其品牌的购买意愿也就越强，购买的产品符合长期以来对自我的认识。这是因为商品的购买、展示和使用，不仅可以向消费者提供产品的功效，还可以向个体或者他人传递一种象征意义，体现他们的价值观、人生观、生活方式等。消费者为了维护和强化自我概念，必然会使消费行为与自我概念一致。在市场产品极其丰富的今天，消费者完全可以在不同品牌之间进行自由选择。在追求一致性的影响下，消费者将根据其对真实自我所持有的概念来消费，他们通过购买与其真实自我概念相类似的产品或服务来保持一致性。

综上所述，从心理学的角度看，消费者的购买行为既是为了满足消费者的某种心理补偿，同时其购买行为也是试图与长期以来的自我概念保持一致。因此，品牌管理者应该充分挖掘该品牌使用人群的潜意识需要和自我概念，进行有针对性的营销，以在市场中立于不败之地。

二、品牌个性的来源

品牌个性作为品牌力的重要组成部分，其反映的是消费者对品牌的感觉，或者品牌带给消费者的感觉。品牌个性的形成是长期有意识培育的结果，品牌个性可以来自与品牌有关的所有方面。以下是品牌个性来源的几个重要因素。

（一）产品自身的表现

产品是品牌行为的最重要载体，企业产品随着在市场上的销售而逐渐广为人知，从而形成自身鲜明的个性。如作为银行，提供的产品是服务，因为缺乏竞争，传统的银行总是让人想起长长的队伍、高高的柜台、冷若冰霜的面孔。而"招商银行"以亲切的微笑、快捷有序的服务及供客户休息的座位设置，让人耳目一新，其"一卡通"的产品形式，更是在方便客户的同时，也在客户的脑海中留下了关爱、领先的个性。

（二）产品的价格

产品的定价作为产品自身品质的反映，在一定程度上也体现了品牌个性。如一贯的高价格可能会被认为是高档的，相反则会被认为是朴实的，经常改变价格，会被认为是轻浮的、难以捉摸的。有些品牌会奉行永不打折的原则，这样就会被认为是专一的、真实的或强硬的。

（三）产品的包装和设计

产品的包装被称为是"无声的推销员"，它是消费者在终端所见到的最直接的广告，是产品在货架上的形象代言人。健康、优良的包装材料，独具匠心的包装造型，以及标识、图形、字体、色彩等各种手段的综合运用，都有助于品牌个性的塑造与强化。"贝因美"是我们十分熟悉的品牌，它的母婴图案标识，极易使人联想到待哺的婴儿、慈爱的母亲和健康营养的育儿乳品，突出了"贝因美"对消费者的象征意义，有利于唤起慈爱、舒适和信任的情感个性。

(四) 产品的名称

产品名称的基本形式是语言和文字。语言是一种流动的信息，它通过声音刺激消费者的听觉器官从而留下印象，它还能以口碑的形式在公众中传播从而提高产品的知名度。文字也是信息的载体，它以符号的形式刺激消费者的视觉感官，使消费者在脑海中留下印象，产生联想和感触。品牌名称创意的关键在于名称所承载的信息是否与消费者潜在的心理需求相投合。一个品牌名字在市场上能否叫响，亦如艺术创作，往往取决于创作者灵感与欣赏者趣味的合拍程度。

(五) 品牌的使用者

由于一群具有类似背景的消费者经常使用某一品牌，久而久之，这群使用者共有的个性就被附着在该品牌上，从而形成该品牌稳定的个性。

(六) 品牌的代言人

借助名人明星，也可以塑造品牌个性。通过这种方式，品牌代言人的品质可以传递给品牌。在这一点上耐克公司是做得最为出色的一个。"耐克"总是不断地寻找代言人，而且从不间断。从波尔·杰克逊到迈克尔·乔丹、查理斯·巴克利、肯·格里菲，耐克一直以著名运动员作为自己的品牌代言人，这些运动员较好地诠释了耐克"JUST DO IT"的品牌个性，迷倒了众多的青少年。

(七) 品牌的创始人

一家企业由于不断发展，其创始人的名声渐渐广为人知，因此创始人的品质就会成为该品牌的个性。如福特、比尔·盖茨这样的品牌创始人，都以自己的形象塑造了品牌，突出了品牌的个性。

(八) 品牌的历史

品牌诞生的时间也会影响品牌的个性。一般来说，诞生较晚、上市时间较短的品牌具有年轻、时尚、创新的个性优势，而诞生较早的老字号品牌常常给人成熟、老练、稳重的感觉，但可能也有过时、守旧、死气沉沉等负面影响。因此，对于老品牌，需要经常为其注入活力，以防止其品牌出现老化。但值得注意的是，对于某一类产品品牌而言，有时需要年轻的个性，有时却需要厚重的历史感。

(九) 品牌的籍贯

由于历史、经济、文化、风俗的不同，每一个地方都会形成自己的一些特色，因此，每个地方的人会有一些个性上的差异。例如德国人的严谨，法国人的浪漫，这些个性上的差异也会影响到品牌个性，所以时装和香水产在法国、汽车和电器产在德国会更让人放心。在中国，白酒的出产地如果是在四川和贵州，会更值得信赖，香烟如果产自云南，会感觉更加地道，这是地域对品牌个性的背书作用。

总而言之，品牌个性是一个品牌最有价值的方面，它可以超越产品而不易被竞争者模仿。品牌个性可以借助以上几个甚至单一因素建立起来，当然这些因素不能孤立存在，必须将它们置于品牌系统与消费者系统以及营销沟通的环境下。一旦形成鲜明、独特的个性，就有可能形成一个强有力的品牌。

三、塑造鲜明的品牌个性

（一）品牌个性塑造原则

"条条道路通罗马"，要想塑造一个品牌的个性，具体的方法有很多种。但要寻找一种固定的模式来建立品牌个性则是十分困难的，因为每个品牌都有自己独特的地方。此外，在品牌个性的塑造过程中也有一些共性的东西。一般企业在塑造品牌个性、实施品牌策略时可以遵循以下原则。

1. 持续性原则

品牌个性是消费者对品牌由外而内的整体评价，它的形成是一项长期的、系统的工程。稳定的品牌个性是持久地占据消费者心智的关键，也是品牌形象与消费者经验融合的要求。品牌个性如果缺乏持续性，就可能导致品牌个性识别模糊，自然也就无法与消费者自己的个性吻合，他们也就不会选择这样的品牌。

2. 独特性原则

世界上没有两片完全相同的树叶，市场上也不存在完全相同的两个品牌，每个品牌都是独一无二的。独特新颖制造了差异性，这样的事物总是很容易让人记住。品牌个性作为品牌的独特气质和自我特点，同样也必须具有差异性，这样才能更好地发挥品牌个性的巨大魅力，从而打动目标消费者，引起情感的共鸣。比如，在洗衣液产品推广中大力宣扬其去污、洁净能力的时候，有一个品牌创造了"关爱"的品牌个性。于是在消费者脑海中，自然会产生品牌传递的"洗衣服是在照顾、关爱自己家人"的感受，传递了一种温暖、积极的品牌联想。

3. 人性化原则

品牌个性的树立是一个建立情感的过程，人性化的品牌能够使消费者产生某种情感，而此时的品牌不再是缺乏生命的产品和服务，而是消费者的亲密伙伴和精神上的依托。现如今，在市场产品极为丰富、消费者生活水平有了较大提高的背景下，消费者购物时更加注重心理需求的满足，所以品牌在塑造过程中要注意以人为本。

（二）品牌个性塑造步骤

林恩·阿普什认为，确定通过哪种规范步骤来建立一种品牌个性是很困难的，但他还是给出了七个步骤：

第一，从每个消费者出发，考虑不同的品牌塑造方案；

第二，从品牌定位出发，展望契合的品牌个性；

第三，从主要的情感出发，考虑满足情感价值的品牌个性；

第四，优先考虑对品牌个性的喜欢程度；

第五，发掘品牌个性的潜力，增强信心；

第六，投资中的投资；

第七，设立"品牌个性的监督员"，并与"品牌定位的监督员"一起工作。

卢泰宏认为，塑造品牌个性，需把握以下三个问题：

第一，你的产品或服务有什么突出的特征或者特质？

第二，你的产品或者服务如何定位？以谁为目标顾客？这些目标消费群偏好何种生活形态和心理个性？

第三，你的产品或者服务怎样人格化，以使广告对象产生"代入"感？

品牌个性塑造无论采取怎样的步骤，都要尽可能地使品牌个性与目标消费者的个性相一致，或与他们所追求的个性相一致。概括而言，塑造品牌个性一般有三个步骤，即识别品牌的个性联系、确定品牌的个性目标、实施品牌的个性战略。

1. 识别品牌的个性联系

消费者可以通过直接和间接的定性方法，把产品个性与一种产品类型中的不同品牌和产品类型本身联系起来。最简单的一种定性方法就是让消费者用各种个性形容词（如友好的、平凡的、实用的、现代的、可靠的）对一个品牌或该品牌的使用者进行评价。这种方法的缺点在于限定的个性形象形容词也许不完整或者没有很大的相关性，也有可能消费者并不喜欢以这种直接的、启发式的方式来反映他们对品牌的真实意见。获得与品牌典型使用者相联系的另一种定性方式是使用照片筛选。通过向消费者展示一些人物照片，请他们根据直觉选择他们认为使用某一特定品牌的人并描述他们。还有一种更常用的方法是要求消费者把品牌与其他事物联系起来，如动物、汽车、人、杂志、树、电影或书。通过识别品牌的多种个性联系并与目标消费者对自身个性的评价相比较，再通过广告来加强或改变一种品牌个性。

2. 确定品牌的个性目标

品牌的个性目标必须与品牌允诺的功能或心理上的利益相一致。在做出品牌个性的目标决策时，首先需要对目标细分市场进行人口统计分析，进而在目标细分市场寻求相应的生活价值和个性特点。如娱乐、享受和刺激等品牌个性特征与年轻人有契合，而安全感则随年龄的增大而增加。在确定品牌个性目标时需要关注社会趋势的变化，并了解品牌个性为何对这一代人来说是符合潮流的而对于接下来的一代来说却可能是过时的和不合适的。

3. 实施品牌的个性战略

一旦品牌的个性目标被确定后就需要在一系列品牌营销活动中融入品牌个性，如将其体现在品牌名称、品牌包装、品牌代言人、品牌促销活动中。品牌个性选定后要保持长期的一致性，同时一个品牌个性与目标消费者个性或期望个性越吻合，消费者就越会对该品牌产生强烈的偏好，形成品牌认知。

本章小结

个性也称人格，该词来源于拉丁语 Persona，最初是指演出者所戴的面具，而后指演员和他所扮演的角色。心理学家引用其含义，把个体在人生舞台上扮演的角色的外在行为和心理特质都称为个性。品牌个性是指产品或品牌拟人化的特性以及在此基础上消费者对这些特性的感知。既包括品牌气质、品牌性格，又包括年龄、性别、阶层等人口统计特征。品牌定位是确立品牌个性的必要条件，品牌定位必须通过品牌个性来表现。品牌个性是要在品牌定位的基础上创造人格化、个性化的品牌形象。但品牌个性并不完全决定于品牌定位。

品牌个性特征主要表现为差异性、稳定性、对应性；品牌个性价值主要表现为品牌的人性化价值、可以激发消费者的购买动机、能够体现品牌差异化价值,是消费者与品牌关系的基础,可以增强企业的核心竞争力。品牌个性维度具有一定的通用性,但并不是每个国家或地区的品牌个性维度都是完全相同的,因此品牌须结合当地文化、消费者的特征提炼品牌个性。

品牌个性的来源主要体现在以下几方面:产品自身的表现、产品的价格、产品的包装和设计、产品的名称、品牌的使用者、品牌的代言人、品牌的创始人、品牌的历史、品牌的籍贯等。品牌个性塑造必须坚持的原则包括:持续性原则、独特性原则、人性化原则。品牌个性塑造的过程中应注重识别品牌的个性联系、确定品牌的个性目标及实施品牌个性化战略。

案例分析

华 为

华为创立于1987年,是全球领先的信息通信基础设施和智能终端提供商,业务遍及170个国家与地区,服务总人数超30亿人。2021年世界财富500强中,有267家企业选择与华为合作,500强客户及伙伴关系数量连续五年实现持续增长。经过30余年的努力,华为逐渐成为中国品牌中的佼佼者,并在世界市场上站稳脚跟。

作为国民品牌之光,华为秉持以技术创新为基础、品质保障为根基的发展战略。众所周知,缺乏研发与创新能力的企业难以提升其品牌的竞争力。为此,华为每年投入近10%的销售额用于研究开发,企业专利申请数量位居世界第一。在2021年中国企业500强排名中,华为以1 418.93亿元的研发投入排名第一,并与其他企业拉开明显差距。从世界范围来看,其研发投入比例仅次于微软。除此之外,华为在美国、俄罗斯、瑞典及印度等地建立了技术合作开发研究室及研发中心,保障研发人才的国际化,为品牌竞争力在世界范围内进一步提升打下坚实基础。

品牌形象在向消费者传达品牌价值、塑造消费者品牌认知、影响消费者决策等方面有着深刻长远的影响。华为品牌形象管理上也有着独到之处。华为,意指心系中华、有所作为,从品牌名称上展现了其浓浓的爱国情怀,巧妙地将爱国之心与华为技术联系在一起,将华为的发展与国家的强大相融合,与消费者产生深刻共鸣,将品牌定位与个性打入每个消费者的内心。此外,华为将可持续发展战略纳入其核心发展战略,自2008年起连续13年发布社会责任报告,在绿色低碳、节能环保、教育普惠、社会责任等方面皆有一定作为,进一步体现了其责任担当,塑造了良好的品牌社会责任形象。

作为中国的国民品牌,华为的品牌全球化营销策略也值得其他中国品牌借鉴。从社交媒体上来看,华为在Facebook上粉丝数达到了5 900万;在Instagram和Twitter上,华为粉丝数量也分别达到了1 800万与7 600万,远超其他中国品牌在海外社交媒体上的表现。总体来看,华为在社交媒体上的营销活动较为活跃,灵活精准地向消费者传递了品牌的最新动态与相关信息,并为消费者与品牌互动提供了便捷的平台。除数字化社交媒体平台外,华为的营销策略注重名人效应。从品牌代言情况来看,为更好地配合产品高端定位,并深化品牌的全球化扩张战略,华为在明星代言方面毫不吝啬,先后聘请足球明星梅西、格里兹曼,好莱坞女星"黑寡妇"斯嘉丽、"神奇女侠"盖尔·加朵等为品牌加持，为品牌在欧美地区的影响力提升保驾护航。

(资料来源：华为官网，https://www.huawei.com/cn/，笔者整理)

案例思考

1. 试根据案例所给材料，分析华为的品牌个性属于中国品牌个性的哪个维度。
2. 从华为的品牌塑造中，你获得了哪些启示？

第七章 品牌文化

理论模块任务

1. 了解品牌文化的概念和特征；
2. 熟悉品牌文化的构成体系；
3. 掌握品牌文化培育的基本程序；
4. 了解品牌文化培育的误区。

实践模块任务

1. 了解所授权小微企业品牌的文化体系，如精神文化、行为文化、物质文化；
2. 建设和深化授权小微企业的品牌文化。

开篇案例

20岁京东：“员工尊严”优于商业成果

2023年1月17日，京东集团面向员工发布了2023年新春贺信。2022年对于京东而言，既经受住了上海、北京、重庆等地抗疫的物资保供压力，也在充分发挥"有责任的供应链"企业效能，帮助以家电产业为代表的制造业、中小企业、小微商家以及边远地区的农户开拓市场、降低成本并提升生产效率。

京东在贺信中表示，疫情3年来京东新增了28万名员工，如今公司的员工总数已经超过54万，54万员工关系着54万个家庭的生计。京东表示，让为企业打拼的员工有尊严地工作和生活，优于企业在商业上的成功。公司将持续提升所有物流、客服等基层员工的收入水平和福利保障，即便在公司承受成本压力的情况下，只要条件允许，就要给员工提供最好的待遇，免除他们的后顾之忧。

2023年也是京东创业的第二十年，回溯过去的20年，京东几乎是从零起步，一次次地挑战不可能，又一次次地从绝境中突围出来，靠的就是对成本和效率的优化，打造最极致的产品、价格和服务。这条最简单的经营理念，也是全球商业几百年来优胜劣汰的原动力。未来，京东的任何一个业务发展，必须为客户带来更好的体验，必须为行业伙伴实现成本和效率的优化。

京京2023年新春贺信

（资料来源：网络资料，https://baijiahao.baidu.com/s?id=1755237854908968281&wfr=spider&for=pc，笔者整理）

21世纪是一个文化主导的世纪。我国目前已开始由经济型社会向文化型社会过渡，消费者在消费过程中更加强调一种文化，当消费者在消费时有愉悦、激动、充满情趣的感觉时，企业才能真正建立起消费者的品牌忠诚。因此，企业的品牌文化已成为未来企业的第一竞争力。正是从这个意义上说，21世纪的企业之间的竞争，最根本的是品牌竞争，同时也是品牌文化的竞争。

第一节　品牌文化概述

一、品牌文化的含义

品牌文化（Brand culture），是指通过赋予品牌深刻而丰富的文化内涵，建立鲜明的品牌定位，并充分利用各种强有力的内外部传播途径形成消费者对品牌在精神上的高度认同，创造品牌信仰，最终形成强烈的品牌忠诚。关于品牌文化，不同的学者有不同的表述。约翰·鲍恩（John Bowen）认为，品牌文化包括品牌及其创造者所代表的意识形态及哲学，影响着品牌与生俱来的方方面面的和谐，并在某种程度上代表了其创造者的信仰。美国哈佛大学商学院教授道格拉斯·霍尔特（Douglas Holt）指出，品牌文化本身是"故事、形象"，是由公司、主流文化、影响势力和顾客这四类创作者共同讲述的。

国内学者对品牌文化的定义也不尽相同。陈放指出，品牌文化就是指文化特质在品牌中的积淀，是指品牌活动中的一切文化现象。李光斗指出，品牌文化是指文化特质，如经营管理、价值观、审美观等观念形态在品牌中的积淀和品牌经营活动中的一切文化现象，以及它们所代表的利益认知、情感属性、文化传统和个性形象等价值观的综合。还有学者认为，品牌文化是品牌在消费者心中的印象、感觉和附加值，它能带给消费者心理满足，具有超越产品本身的使用价值并使产品区别于其他竞争品的禀赋。

尽管学者们理解品牌文化的角度各不相同，但是一般来说，品牌文化被认为是文化特质在品牌中的沉淀，它代表了企业和消费者的利益认知和情感归属，是品牌价值观和企业形象等观念形态以及经营行为的总和。

二、品牌文化的特征

品牌是一个具有文化属性的概念。品牌的物质基础是产品，其精神力量是企业文化。品牌文化作为企业文化在品牌中的集中体现，既受到企业文化的制约，又能从企业文化中获得有力的支持。但是，二者的本质有着明显的区别，企业文化的内部凝聚作用更为明显；而品牌文化的外向沟通与扩张作用更为显著，它将企业的品牌理念有效地传递给消费者。因此，品牌文化不能简单地等同于企业文化，品牌文化的独特性在于品牌本体所具有的强大的营销动力和市场价值带来的文化共融。品牌文化具有以下特征。

（一）差异性

现如今，消费者更倾向于购买独特、个性化的产品。产品在造型、设计和营销模式上的差异只是外在的表现形式，而文化价值理念上的差异是内在的深层差异，才更符合消费者的心理需求。品牌文化的差异主要体现在两个方面：一是企业所拥有的不同品牌之间的文化差异；二是不同企业之间的品牌文化差异。

（二）层次性

根据市场细分原理，企业很难满足所有消费者的需求。因此品牌倡导的价值主张会有高低层次之分，以满足不同层次消费者的需求。品牌文化的高层次价值主张满足了消费者的情感需求、自我实现需求等；品牌文化的低层次价值主张满足了消费者对品牌产品质量、服务、安全、性能等方面的需求。

（三）系统性

品牌文化寻求和体现的是一种整体优势，它把品牌的经营目标、经营理念、道德规范、行为方式等因素融合成一个有机整体，形成一种文化力量，对品牌运作能够起到综合作用。品牌文化由相互联系、相互依赖、相互作用、相互影响的不同层次的品牌子文化组合而成，构成这个整体的各要素既存在相对独立性，又存在轻重主次区别，它们按照一定的结构形式排列组合，体现严密有序的系统性。

（四）一致性

品牌文化的一致性表现在以下两个方面：品牌文化与社会价值标准的一致性；品牌行为与品牌文化的一致性。任何品牌的创建和运作都是在一定的时空条件下进行的，总要受到一定的宏观环境制约。因此，企业的品牌文化建立在统一的社会价值标准之上，其形成应与经济社会的总体文化发展趋势相一致，这体现了品牌文化发展的社会趋同性。当然，企业建立在新产品基础上的经营理念，往往会促进新的社会文化的形成，在影响社会文化发展的同时，品牌所倡导的文化体系必须很好地与品牌行为相符合，不能够出现违背理念的行为，只有做到表里如一、言行一致，品牌文化才会得到消费者的认可。

（五）民族性

每个民族都有自己独特的文化个性，有特定的心理性格、风俗习惯、道德风尚、宗教信仰、价值观念和行为方式，这种文化个性反映在品牌文化上，就是品牌文化的民族性。民族文化是品牌文化的根基，任何品牌文化都被深深地打上了本民族文化的烙印。品牌要想获得发展，就要从本民族文化中汲取营养，又要借助于其他国家和民族的文化来充实自己，但必须以本民族的文化为根本。

（六）相对稳定性

品牌文化一旦形成，便会以稳定的形态长期存在，对各项经营活动发生潜移默化的指导作用，它不会因个别因素的变化而发生彻底改变。例如，有的企业已经倒闭，但其品牌文化还可以继续存留一段时间。然而，品牌文化的稳定性是相对的，不是绝对的。积极的品牌文化能够对品牌的发展产生持续的正面作用，但没有一成不变、一劳永逸的文化，当品牌文化无法促进品牌的发展时，就要对它进行改革。因此，品牌文化在形成与发展的过程中，应随着人们的消费理念、消费习惯、消费模式等的发展变化而改变，适应社会环境的需要，不断以新观念、新知识、新管理、新技术加以充实和完善。

品牌案例 7-1

品味茅台

三、品牌文化的意义

菲利普·科特勒曾说，品牌最持久的吸引力来自品牌所包含的文化，这是知名品牌之所以深入人心的魅力所在。具有良好文化底蕴的品牌，能够给人带来心灵的慰藉和精神的享受。品牌文化一旦形成，就会对品牌的经营管理产生巨大作用。品牌文化是品牌附加值的源泉，是品牌保持竞争优势的原动力，它有助于增强企业凝聚力，实现品牌个性差异化，建立消费者的忠诚。所以，一流企业都十分重视品牌文化建设，并努力以此促进企业的发展壮大。

（一）品牌文化是品牌价值的不竭源泉

强势品牌之所以能够享受溢价带来的丰厚利润，是因为品牌价值使得消费者愿意支付额外代价。品牌文化是品牌价值和情感的自然流露，代表人们的生活方式和价值观念，是物质和精神的高度统一，是品牌最核心的"DNA"。品牌价值取决于消费者的购买意向和购买行为，如果没有消费者的认同和接受，品牌即使有完美的设计、质量和价值也是没有意义的。在品牌文化的指导下，企业的营销努力会对消费者的心理和行为产生一定的影响，品牌的文化内涵可以强化或改变消费态度，影响消费者的品牌选择，从而提高品牌价值。因此，企业在培育品牌时，需要重视品牌文化的建设，传播品牌文化的精髓，以提高品牌的价值。

（二）品牌文化是品牌保持竞争优势的原动力

产品的价格、质量、服务和信誉等方面构成了品牌竞争力的基本要素。随着市场竞争的日趋激烈，企业在这些基本要素方面已日趋相同，难以建立起品牌忠诚，形成稳定的市场占有率。低价格能提高知名度，但不能提高美誉度；高质量能提高美誉度，但不一定带来忠诚度。产品质量分为技术质量和认知质量，技术质量指产品在设计过程中应遵循的技术标准；认知质量也称消费者认知质量，是指消费者对产品功能特性及其适用性的心理反应和主观评价。技术质量作为一种科学性的可辨识标准，具有客观性，而认知质量是消费者对产品技术质量的主观反映，被消费者感知到的质量才更能转化成品牌的竞争力。然而，在市场营销实践中，很多企业只看重技术质量而忽视认知质量，导致产品失去核心竞争优势。品牌文化所代表的功能和利益一旦得到消费者的认可，便会与消费者认同的价值产生共鸣，从而将无形的文化价值转化为品牌价值，把文化财富转化成品牌的竞争优势，使产品在激烈的市场竞争中保持强大的生命力。而且，消费者如果认同某种品牌文化，往往不会轻易改变。这就意味着，品牌文化不仅能够带来价格溢价，还为品牌设置了较高的市场壁垒，提供了竞争品牌难以模仿的竞争优势。

（三）品牌文化是增强企业凝聚力的重要保障

管理学大师彼得·圣吉（Peter M. Senge）指出，一个缺少共有目标、价值观和使命的组织，必定难成大器。优秀的品牌文化，可以把企业价值观念和追求目标等渗透到生产经营中，激发全体员工的荣誉感、责任心和创造力，使员工有明确的价值观念、理想追求和共同认知。这样可以加强员工之间的交流，增加他们之间的相互信任，使企业内部各项活动更加协调，从而增强企业的凝聚力。可口可乐公司以"动感、激情、富有个性"的品牌文化著称，其企业文化也离不开员工的激情和创新。品牌文化还具有辐射作用，能吸引大量的外部优秀人才为实现自身价值而加入企业团队中来，推动企业品牌的发展和壮大。

（四）品牌文化是实现品牌个性差异化的有效途径

菲利普·科特勒指出，面对竞争激烈的市场，一个公司必须努力寻求能使它的产品产生差异化的特定方法，以赢得竞争优势。麦肯锡公司的研究结果表明，强势品牌与一般品牌的重要区别不是与众不同的产品、持之以恒的优良品质，而是其中的文化因素。品牌因文化而独具个性，有个性的品牌才会有竞争力。个性越鲜明，竞争力越强，在消费者心中留下的印象就越深刻，例如，奔驰"自负、富有、世故"，柯达"淳朴、顾家、诚恳"，锐步"野性、户外、冒险"，百事可乐"年轻、活泼、刺激"，等等。企业的产品和服务正是通过这些生动鲜明的品牌文化展现出与竞争对手之间的差异，增进消费者对品牌的好感度，从而提升品牌附加价值。

（五）品牌文化是建立品牌忠诚的基础

品牌忠诚是维系品牌与消费者关系的重要手段。品牌在创建过程中的巨大投资使消费者相信，越是强势品牌，其产品质量与服务的承诺就越可靠。卓越的品牌文化能够使消费者借助于品牌诠释自己的社会角色并获得心理满足。当消费者使用这些品牌时，他们不仅获得品牌价值，还从中得到了文化与情感的渲染，进而建立起对该品牌的信任。一旦消费者对某种品牌文化形成心理认同，就会强化其对该品牌产品或服务的消费偏好，这种持续的品牌文化刺激不仅能使消费者形成消费行为定式，成为该品牌产品或服务的忠诚顾客，还能通过其消费行为产生示范效应，吸引其他消费者，扩大该产品或服务的消费群体，间接推动企业的发展。因此，品牌文化的本质是建立有效的消费者品牌关系，与消费者进行品牌对话，让消费者体验品牌、理解品牌、接受品牌、钟爱品牌，真正参与到品牌建设中来。

 品牌案例 7-2

聆听时代之音，重铸文化经典——周大福文化传承

第二节　品牌文化的构成

品牌文化是在品牌创建和培育过程中通过不断发展积淀起来的。品牌文化系统由品牌精神文化、品牌行为文化和品牌物质文化三部分组成。精神文化是价值观，属于核心文化；行为文化是一种活动，处于浅层文化；物质文化，最为具体实在，属于表层文化。精神文化是核心，决定着行为文化和物质文化的发展方向；行为文化是物质文化和精神文化的动态反映；物质文化是精神文化和行为文化的基础与外化。各层次之间互相影响、互相渗透，形成了品牌文化由表层至深层的有序结构，品牌文化体系结构如图 7-1 所示。

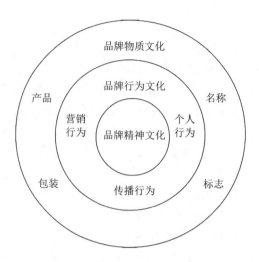

图 7-1　品牌文化体系结构图

一、品牌精神文化

正如所有的文化都是建立在其自身哲学理念的基础之上一样，品牌文化也是建立在该品牌哲学理念基础之上的。品牌精神文化是在品牌长期经营过程中，受社会经济和意识形态影响而形成的文化观念和精神成果，是企业管理品牌的指导思想和方法论。品牌精神文化是品牌文化的核心，也是品牌的灵魂，它决定品牌的形象和态度，是品牌营销行为的信念和准则。品牌精神文化对内是调节和指导品牌运作、优化资源配置和促使品牌健康发展的驱动力，对外具有丰富品牌联想、提升品牌形象和激发消费者购买欲望的扩张力。缺乏精神文化的品牌不能称为品牌，也难以有广阔的市场前景。在市场竞争日趋激烈的今天，赋予各类组织、系统或产品以精神内涵，使之实现差异化、个性化，是提升品牌竞争力的根本保障。品牌精神文化主要包括以下几个方面。

（一）品牌价值观

品牌价值观是指品牌在追求经营成果的过程中所推崇的基本信念和目标，是品牌经营者一致赞同的关于品牌意义的解读。品牌价值观是企业价值观的深化，是企业价值观市场化的体现，反映了品牌的精神和承诺。品牌价值观对内部员工提供坚定的精神支柱，赋予员工神圣感与使命感；对外决定品牌的个性和形象，驱动品牌关系的健康发展，影响消费者品牌关系的建立和品牌忠诚的产生。可口可乐"欢乐自由"、戴比尔斯集团提出的"钻石恒久远、一颗永流传"、SK-II 护肤品"高雅贵族"的文化气息等都展示了品牌的基本性格和经营宗旨，构成品牌的根本信念和发展导向，影响员工的共同愿景和行为规范。

（二）品牌伦理道德

品牌伦理道德是品牌营销活动中应遵循的行为和道德规范，如诚信经营、公平竞争、符合社会期望、履行社会责任和服务消费者等。品牌伦理道德作为一种内在规定，是品牌宝贵的道德资本，具有教育、激励、协调、监督和评价等功能。在一些法治建设相对落后的国家里，品牌伦理观还处在萌芽、模糊、不被广泛接受的状态。我国品牌也应在结合民族文化大背景和经济发展状况的基础上，在品牌运作中倡导并遵守诚实守信的原则，维护公平、公正、公开的伦理道德观。

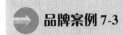

品牌案例 7-3

鸿星尔克援驰河南

（三）品牌情感

品牌情感可以理解为掌握目标消费者情绪的一种品牌承诺，并远远超过他们的一般期望。品牌承诺代表着品牌所追求的忠诚，因此，品牌情感是品牌忠诚的构成元素。品牌具有情感，可以加深消费者对品牌的认知，丰富消费者的体验，强化品牌形象。传递品牌情感的广告随处可见。例如万斯（VANS）代表了一种街头潮人精神，以滑板运动为根，将生活方式、艺术、音乐和街头时尚文化等注入 VANS 美学，形成别具个性的青年文化标志，成为年轻极限运动爱好者和潮流人士认同并欢迎的世界性品牌。

（四）品牌个性

品牌个性是有关品牌的人格特质的组合。品牌个性是生产者和消费者在相互交流中共同赋予的，并不是产品本身存在的。品牌个性能通过人、物、图景或产品角色的承载，使消费者产生许多联想。奥美广告创始人奥格威在品牌形象论中指出，最终决定品牌市场地位的是品牌总体上的性格，而不是产品之间不足道的差异。整合营销专家唐·舒尔茨（Don Schultz）认为，品牌个性是品牌的生命与灵魂，能让消费者轻易地将它与竞争品牌区分开来，能给消费者一种既熟悉又亲密的朋友般的感觉。例如，李宁把"国潮"作为品牌的个性特点，唤醒了消费者的品牌自信共鸣；雀巢在消费者心中注入了"慈爱、温馨、舒适和信任"的个性；舒肤佳建立起"关爱、以家为重"的品牌个性。品牌个性能够深深地感染消费者，这种感染力会随着时间的推移形成强大的品牌感召力，使消费者成为该品牌的忠实顾客。

（五）品牌制度文化

在品牌精神文化的指导下，企业形成了品牌的制度文化。品牌的制度文化指品牌营销活动中形成的、与品牌精神和价值观相适应的企业制度和组织结构，它是品牌文化中品牌与企业结合的部分，又称"中介文化"。品牌制度文化包括企业领导体制、组织结构、营销体制以及与日常生产经营相关的管理制度等。品牌制度文化反映了企业的性质和管理水平，是为了实现企业目标而制定的一种强制性文化。

二、品牌行为文化

每一种价值观都会产生一套明确的行为含义。品牌行为是品牌精神的落实，是品牌与消费者关系建立的核心过程，是企业经营作风、精神风貌和人际关系的动态表现，也是品牌精神和品牌价值观的折射。品牌行为文化主要包括以下几方面。

（一）品牌营销行为文化

品牌营销行为文化是从文化层次研究营销活动，从文化高度确定市场营销的战略和策略，以增加品牌的竞争力，发挥文化在品牌营销过程中的软资源作用。品牌营销行为文化既包含产品构思设计和广告包装，又包括对营销活动的价值评价、审美评价和道德评价。

> **品牌案例 7-4**
> 京东体育营销构建品牌文化

（二）品牌传播行为文化

从品牌文化的角度看，品牌的营销行为既是在推广产品，又是在传播文化。品牌传播行为包括企业通过广告、公共关系、新闻和促销活动等传播品牌资讯。适当的品牌传播行为有助于品牌知名度的提高和品牌形象的塑造。

（三）品牌个人行为文化

品牌是多种身份角色的市场代言人。品牌个人行为不仅包括品牌形象代言人、企业家的个人行为，还包括员工和股东等相关人员的个人行为。他们的行为构成了品牌个人行为，同时品牌个人行为又代表着他们的行为。

三、品牌物质文化

品牌文化的最外层是品牌物质文化，是包括品牌产品在内的物质文化要素。尽管它处于品牌文化的最外层，但却是消费者对品牌认知的主要的、直接的来源。品牌物质文化主要包括以下几个方面。

（一）产品文化

产品文化可以反映企业的价值观和理念，折射出一个国家和民族的文化传统。产品文化包括企业在长期生产经营中自然形成的价值取向、思维方式、道德水平、行为准则、规范意识和法律观念等，是品牌文化的一个重要组成部分。

（二）包装文化

包装是产品的一面旗帜，是产品价值的象征。产品包装蕴含着品牌个性，体现着品牌形象，规定着品牌定位。包装只有综合利用颜色、造型、材料等元素，突出产品与消费者的利益共同点，表现出品牌和企业的内涵，才能有效吸引消费者的注意，并塑造他们的品牌认知。

（三）名称和标志文化

品牌名称作为品牌之魂，体现了品牌的个性。品牌名称是品牌中能够读出声音的部分，是品牌的核心要素，是形成品牌文化概念的基础。品牌名称不同于产品名称，它具有社会属性和人文属性，可以反映品牌的道德修养、文化水准和使命愿景，是经济领域的一种文化现象，是一笔宝贵的文化财富。品牌标志是品牌中可以被识别但不能用语言表达的部分。它通过一定的图案造型和色彩组合来展现品牌的个性形象和文化内涵，如童真的米老鼠、勇敢的海尔兄弟、标致汽车威风凛凛的狮子标志等。

第三节　品牌文化的培育

品牌文化的塑造通过创造产品的物质效用与品牌精神高度统一的完美境界，能超越时空的限制，带给消费者更多的高层次的满足，在消费者心灵深处形成潜在的文化认同和情感眷恋。因此，品牌文化的建设不是轻而易举的事，不是单靠几次貌似神秘的策划、设计和咨询就能完成的。它是一个集调研、整理、取舍、提炼与提升为一体的循序渐进的过程，是一个提高品牌核心竞争力的过程，是一个与品牌共同成长的过程。文化看似十分柔软，实施起来却像钉子一样坚硬。品牌文化一旦建立，便牢不可破。不过没有一劳永逸的文化，当旧的品牌文化成为品牌发展的障碍时，就要对其进行再造。

一、品牌文化建设步骤

（一）品牌文化的设计

要确定品牌文化的内涵及品牌代表的意义，品牌文化的设计需要解决两个问题。

1. 寻找品牌文化的切入点

品牌文化可以从公司的价值观、企业传统等方面寻找切入点。价值观是企业实现其终极目标的信念，它受企业文化的支持，表达了企业精神在品牌经营中的选择，品牌可以从企业价值观中吸取养分。同时，企业传统也是孕育品牌文化的良好土壤。

2. 明确体现品牌文化的主题

在明确品牌切入点后，企业必须考虑用什么主题来表达品牌文化的内涵。比如，万宝路香烟通过采用西部牛仔的主题来表达其粗犷的男子汉气概的文化内涵。

（二）品牌文化的外化

品牌文化设计不仅仅是一种抽象的概念，它还必须要通过有形的符号及传播加以外化才能存在和延续，并被消费者认知。符号是品牌文化的依附点，它包括语言符号（如品牌名称、标语等）及非语言符号（如标识、设计等）。消费者通过感知品牌符号所承载的品牌文化，从而得到品牌文化带来的附加价值。

（三）品牌文化的传播

品牌文化是无形的，消费者一开始很难从商品本身体会到，企业需要通过广告将它所指向的某种生活方式或价值取向明示出来，让消费者在接收广告过程中感知文化并认同品牌。除了广告外，借助能代表品牌精神的公关活动，在契合目标消费者心理文化诉求的基础上，贯穿品牌文化内涵，这往往也能起到事半功倍的效果。

二、品牌文化建设误区

由于我国企业进行品牌管理和品牌文化建设的时间较短，在品牌及品牌文化相关知识的理解和运用上尚不成熟，因此在品牌文化的塑造过程中就不可避免地存在以下问题。

（一）品牌文化建设表面化

品牌文化建设的长期性和复杂性，往往会使企业失去耐心，并束手无策。此时，品牌文化建设就容易走进表面化的误区，一些可视的、容易感知的事物和活动就成了品牌文化建设的重点。品牌文化建设表面化有两种表现。

1. 品牌文化建设视觉化

一些企业把品牌文化建设简单地理解为 VI（Visual identity，视觉识别）设计，重视符号系统设计，将品牌文化建设重点集中于传播"视觉力"结构，如品牌的标识、包装、办公环境等，并希望以此作为载体反映品牌形象，让消费者感知品牌文化。

2. 品牌文化建设广告化

广告是品牌文化建设的重要工具之一。在品牌文化传播中，广告是必不可少的一个重要环节，但广告投入绝不等同于品牌文化建设。一些企业将品牌文化建设片面理解为提高品牌的知名度，通过在媒体上大量投放广告，欲将此种手段作为品牌文化塑造的工具。

（二）品牌缺乏个性

在当下品牌竞争白热化的环境中，消费者的需求越来越趋向个性化，同质化产品已经不能满足消费者的需求。中国企业受自身发展误区、传统思维模式、管理模式等因素的影响，在品牌个性建设过程中主要表现为缺乏品牌个性、品牌个性雷同等。在品牌产品属性差异化较小的情况下，品牌个性可以作为品牌核心识别或延伸识别的一部分。消费者在与品牌建立关系时往往会把品牌视为一个形象、一个伙伴或一个人，甚至会把自我形象投射到品牌上。因此，为了实现更好的传播沟通效果，企业需在长期的发展环境中形成独有的个性化特征。

（三）品牌文化建设路径单一

品牌文化建设应该从一点一滴做起，从理念、精神、个性等每一个细微之处着手，通过外在的、显性的符号来体现和加强品牌内涵，并通过一定的传播手段向消费者恰当地传递品牌文化。但当前部分企业的品牌文化建设路径主要表现为由外向内和由内向外的路径。由内向外的建设路径指企业注重品牌定位，但过分强调了外部因素和消费者的作用，忽视企业内部能力和其他利益相关者的互动博弈；而由外向内建设路径则是注重品牌愿景导向，注重评估组织文化、审核品牌环境、确立品牌本质、采取制度保障、整合品牌资源，但容易形成闭门造车，忽视外部环境和消费者的作用。所以品牌文化建设不仅要关注消费者，也要关注自身资源的匹配，综合考量内部和外部环境。

（四）注重品牌文化的短期效应

部分企业在品牌文化建设中片面地追求短期效应，追求品牌文化建设能否在短期内达成销售额或者利润的增长。急功近利的指导思想导致企业未能科学地制定品牌战略，仅注重加大广告投入、加强终端促销等。如果不将品牌文化建设纳入品牌战略甚至企业总体战略构架中来考虑，极有可能造成本末倒置的现象，损害品牌文化的长期建设。

三、品牌文化构建应注意的问题

（一）与消费者产生共鸣

为品牌灌注文化内涵的根本目的在于借文化之力赢得目标消费者对品牌理念的认同。不同消费者文化理念各不相同，而相同目标消费者的文化理念在不同时期也各不相同。这必然要求品牌的文化构建要符合目标消费者的特征，并跟随目标消费者的变化而适当变化。只有准确地表达出消费者心声的文化，才能动情、动心、动人。品牌文化必须来自消费者内心的呼唤，并且又重新回归消费者的心灵。只有准确把握目标消费者的消费观念和心理需要，使品牌与消费者产生共鸣，才能赢得市场。

（二）与产品属性相兼容

菲利普·科特勒曾指出，品牌能使人想到某种属性是品牌的重要含义。这说明不同的品牌能使人们识别出其产品有别于其他品牌产品的属性，同时产品属性也是品牌文化定位的基础。品牌文化只有与产品属性相匹配，产品的特点才能给品牌文化提供支撑点，才能让消费者觉得品牌文化与产品属性自然兼容、易于接受。

（三）与竞争对手差异化

品牌竞争力的强弱，不仅取决于技术和质量的差异，更在于能否给消费者带来丰富而独特的情感利益。这就要求品牌的文化内涵必须与众不同、独具个性。研究表明，由于感性认知的先入为主，消费者往往对品牌先行者有较高的认同，而对品牌模仿者则反应冷淡甚至反感。因此，品牌文化构建的一个关键条件就是差异化，只有与竞争对手的品牌文化相区别，才能在消费者心目中留下清晰的位置。

（四）全体员工通力合作

品牌文化的建设不能单纯依靠营销部门，而是贯穿于企业的整个业务流程，它关系到对企业业务流程的每个环节的决策和行动，因而需要进行全方位管理，包括战略、产品、价格、传播等。品牌建设的方方面面均是品牌文化的依托和展现，因此，需要全体员工的通力合作。

本章小结

品牌文化是品牌研究的新领域，它是企业文化在营销过程中的集中表现，对提升品牌竞争力的效用日益显著。品牌文化具有显著的差异性、层次性、系统性、一致性、民族性和相对稳定性。它是品牌价值不竭的源泉，是品牌保持竞争优势的原动力，能够有效地增强企业凝聚力，实现品牌差异化，建立消费者忠诚。

品牌文化是在品牌塑造过程中不断发展而积淀下来的，由品牌精神文化、品牌行为文化和品牌物质文化三部分构成。品牌文化设计好之后，还需要通过内部传播和外部传播获得企业利益相关者的认同，并且，在塑造企业品牌文化的全过程中，随时关注与满足消费者物质与精神的现实需要和潜在需要，不断审视和检验企业品牌文化培育体系的目标定位和市场渗透，使企业品牌文化的塑造得以完善和优化。

案例分析

喜茶：品牌文化塑造年轻人的灵感之茶

喜茶，是深圳美西西餐饮管理有限公司创立的品牌，总部位于广东深圳。它起源于广东省江门一条名叫江边里的小巷，喜茶原名皇茶 ROYAL TEA，因注册商标问题，在 2016 年 2 月 26 日全面升级为注册品牌"喜茶 HEY TEA"。

喜茶文化的特色是灵感与禅意，广告语是"灵感之茶"。传递的是灵感的体验，是一种生活方式，引起消费者与品牌的共鸣。喜茶的基本愿景是把茶和茶背后的文化年轻化、国际化、互联网化，基于此创出一个超越文化和地域的符号与品牌。喜茶对于茶原料有着极致的要求，致力于通过高品质的口感塑造消费者的味觉记忆点。在贵州梵净山自建有茶园，进一步深化文化差别，唤醒消费者对中国传统茶饮的记忆，这也成为喜茶品牌文化的宣传名片。在品牌的取名和寓意上，追求简单而又有内涵，易于传播和记忆。为了创造经典的 logo 形象，喜茶邀请专业的设计师手绘，确保让人印象深刻。喜茶的 logo 设计是一张侧脸，一人手握一杯喜茶，饮品即将送到嘴边时，合眼，神情陶醉。

喜茶的品牌文化底蕴深厚，通过茶饮传承中国传统茶文化的"禅意"，将喜茶的品牌文化与中国传统茶饮文化联系在一起，获得了消费者的情感认同。除此之外，喜茶还开创了新式茶饮的先河，芝士茶饮的新鲜口感深受年轻消费者的喜爱。目前，喜茶正以一种极致的文化体验和轻松愉悦的消费感受吸引着大量年轻消费者，并用行动诠释着如何让喜茶成为一种时尚，一种"酷"的生活方式。

喜茶的市场定位是年轻化的中高端新式茶饮，差异化的市场定位策略一方面可以摆脱喜茶与低端饮品的价格竞争，另一方面避开了与强势茶饮品牌的冲突，开辟了属于喜茶本身的细分市场。

（资料来源：百度百科，https：// baike.baidu.com/item/%E5%96%9C%E8%8C%B6/20457372？fr = ge_ala，笔者整理）

案例思考

1. 通过案例，你认为喜茶的品牌文化是什么？
2. 你认为喜茶成功的秘诀是什么？

第八章 品牌传播

■ 理论模块任务

1. 了解品牌传播概念和模型；
2. 掌握品牌传播媒介的作用；
3. 理解公共关系传播和整合传播的模式。

■ 实践模块任务

1. 了解所策划小微企业品牌的传播体系；
2. 规划小微企业可行性的品牌传播策略。

■ 开篇案例

京东"618"品牌传播洞察

在2020—2022年新冠疫情的常态化管控下，电商市场消费增长缓慢，整体市场的表现力不如前几年高涨。2022年5月，京东"618"通过线上直播形式发布"青绿计划"，为上百万家品质商品贴上"绿色"标签，旨在通过赋能中小企业商家"低碳、零碳、负碳"等技术，构建绿色商品池，将绿色低碳发展理念植入供销链的每一个环节。在京东"618"活动中，家居类目的低碳概念落地尤为明显，涉及认证环保类商品数量最多，超20万种，并计划在2030年助力消费市场实现10亿千克的减碳量。另外，面对C端市场，京东平台终端推出青绿账户，试行"碳积分"，消费者可凭购物后的绿色积分，兑换商品及优惠券等，提高消费者参与程度。京东通过打通全链绿色低碳，树立更加友好的可循环消费理念，打造一个有责任、有温度的消费平台，从而带动产业链及供给侧转型和升级。

"618"作为超级营销IP，多方深度参与营销环节，媒介与内容阵地搭台创造购物气氛、引导流量，媒介阵地聚焦于广告投放，通过品牌和产品进行兴趣人群挖掘。京东通过阶段性策略，如京东超级互动城、"617"京东晚八点音乐会进行造势。通过联合广告投放、品类日、绿色节能消费券和京东宝藏榜，以折扣优惠进行平台引流。通过跨店满减、品牌会员礼、品牌直播间进行促销转化。2022年"618"购物节，在京东的引领下通过植入"青绿计划"打通各环节，实现整合传播。最终，京东平台累计下单金额达3 793亿元，对比2021年同比增长10.3%，创造了新纪录。

（资料来源：京东黑板报公众号，笔者整理）

第一节 品牌传播概述

一、品牌传播概念

品牌传播是消费者与品牌关系中的桥梁。通过品牌传播，可以让消费者产生认知上的差异，有利于企业建立差异化优势。企业可以利用品牌传播建立并维护品牌与消费者的关系，传达企业的经营理念与文化，并通过向消费者提供超出产品本身的功能价值，培养消费者的品牌忠诚。

传播，即传递和接受信息，是所有关系的基础。美国社会学家库利（Cooley）认为，传播是人际关系借以成立的基础，又是其得以发展的机理。品牌传播涉及符号学、传播学和市场营销学等学科的内容。品牌传播的理论基础包括USP理论、品牌形象理论、品牌个性理论、360度品牌管家和IMC理论等（表8-1）。尽管品牌传播的研究在国内起步较晚，但也有不少学者对其进行定义。我国最早引入品牌传播概念的要数余阳明、舒永平教授在《国际新闻界》上发表的《论品牌传播》，他们认为品牌是传播的产物，应定位于传播学，提出了品牌传播概念并进行系统研究，同时将品牌传播定义为一种操作型实务，即通过广告、公共关系、新闻报道、人际交往、产品或服务销售等传播手段，最优化地提高品牌在目标受众心中的认知度、美誉度和和谐度。一般说来，品牌传播是指品牌所有者通过广告、促销活动、公共关系、人际沟通等多种传播策略和各种传播工具，与外部目标消费者进行的一系列关于品牌资讯的交流活动。它以构建品牌、维护品牌与消费者及其他利益相关者之间的正向关系为目标，旨在促进目标消费者对品牌的认知、体验和信任，从而最大化地增加品牌资产。简单来讲，品牌传播就是品牌信息的传递或品牌信息系统的运行。任何一种传播都是某种信息的传递，或者说"传递信息"是传播的本质所在。至于传播的手段，不管是通过广告、新闻、公关还是其他，都是信息的传递。同时，作为传播手段重要组成部分的传播媒介也是随着社会的发展而不断发展变化的。

表8-1 品牌传播理论分析

品牌传播理论	提出者	主要观点
独特的销售主张理论（USP）	罗瑟·里夫斯	每一种产品都应该具备一个自己独特的销售主张，必须是竞争对手无法提出或没有提出的，必须具备强劲的销售力
品牌形象理论（Brand image）	大卫·奥格威	企业要将广告看作是建立品牌形象的长期投资，广告该尽力去维护一个好的品牌形象。企业宣传应以品牌为中心，广告是传播的一种手段
品牌个性（Brand character）	葛瑞、小林三太郎	品牌形象只造成认同，个性可以造成崇拜；品牌传播不只是传播形象，更要传播品牌个性
360度品牌管家（360 brand stewardship）	奥美国际	使每一个与消费者的接触点都能达到预期的效果，每一个接触点都能准确地传达信息，这样才能建立和维持强有力的品牌形象

续表

品牌传播理论	提出者	主要观点
整合营销传播（IMC）	唐·舒尔茨、斯坦利·坦南鲍姆、罗伯特·劳特朋	整合营销传播将企业一切营销和传播活动，包括广告、销售、直销、公关、数字营销、包装等进行整合，让受众通过不同的营销渠道获得的品牌信息保持一致

二、品牌模型分析

广告传播过程的重要因素如图 8-1 所示，其中发送方与接收方是传播过程的主要参与者，信息和媒体是主要的传播工具，编码、解码、反馈是主要的传播功能，噪音包括参与传播过程并损害传播效果的各种无关的外生变量。

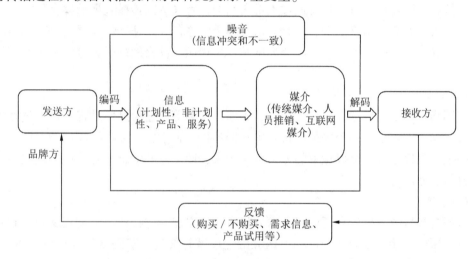

图 8-1　广告的传播过程

（一）发送方

发送方指可以与其他个人或团体共享信息的个人或团体，传播过程的发送方可以是个人如推销员、形象代言人等，也可以是非个人的团体如公司、组织等。发送方是传播过程中最积极的参与者，在传播过程当中，发送方必须明确把信息传递给哪一些受众并且希望获得什么样的反应。发送方还要具备信息编码能力，要考虑到目标受众如何处理所接收到的信息。同时还要精准选择能触及目标受众的媒体传递信息，此外还要建立反馈渠道以便了解受众对信息的反应。因此，信息发送方必须掌握目标受众的媒体接触习惯，发送触及目标受众的相关信息。

（二）接收方

接收方是指与发送方分享思想或信息的人。一般而言，接收方是一个广泛的概念，包括所有感觉到、看到、听到发送方所发出信息的人。然而对于信息的发送方来说，他们最关心的是目标受众收到信息后做出期望的反应行为。影响目标受众有效解码的一个重要因素是目标受众和发送方的共同经验域。经验域指个人的生活阅历、价值观以及受教育程度等，经验域相交部分越多，则信息被还原和达到预期传播效果的可能性越大。另外，发送方对接收方了解得越多，并且对其需求把握得越准确，双方的情感沟通就会越顺畅，传播就会越有效。

（三）信息

信息指在传播中发送方向接收方传递的内容，信息可以是语言的、表述功能性的，也可以是非语言的、引起精神共鸣的。比如对于品牌传播，所要传播的信息可能是功能性信息，如品牌的功能、属性、价格以及购买地点，也可能是情感性的信息，如品牌的个性、情感共鸣等。但无论怎样，信息必须采用适合的媒介传播方式。

（四）媒介

媒介指信息的载体以及信息发送方与接收方进行传播的方式。广义来分，媒介可分为人员媒介和非人员媒介。人员媒介指与目标受众进行直接的、面对面沟通接触的营销人员。人员传播媒介还包括社会上的人与人之间的"口头传播"。非人员传播媒介指发送方向接收方传递信息时并没有通过人员之间的接触来达到传播效果的媒介。这种媒介通常包括大众媒介与网络媒介，大众媒介主要指电视广告、报纸、广播、杂志等媒介，而随着互联网的不断发展，网络媒介如网站、短视频、社交网络平台等的利用率在不断攀升。

（五）编码

编码指信息发送方选择语言、标志、画面、视频等传递信息的过程，这个过程也是将有关概念、内容融入一个象征性符号中去的过程。由于受众存在经验域的不同，发送方必须把信息以接收方可以理解的方式发送出去，即发送的信息要是目标受众熟悉的语言、符号、标志等。

（六）解码

解码是指接收方把信息还原为发送方想表达的思想的过程，这个过程受到接收方的个人背景影响。接收方的经验域和发送方的经验域越接近，解码后的信息就会越真实，传播的效果就会越好。很多传播失败是由接收方和发送方的经验域相差太大而导致的，因为信息传播者和接收者存在阶层差异，这就会导致解码的失真或失败。

（七）反应

反应指接收方在看到、听到和读到发送方传递出的信息后所做出的行动。这种行动可能是一个无法观察到的心理过程，如把信息储存在记忆中或在收到信息后所产生的讨厌、厌烦的情绪，或者是明显的、直接的行动，如进行产品咨询或订购产品等。

（八）反馈

在接收方的反应中，有一部分反应会传递回发送方，被传递回发送方的信息就是反馈。这部分信息也是传送方最感兴趣的，因为对反馈信息的分析一方面可以使发送方评估传播的效果，另一方面在反馈的基础上还可以调整下一阶段的传播编码，以达到信息沟通的目的。

（九）噪音

噪音指影响或干涉传播过程的外来因素，这些外来的无关因素很容易影响信息的发送和接收，甚至在发送过程中使信息受到扭曲。比如信息编码过程中出现的错误、媒介传播过程中的信号失真以及接收过程中的偏差都属于噪音。噪音是传播过程中不可避免的因素，当然，发送方和接收方的经验域交叉越多，则传播过程受噪音的干扰就会越小。

三、品牌资讯

消费者和其他利益相关者每次与企业发生直接或间接联系时，其视觉和听觉都会获得各种信号，这些信号都属于品牌资讯。企业销售的产品传递了有关产品质量、价格和价值的信号，这些信号进入消费者的大脑集成为对该品牌或企业的印象、想法和感觉，正是这些大量的品牌资讯构成了消费者心目中品牌的基本要素。产品的设计、材料、性能、价格及分销，连同企业的客户服务、工厂或店铺的位置和营业时间、人员聘用的惯例、慈善活动及营销传播，都传递了有关品牌或公司的资讯。

品牌资讯有如下四个主要来源。

（一）计划资讯

计划资讯是指由广告、促销、人员销售、新闻发布、事件/赞助、包装以及企业年报等形式传递的品牌资讯。消费者不是计划资讯的唯一接受者，企业也可以利用这些资讯来解答雇员、投资者、股东等相关利益者关注的问题。其主要通过新闻发布会、演讲、年报、招聘广告、年会及时事通信等传递品牌资讯。品牌资讯来自企业的多个部门，包括财务部门（如向新股东发布各种财务报告）和研发部门（如为行业杂志撰写文章或接受访谈），而不只是来自营销部门。

1. 广告

这是所说的是商业广告，是指商品经营商或者服务提供者承担费用，通过一定的媒介形式直接或间接地介绍企业产品或所提供服务的商业手段。广告是买方市场的必然产物，是消除信息不对称性的重要手段，是消费者了解品牌资讯的主要渠道。例如，企业可以通过广告向消费者介绍产品功能、培育初级市场需求、形成消费者初步认知等。这些作用可归结为两大类：塑造品牌和刺激销售。前者是企业摆脱价格战，更好地实现销售的必经之路；后者是广告的终极目标。大卫·奥格威曾指出，每一次广告都应该为品牌形象做贡献，都要有助于整体品牌资产的积累。

品牌案例8-1

OPPO N1 的品牌广告

广告是企业对品牌的长期投资，它能够带来品牌价值的提升、品牌资产的积累和消费者忠诚的建立，是实现品牌有效传播的有力工具。

2. 包装

包装工业和技术的发展，推动了包装科学研究和包装学的形成，包装成为实现商品价值和使用价值的重要手段。当你走进超市，面对琳琅满目的商品，总会有一种莫名的兴奋感，这便是包装的作用。正如一个商店的设计会传播关于商店的信息一样，包装的设计和标签也会传播产品种类、品牌销售以及品牌身份和形象等重要信息。事实证明，包装在消费者进行品牌选择时起到最后的品牌资讯展示作用，为包装找到合适的定位，也是为商品找到一个获得市场认可的生存空间。

> **品牌案例 8-2**
>
> 可口可乐冰瓶

现代社会中商品的价值展示几乎离不开包装，但琳琅满目的包装不仅造成资源浪费，同时带来环境污染，因此，"绿色包装"概念已经逐渐进入企业及大众视野。绿色包装（Green Package）既可以保护环境，又可以节约资源，一举两得。

3. 销售促进

销售促进具有通过增加品牌的有形价值来激发购买行为的品牌传播功能，是激发最终购买行为的短期增值诱因。销售促进强调增值，一直以来，销售促进都被视为一种获得销售额短期增长的手段，甚至被业界认为是广告主忽视品牌建设、重视短期效应的做法。实际上，并非所有的销售促进活动都会造成品牌价值的损失。不少学者认为，重视销售促进对品牌建设具有重要意义，因为它在促销过程中能够形成消费者的品牌偏好，增强品牌认知并形成品牌态度。

4. 人员销售

人员销售是面对面的沟通，通过人员沟通使顾客认知品牌特征，进而产生购买行为。人员销售不仅仅是卖东西，还必须注重双向沟通了解顾客需求并为其创造价值。现代信息技术使专业销售人员意识到他们是整个品牌传播系统中的一部分，其行为必须与各种品牌资讯保持一致。

5. 品牌叙事

品牌叙事是指通过品牌的相关宣传资料透射出品牌内涵，包括品牌背景文化、价值理念以及产品利益诉求点的生动体现等。美国品牌战略专家罗伦斯·文生（Laurence Vincent）指出，品牌叙事可用来传达一种世界观，一系列超越产品使用功能和产品特征的神圣理念。作为品牌的外在表现形式，品牌叙事巧妙地将所要表达的品牌背景、品牌核心价值理念和品牌情感串联起来，用一种美的形式将这些品牌资讯传递给目标受众，以此达到与目标受众的心灵沟通并得到他们的认可。

6. 事件/赞助

事件/赞助设计能够创造参与和扩大品牌传播的体验范围。一些企业开始意识到成功的体验在客户和品牌联系中发挥的作用，于是出现了事件营销和赞助活动的"爆炸性"发展。事件/赞助比其他品牌资讯传播的类型具有更强大的影响力（除了个人销售），这是因为事件所具有的参与性。事件/赞助比被动的品牌咨询，如广告，更有可能激发消费者的记忆，因为顾客参与可以在事件中加深与品牌的互动及对品牌的感知。同时，随着互联网的不断发展，品牌赞助也开始倾向于赞助网络名人，通过生成帖子内容传递产品的实用性及情感性价值，达到吸引消费者购买的目的。

（二）非计划资讯

非计划资讯包括与品牌有关或与企业有关的新闻、故事、流言、谣言、特殊利益群体创造活动、交易的评价和竞争者的评论、政府机构或研究所的发言及口头传闻等。企业希望非计划资讯是正面的并与其他品牌资讯一致,但是非计划资讯的走向很难控制,因为它们来自企业外部。它们可能来源于竞争企业的专家(员工)、公共利益保护者(特殊利益群体、媒体、政府机构),也可能来自与企业没有利益关系的第三方(协会、媒体)。

1. 新闻媒体

这是非计划资讯最主要的来源,它往往触及大量的受众,而且被视为具有很高的可信度。媒体报道可以来自私下聊天的员工、特殊利益群体、金融分析师以及营销传播经理无法控制的其他渠道。借助新闻传播的公信力和权威性,可以成功地塑造品牌形象,由于新闻媒体的公信力和新闻报道的客观性,更容易形成尾随效应,诱发消费行为,并产生品牌信赖感,进而形成品牌依赖。

2. 员工资讯

员工是重要的信息传播源,对于采访他们的记者而言,员工的看法是非常重要且具有一定可信度的。特别是当企业处在危机状况时,企业几乎无法阻止员工谈论他们的工作经历以及对企业今后发展的看法,而且这些谈论有时会无意中传递有关品牌的负面信息,而这些负面信息很容易被捕捉甚至影响到消费者的品牌态度。因此,员工的非正式信息交流可能会严重破坏精心制作的计划资讯,造成品牌的负面形象。

3. 危机

危机、灾难或紧急事件是企业最不希望看到的非计划资讯,但又是生活中不可避免的事实。一些危机事件,如品牌代言人的负面新闻会使品牌方陷于被动。尽管企业存在危机的可能性并不相同,但是每个企业都应该具备危机管理意识,事先制定相关危机管理对策,用于处理各种突发性、可预见的危机。

(三)产品资讯

产品资讯包括产品设计、性能、定价和分销等传递的所有信息。

1. 设计

一个产品的设计能传递强有力的品牌资讯。例如,罗技推出的人体工学鼠标,产品设计从外观上区别于传统鼠标,在人体工学的基础上针对办公族、手腕疼痛的腱鞘炎患者,在设计上传递罗技鼠标的功能性资讯。

2. 性能

虽然产品设计能够直观地传递品牌资讯,但是产品性能在传递品牌资讯方面更为重要。正如大多数营销人员所知,对于消费者的期望而言,产品性能如何、提供的服务如何是决定消费者能否成为重复购买者的关键。为了确保购买者能使用尽可能多的功能并从中获益,复杂的产品像电子产品、计算机和汽车等需要提供易于操作的说明书。通过使消费者把产品的使用价值发挥到最大,来提高企业品牌的感知价值。

3. 定价和分销

在整个品牌传播中,企业还可以通过价格和分销传递品牌资讯。然而,这两种方式往往不被重视。例如,零售店铺出售的化妆品和百货商场出售的化妆品在品牌价格上会存在一定差异。因此品牌定价和分销策略的差异化,也能够为消费者传递不同的品牌定位和产品资讯。

(四) 服务资讯

服务资讯是从与一个企业的服务代表、接待人员、秘书、送货人员及其他相关人员的接触中获得的。服务资讯通常是由一个企业和消费者之间个人的、实时的界面来传递的，并且正是服务资讯加强了两者之间的关系。与销售人员和客户服务代表交谈会相比，互动的沟通更能影响消费者，因为互动的沟通更具个性化，因此也更有说服力。"服务"在这里指的是支持一个产品的所有活动，无论这个产品本身是一件物品还是一项服务。例如，理发店所提供的主要服务是美发，但是相关服务会使得消费者的美发经历变得不同，如在接待处获得礼貌招待、整洁的环境、悦耳的音乐、经过消毒的理发工具以及与理发师愉快的谈话等都是能传递正面品牌资讯的支持服务。

以上四种类型构成了品牌资讯的主要来源，虽然计划资讯能够有效地传播品牌资讯，但企业也不能忽视另外三种类型的品牌资讯。一旦其他类型的品牌资讯与计划资讯存在矛盾，就会对品牌形象产生影响。只有考虑到所有种类的品牌资讯及资讯间相互作用方式，才能使资讯效果达成最大化、最优化。

四、品牌传播的特点

(一) 信息的聚合性

品牌传播，是由品牌的信息聚合性所决定的。菲利普·科特勒所描述的品牌表层因素如名称、图案、色彩、包装等，其信息含量是有限的。但"产品的特点""利益与服务的允诺""品牌认知""品牌联想"等品牌深层次的因素却聚合了丰富的信息，它们构成了品牌传播的信息源，也就决定了品牌传播本身信息的聚合性。

(二) 受众的目标性

所谓受众的目标性，是指品牌传播过程中的受众群体是具体的、明确的，品牌传播是为了获得其受众群体相应的关注度和美誉度。在品牌传播过程中，对明确的受众群体进行传播能够更好地塑造品牌的识别度，并逐渐培养其对品牌的忠诚度，形成良性的品牌传播循环。

(三) 媒介的多元性

加拿大传播学家麦克·卢汉有句名言："媒介即信息。"也就是说，媒介技术往往决定着所传播的信息本身，如电视媒介传播了超出报刊、广播的"语言信息"。而在传播技术正在变革的今天，新型媒介与传统媒介的结合，打造出一个传播媒介多元化的新格局。这为"品牌传播"提供了机遇，也对媒介运用的多元化整合提出了新挑战。传统的大众传播媒介，如报纸、杂志、电视、广播、路牌、海报、车体、灯箱等，对现代社会的受众来说魅力犹存，对它们的选择组合本身就具有多元性。而新媒体的诞生，则使品牌传播的媒介多元性更加突出。目前各种新型媒体，如社交平台（微博、小红书）、短视频平台（抖音、快手）等，都成了品牌信息传播的有效媒介。

(四) 操作的系统性

在品牌传播中，系统的构成主要是品牌的拥有者与品牌的受众，二者具备特定的信息、媒介、传播方式、传播效果（如受众对品牌产品的消费、对品牌的评价）、传播反馈等信息互动的环节。由于品牌传播追求的不仅是近期传播效果的最大化，同时追求长远的品牌效应，因此品牌传播总是在品牌拥有者与受众的互动关系中，遵循系统性原则进行操作的。

（五）传播的可信性

传播的可信性是指消费者对品牌传播信息的信任程度。在品牌建设过程中，品牌所有者总是要向市场发布关于该品牌的信息，包括新闻发布、广告等活动。但是，所传播的信息能否获得消费者的信任，就成为能否使其降低选择成本的关键。因此，在品牌建设的初期，大量采取广告策略未必能够获取消费者信任。如果是新闻媒体自发性地给予客观报道，则可能获得消费者的信任，因为新闻媒体自发报道属于第三方行为，对消费者而言具有较高的可信度。

五、品牌传播的意义

传播对品牌的塑造起着关键性的作用。首先，商品、品牌文化和品牌联想等构成品牌力的因素只有在传播中才体现出它们的力量。品牌主要是针对消费者而言的，要使品牌信息能够进入大众心智，唯一的途径是通过传播媒介。如果少了传播这一环节，那么消费者将无从对商品的效用、品质有进一步的了解，无法感知到产品的定位和产品的特定目标市场，品牌文化和品牌联想的建立则很难实现。

其次，传播过程中的竞争与反馈对品牌有很大的影响。传播是由传播者、媒体、传播内容、受众等构成的一个循环往复的过程，其中充满竞争和反馈。在传播媒介日益发达所形成的"传播过剩"的社会中，人们逐渐开始有选择地汲取、接收信息，即只接收那些对他们有用或吸引他们、满足他们需要的信息。比如，当消费者不满某个品牌的广告时，就会对该品牌的产品不满。如果绝大多数人都产生这样的情绪，传播者在销售的压力下，就不得不考虑重新规划传播内容。如果只有少部分人不满意企业的一个公关活动，传播者则会在考量大众需求的基础上，持续投放这个活动。因此在传播中塑造品牌力时就必须考虑如何才能吸引、打动品牌的目标消费者，考虑如何在传播中体现出能满足更大需求的价值。

最后，传播过程是一个开放的过程，随时可能受到外界环境的影响。在现实生活中，外界环境通常会对传播过程产生制约、干扰，从而影响传播活动的有序开展。因此，企业在品牌传播过程中要时刻关注外部环境的变化，以做好应对干扰的准备。

第二节 品牌传播媒体

品牌传播是利用各种传播媒介进行品牌资讯传递的过程。一般而言，品牌传播媒体主要分为大众传播和口碑传播，其中大众传播主要包含广告、公共关系和整合营销。

广告是品牌最重要的传播手段之一，广告向目标市场传送商品的功效、品质和定位，以及不同品牌之间的差异，强化商品与消费者之间的联系，使商品的定位在大众心智中确立起来。因此，广告可以称得上是品牌传播手段的核心所在。

一、广告在品牌传播中的作用

广告可以起到增加品牌产品的销售、强化对品牌产品品质的正面认知、增进品牌的忠诚度和塑造品牌的鲜明个性的作用。此外，广告对于品牌个性的形成也发挥着至关重要的作用。

（一）增加品牌产品的销售

广告的本质是要说服目标受众相信并购买广告所传播的品牌产品。不同学者对广告的促销效果有不同的观点，有学者认为企业四分之三的广告开支可以说是颗粒无收。但相对于其他促销手段如人员推销而言，广告因其精练、形象等对销售有着独特的促进效用。一项调查表明，相对于欧美国家而言，中国的消费者对广告的信赖程度更高。

（二）强化对品牌产品品质的正面认知

品质认知度是指消费者对某一品牌在品质上的整体印象，品质的认知一般来自使用产品后。这里所说的品质，不仅仅是从技术上和生产上而言，更侧重于营销环境中品质的含义，广告在消费者品质认知过程中的作用如下。

1. 强化消费者信任

消费者更关心他们使用过或正在使用的品牌，消费者会将他们已有的关于品质认知的经验和体会与广告中对品质的表现进行对比和联系，如果两者相符，则原有的好感将会加深，消费者也会更加信任这一品牌。

2. 增强利益点认知

广告诉求传递的通常是品牌品质上的特点，这也是消费者最关心的特点，是品牌具有竞争力的特点，也是品牌提供给消费者的利益点。

3. 反映品牌品质

新品牌上市，人们对其产品品质一无所知。而创意佳、定位准确的广告，通常能使消费者对品牌产生好感，并且愿意去尝试购买，广告的品质在一定程度上可以反映品牌的品质。

4. 有利于品牌延伸

品牌延伸时，广告能帮助消费者将原有的品质印象转嫁到新的产品上，这对品牌延伸而言，所带来的好处是不言而喻的。

（三）增进品牌的忠诚度

研究表明，成功的广告能够极大地增进顾客对品牌的忠诚度。广告对品牌忠诚度的影响，学者们研究得很多，结论也相差无几，即广告不但能带动销售增长，而且会强化品牌忠诚。对成功的品牌来说，在由广告引起的销售量的增加中，只有30%来自新的消费者，剩下70%的销售量来自现有的消费者，这是由于广告增加了他们的品牌忠诚度。因此学术界普遍认为，广告的一个重要目标是巩固已经存在的消费者与品牌的关系，并使他们变得更加忠诚。

（四）塑造品牌的鲜明个性

当今，对品牌管理者而言，塑造鲜明的品牌个性是其最重要的任务之一。而站在消费者角度来看，品牌个性是消费者对该品牌的真实感受与想法。而消费者感知的品牌个性来自其对所有的品牌接触点的信息加工。其中，广告是最重要的品牌接触点之一，广告的风格、广告中品牌代言人的个性和形象在很大程度上影响消费者对品牌个性的感知。

二、品牌广告形式优劣势对比

广告的传播形式丰富多样，具有多种传播功效。广告的表现形式主要包括电视广告、杂志广告、报纸广告、广播广告、户外广告、互联网广告、新媒体广告等，对其优劣势的整理如表 8-2 所示。

表 8-2 不同媒体的优劣势对比及品牌传播策略

媒体类型	媒体优势	媒体劣势	品牌传播策略
电视广告	覆盖面大、普及率高；视听综合、表现力强；可信度高；感性型媒体	成本高；干扰多；曝光时间短；观众选择性差	适用于展示、告知，可在大范围、较短时间内提升品牌知名度或塑造品牌形象
杂志广告	保存周期长；有一定权威性；印刷精致；发行量大；有固定读者群	广告截止日期长；无法保证版面	可利用杂志的平面设计呈现品牌形象，适用于植入式营销
报纸广告	地域选择广；具有灵活性	印刷质量较差；保存性差；产品精美度略差	适用于解释说明，通常作为电视媒体的补充传播渠道
广播广告	成本低；有较强的灵活性；地域选择性；时效性	缺乏视觉影响；听众分散，覆盖率低；信息短暂；收听率低	具有较强的即时劝服效应，承载的品牌咨询往往仅针对当地市场，更多用于与私家车主或出租车司机互动
户外广告	具有视觉冲击力；高接触频度；广泛覆盖地方市场	到达率较低；传递信息有限	适合展示品牌形象
互联网广告	互动性强；信息量大；即时把握受众反应；信息覆盖能力强	覆盖率低；效果难以监测	能够针对定向群体进行投放，具有得天独厚的优势，是企业塑造品牌形象、进行品牌传播的良好途径
新媒体广告	高选择性；形式多样，集文字、图片、视频于一体；受众触媒的主动性；成本较低	信息接触存在门槛，受众范围有限；信息庞杂；广告信息容易被忽略	互动性较强，利于形成口碑传播，能够有针对性地开展某项品牌活动

三、广告媒体的选择

选择适当的广告媒体是保证广告成功的主要条件之一。选择广告媒体首先要了解有哪些广告媒体可供选择。广告媒体的种类及其优缺点在上面已做过详细介绍，这里要强调的是由于各种媒体传播信息的方法不同，其影响范围、程度和效果也各异。并且企业受经济条件和目标市场的约束，不可能每种广告媒体都采用，必须对其进行选择。在选择广告媒体时应考虑以下因素。

（一）商品性质与特征

选择哪种广告媒体，首先要考虑所宣传的商品的性质与特征：是生产资料商品，还是消费商品；是高技术性的商品，还是一般性的商品；是中高档商品，还是低档商品；是畅销商品，还是滞销商品；是全国性商品，还是地区性商品；是多用途商品，还是只有一种用途的商品；是人人都使用的商品，还是专门人员使用的商品；是耐用商品，还是普通商品；等等。不同性质和特征的商品，其选择的广告媒介是不同的。

（二）消费者接触媒体习惯

消费者接触媒体的习惯是存在差异的。只有根据消费者的触媒习惯选择广告媒体才能够取得理想的效果。例如，向农民介绍生产资料或消费资料，以广播和电视媒体为最佳，尤其以广播为最好。我国目前县级以下的有线广播已经普及，只要利用得当，不仅传播速度快，而且可以做到家喻户晓。对于年轻的消费群体，则以网络媒体或社交媒体传播更好。对于儿童用品，则以电视媒体传播效果最佳。

（三）媒体传播范围

不同的广告媒体，传播的范围有大有小，能触及的人群数量有多有少。比如报纸、电视广播、杂志的传播范围比较大，而橱窗、路牌传播的范围相对较小。从每一种媒体的本身来看，也有传播范围差异，比如报纸分为全国性报纸和地方性报纸，每一种报纸发行量各不相同。因此，企业需根据不同的商品销售范围来决定广告媒体的选择。凡在全国销售的商品，宜在全国性报刊或覆盖全国的电视媒体上做广告；在某一地区销售的商品，则宜在地区性的报刊、电视台、电台上做广告。

（四）媒体影响程度

广告媒体的影响程度是指该媒体传播信息的效果，它取决于该媒体的信誉和消费者对该媒体的接触频率。一般来说，中央和省、自治区、直辖市的报纸、电视台、电台的信誉较高，其他媒体次之。同时，选择媒体还要看消费者对媒体的接触频率，因为不论信誉多好，若接触频率太低，消费者记不住，也无法促进购买。另外，为了提高消费者接触广告的频率，必须选择适当的时段插入广告。

（五）媒体传播速度

有些商品具有较强的时间性，它们对广告也有较强的时间要求，为此，所选择的广告媒体必须传播信息迅速，以电视传播和报纸中的日报为宜。而那些对时间要求不高的商品，其广告媒体则不一定选择那些时效性强的，因为时效性较强的媒体一般费用较高。

（六）媒体费用

不同的广告媒体所支出的费用不同，有的相差甚大。例如，中央电视台的广告费用比相同时间的中央人民广播电台的费用要高几十倍，一些覆盖面不同的同种媒体的费用也存在很大差别。因此，在选择广告媒体时必须综合考虑企业财力。

第三节 品牌公共关系传播

一、公共关系的含义

公共关系（Public relations）是指一个企业或组织为改善与社会公众的关系，促进公众对组织的认识、理解及支持，达到树立良好组织形象、促进商品销售的目的而进行的一系列活动。公共关系有助于吸引公众关注，加强品牌认知，并能够巩固品牌形象，强化品牌传播的影响力。公共关系可以分为以下两种类型。

（一）主动公关

主动公关是由企业的营销目标决定的，是传递品牌意义、提高品牌忠诚度的重要手段，它可以通过一些公益性的社会活动，来树立品牌的良好形象。如可口可乐公司在迪拜针对南亚务工人员提供的利用"可口可乐"瓶盖打电话的公益营销行为，帮助那些赴迪拜务工的南亚劳工解决电话费昂贵的问题，以此深化可口可乐公司的品牌形象，吸引消费者。

（二）被动公关

被动公关主要是应对那些对企业造成负面影响的事件。如当出现品牌危机时，利用公关措施、动员媒体等力量，来协调与平衡企业和公众之间的紧张关系，使品牌免受或少受伤害。

二、品牌公关传播的优势

（一）公关危机预警和处理能力强

市场环境变化莫测，品牌在市场上从质量到信誉都可能存在各种危机，面对可能发生的各种危机，只有通过公共关系才能更好地应对。企业应提前制定相关公关预警措施，如设定危机预警系统、制定危机管理方案、执行危机处理步骤和危机后声誉管理等，及时应对各种可能出现的危机。

（二）提升品牌资讯的可信度

广告有助于建立品牌知名度，而公关则有助于提升品牌美誉度。在品牌维护阶段，当品牌通过广告建立起广泛的知名度后，利用公关使品牌保持良好的形象就显得至关重要。公关宣传采用新闻方式，更易强化品牌资讯的可信赖性，带来传统广告所无法树立的美誉度和公信力。

（三）协调关系，优化品牌营销环境

通过建立和保持同消费者、投资者、政府、媒体及公众之间的良好关系，形成一个和谐的外部环境，从而为组织的运行和营销提供支持。一方面，通过向决策者提供反映公众态度、信仰及其背后原因的信息，影响企业决策；另一方面，通过传媒公关、资源整合、事件链接、公益赞助等有效方式，积极促进品牌与市场的良性互动，不仅为企业提供反馈信息以预测公众舆论，同时还能影响和引导舆论。

 品牌案例8-3

钉钉求饶

三、品牌公共传播的劣势

（一）信息需要经过媒体的过滤

营销人员能够控制大部分广告信息以保证它们的内容、到达方式和对目标受众的影响，并通过不断重复加深消费者印象。但是营销人员却很难控制品牌的公关宣传，因为这些信息都要通过媒体的过滤。

（二）传播效果难以测量

在公关领域里，常常用品牌被提及的次数、专栏的篇幅或者品牌故事在媒体上占用的时间总量来衡量公关的效果。然而，把这些衡量信息与消费者的行为联系起来非常困难。因此很难通过数据衡量消费者对于品牌公关传播的感知。

第四节　品牌整合营销传播

一、整合营销传播概念

美国广告公司协会将整合营销传播（Integrated marketing communication，IMC）定义为一种营销传播计划，要求充分识别用来制定综合计划所使用的各种带来附加价值的传播手段，如普通广告、直接反映广告、销售促进和公共关系等，并将其结合提供具有良好的清晰度、连贯性的信息，使传播影响力最大化。广告促销、公共关系营销和人员推销不单被定义为传播手段，它们不仅是传统意义上提升销量的手段，更是企业与消费者进行沟通的手段，是为企业解决市场问题或创造宣传机会的手段。

这个定义的关键在于：首先，学会认识和使用各种传播手段；其次，将这些手段有机结合起来；最后，这种结合，要能够提供清晰、连贯的信息。整合营销传播观念是由美国西北大学舒尔茨教授等人首先提出的，舒尔茨教授认为，整合营销传播是一种看待事物的新方式，而过去只看到其中的各个部分，如广告、销售促进、人员沟通等，它是重新编排的信息传播，使它看起来更符合消费者看待信息传播的方式，像一股无法辨别的源泉流出的信息流。它主要包含以下四个特点。

（一）沟通的焦点是消费者而非产品

整合营销传播与传统的传播模式最大的不同在于传播的焦点在于消费者或潜在消费者，而非产品。企业应深入消费者或潜在消费者，了解他们购买的动因，根据消费者的需要，创造更具吸引力的销售标语。这个销售标语要与其他品牌相区别，从而在消费者心目中建立起具有竞争力的品牌认知。

（二）积极发展同消费者一对一的沟通

营销模式将从大众营销向分销营销发展，大众传播也将向分众传播发展。传统的营销传播依赖电视、杂志、报纸等大众媒体传播信息，现在企业则要根据不同消费者群体需求，制定不同的解决方案，用不同的沟通方式与消费者展开互动。品牌传播也将更加注重与消费者一对一的沟通，建立双向沟通模式。

（三）确保消费者接收信息的统一性

在一个传播策略的指导下，各种传播手段、各种促销形式都必须统一口径，向消费者传达统一的品牌个性、消费者利益和销售创意，以确保消费者接收到的信息的统一性。

（四）从单向沟通转为双向沟通

传统的营销传播多是企业向消费者发布信息，是企业与消费者的单向沟通，整合营销传播则强调企业与消费者的双向沟通。企业和消费者进行咨询的交换活动，建立交换咨询和分享共同价值的关系。厂商通过不同渠道将资讯传递给消费者，通过个别渠道积极地寻求回应，并将回应记录在资料库中，以与消费者建立长久的关系。

从以上四个基本目标可以看出，整合营销传播所涉及的不仅是广告和传播领域的研究，更是企业未来营销模式的研究。舒尔茨教授在《整合营销传播》中提道，我们将行销转化成传播，将传播转化为行销。他试图从整合营销传播切入，重建营销的整体框架,其中的数据库营销、关系营销已经超出了企业传播人员所能控制的范围,他所研究的是一种崭新的营销方式。

二、整合营销传播的必要性

整合营销传播被称为20世纪市场营销的重要发展,国外已有越来越多的企业接纳了这一观念。因为企业已经认识到战略整合各种传播手段的必要性,它们纷纷采用新的营销方式,将花在广告上的努力变成对多种传播技术的整合。通过整合营销传播,择优采用传播工具,进而发展更有效的营销传播计划,营销传播的整合体现了企业对环境变化的适应性。

(一) 市场竞争的变化

早期的市场呈现"供不应求"的状态,现在产品品类不断增多,同时市场竞争者不断加入,造成某些产品供应过度饱和,市场竞争加剧。面对众多品牌的激烈竞争,企业若想立于不败之地,就需要在开发新产品及扩宽销售渠道上不断投入。同时,企业需加强品牌和产品的宣传,让自己的品牌从众多品牌中脱颖而出,让消费者了解自己的品牌、自己的产品。企业必须深入了解消费者,重视品牌和产品传播,重视与消费者的沟通,以期在消费者心智中留下深刻印象。目前企业面临研发、生产、销售渠道成本不断提升的状况,企业为保证其利润空间对广告和促销的预算更加审慎,如何制定妥善的传播策略才能让营销传播效果达到最大化,是每个企业都面临的重要问题。

(二) 营销方式的变化

在"供不应求"的时代,企业以生产为导向,企业的主要功能是生产制造,追求大量的生产,提高产量、出货能力和生产效率。当时企业采取的营销方式是大众营销,是为消费大众生产同质性高、无显著差异的大量标准化产品,企业采用的传播媒体也为大众媒体。而现在,市场已从供不应求转向供过于求,从需求束缚中获得解放的消费者已不再喜欢大众化的产品而更喜欢个性化的产品,大众化营销也变为分众营销,即企业需要更深入地了解消费者、细分消费人群,为特定的目标消费群生产更具个性化的产品。

现代营销者发现争取一个潜在顾客的费用远远高于保留一个现有顾客的花费,如何在品牌激增、消费者的品牌忠诚度日趋下降的情况下,留住现有顾客呢?为了维持顾客群的稳定,提高品牌的忠诚度,一些企业正在尝试将一般交易发展为关系营销,争取与顾客建立长久的关系。因此,企业营销传播的重点也相应地变为提高品牌的忠诚度上。

品牌案例8-4

故宫淘宝

品牌推广的工具已由传统大众媒介转向互联网络,如何善用互联网络挖掘消费者需求、塑造产品卖点、打造品牌体验、整合媒体工具、塑造品牌忠诚度已成为当下品牌管理的重点。

(三) 媒体环境的变化

随着资讯爆炸时代的来临，媒体的数量和种类在急剧增加，媒体的可运用性越来越多，越来越复杂。对于广告而言，在媒体的运用上有更大的施展空间，却也同时面临媒体效果稀释的问题。

为适应市场的竞争，各种媒体通过更加细分以面向不同的受众，针对不同年龄、性别、爱好的受众开发不同的媒体节目、媒体种类，如针对爱车族的车迷俱乐部节目、针对音乐爱好者的音乐选秀类节目等。媒体的受众细分将成为未来这一行业的特征，企业需要追上媒体发展的脚步，解读个别媒体所形成的分众意义，妥善地为产品进行媒体规划，降低对大众媒体的依赖，逐步重视小型、目标性的媒体选择。

(四) 消费者的变化

消费者的生活方式正在发生变化。消费者以前很多时间是在电视机前度过的，如今消费者的学习、工作更加紧张，其生活更加多样化，娱乐、休闲的方式也更加丰富多彩，时间更加碎片化，包括上网、逛街、健身、看电影等。所以，广告要想很快触达受众群体并不十分容易。越来越多的企业发现，广告需要跟随消费者的生活方式，只有明确消费者的触媒习惯，才能真正触及消费者。

同时，消费者对广告的态度也正在变化。以前，企业竞争并不十分激烈，广告数量相对较少，产品的相关信息也十分有限，消费者尚可认真阅读广告。而现在，广告铺天盖地并充斥在生活的每个角落。人们对广告已经漠然，听而不闻、视而不见。消费者对企业主动发布的广告信息抱有怀疑态度，消费者更愿意以自发性的形式接触广告信息，如通过上网主动检索搜集、朋友或邻居推荐等。因此，企业需要研究如何以消费者感兴趣的方式将广告传递给消费者。

消费者的变化还体现在购物方式已从传统的线下转向线上渠道，同时消费者愿意花费更多的时间在网上检索产品信息、进行品牌对比、了解品牌产品口碑。消费者购物渠道的变化也将促使企业在传播方式上采取相应对策，及时从线下媒体向线上媒体转变。

(五) 科学技术的发展

互联网的普及和通信技术的提高，加速了对资讯的分析和运用。大数据技术的应用，使得越来越多的企业试图运用这些数据信息进行营销，如电话营销、利用位置信息实现精准推广等。科学技术的发展，为营销传播的多样化提供了可能。营销者应科学地看待产品促销，将产品的促销转化为企业与消费者的沟通，将对广告的依赖转化为对各种传播技术的整合，更深入地了解消费者，有效地满足消费者的需要。

三、品牌整合营销传播策略

(一) 品牌信息的整合

品牌信息的整合是指为品牌提炼出一个核心价值观，品牌核心价值是品牌资产的主体部分，可让消费者明确、清晰地识别并记住品牌的利益点与个性，是驱动消费者认同、喜欢乃至爱上一个品牌的主要力量。核心价值是品牌的终极追求，是一个品牌营销传播的中心，即企业的一切营销传播活动都要围绕品牌的核心价值展开，营销传播活动是对品牌核心价值的体现和演绎，并不断地丰富和强化品牌的核心价值。

定位并全力维护和宣传品牌的核心价值已经成为许多国际一流品牌的共识，是创造百年金字招牌的秘诀。宝洁对品牌核心价值的构造与经营可谓是处心积虑。宝洁有一个风行全球的信念，那就是如果一个品牌与产品没有特质将很难成为赢家。这里所说的特质就是品牌的核心价值，如宝洁通过对消费者的研究，对品牌的核心价值进行严格定位后决不轻易更改，而且一切营销传播活动都以品牌的核心价值为中心进行开展。沃尔沃宣传的重心一直是"安全"，从未听说过沃尔沃头脑发热去宣传"驾驶的乐趣"。久而久之沃尔沃品牌就在消费者头脑中有了明确的印记。但是这并不是说宝马就不够安全，驾驶沃尔沃就没有乐趣，而是在核心利益点的宣传过程中必然要有主次之分。沃尔沃能成为销量最大的豪华轿车品牌，与其对产品核心价值维护以及在企业的经营活动中忠实地体现核心价值是分不开的。沃尔沃不仅投入巨资研发安全技术，在广告营销中也总是不失时机地围绕"安全"的核心价值展开。

(二) 品牌传播方式的整合

传播方式的整合是指通过充分认识广告、直接营销、销售促进、公共关系、包装等各种能够传递信息及带来附加价值的传播手段，并将其结合，提供具有良好清晰度、连贯性的信息，使传播影响力最大化。过去企业习惯于使用广告这种单一的传播手段来进行产品的销售，在信息高度发达的今天，传播手段纷繁复杂，这就要求企业在营销传播过程中，注意整合使用各种传播手段，以达到最有效的传播影响力。

只有通过传播方式的整合，一个品牌的鲜活形象才能够展现在大家面前。对于一个新品牌、新产品，如何最大限度地扩大其知名度与影响力，更需要充分利用传播渠道与网络新媒体，抓住每一次可能成功的机会。当然，传播方式的整合必须以品牌的核心价值为中心，只有以品牌的核心价值来统筹营销传播活动，才能使消费者记住并由衷认同品牌的核心价值。

企业要不折不扣地在每次营销传播活动中体现和贯彻品牌核心价值，使消费者在每一次与品牌的接触中都能够捕捉到核心价值信息，这就意味着每一次营销传播活动都在加深消费者大脑中对品牌核心价值的记忆与认同，都在为品牌做加法。

本章小结

品牌传播是创建和发展强势品牌的有效手段，它既是建立消费者品牌认知度、忠诚度的重要方式，同时也是提高品牌知名度、美誉度的有效途径。品牌传播是指品牌所有者通过广告、公共关系、整合营销等多种传播策略及各种传播媒体，与外部目标受众进行的一系列关于品牌资讯的交流活动。品牌传播的资讯主要包括计划资讯、非计划资讯、产品资讯和服务资讯。

品牌传播就是利用各种传播媒体进行品牌资讯传递的过程。一般而言，品牌传播媒体主要分为大众传播媒体和口碑传播。大众传播媒体主要包括广告、公共关系和整合营销。市场竞争的变化、营销方式的变化、媒体环境的变化、消费者的变化等诸多外部因素的变化，使得企业必须进行品牌的整合传播。品牌的整合传播主要体现在对信息的整合和对传播方式的整合两个方面。

案例分析

香格里拉城市品牌传播

1999年，云南迪庆州中甸县旅游起步之时旅游总收入为3 000万元。20世纪之初中甸县通过策划运作更名为香格里拉之后，到2016年，香格里拉市实现旅游总收入150亿元，十多年间游客数量增加了500倍，创造了旅游业投资最小、增长最快的世界纪录。

1. 品牌建设背景

20世纪之初，云南省开展了旅游行业的重大转型升级，结果直接奠定了其"旅游王国"的历史性地位。各地旅游景区因始终围绕历史文化，诸如青铜器、皇帝陵、兵马俑等，已经让游客产生审美疲劳，香格里拉则坚持"最炫民族风"品牌特色。一部电视剧《孽债》以傣族风情带起了西双版纳，一部电影《五朵金花》以白族风韵炒热了大理，一部电影《阿诗玛》以彝族文化带活了石林，差异化的城市品牌策略让游客眼前一亮，云南旅游迅速崛起。

2. 消费群体分析

当前，旅游消费者的主力军已在发生改变，消费者更加注重旅游体验中的精神追求。消费者不再希望只是简单地体验民族风情，他们更希望在旅游中获得超出想象、心中想看而现实中没有的东西，他们更希望摆脱都市的冷漠，寻找心中的家园。此时云南省注重旅游品牌策略转型，抓住消费者的心理，大理、丽江、香格里拉迅速重新定位。从以前的"阿哥阿妹有空来看看"变成了"远方的客人请你留下来"，从观光转型为度假，刺激了消费者的需求，聚集了中国的小资白领和中产阶级，旅游知名度大大提升。

3. 市场营销与传播策略

香格里拉的旅游市场营销在不同的发展时期，采取了不同的市场营销策略。

根据对旅游资源、历史文化发展、客源市场感应等因素的综合分析，香格里拉将旅游总体形象感召定为"走进永远的香格里拉"。围绕香格里拉旅游主导产品的定位，形象策划的中心主题是"香格里拉腹地，人与自然和谐游"。在旅游地形象传播过程中，香格里拉旅游形象的重点在于进一步宣传"香格里拉是腹心地带"。为强化消费者认知，首先选择建立官网网页，详细介绍香格里拉旅游资源、旅游产品和旅游形象的基本情况；其次，在云南卫视、中央电视台、香港凤凰卫视、中央人民广播电台、《中国旅游报》等重要媒体上制作并发布有关香格里拉旅游产品的广告，使海内外旅游者了解香格里拉，并激发其出游动机；另外，举办各类有影响力的活动及学术研讨会，如举办国际生态旅游研讨会、中国藏文化研讨会、中国藏文化艺术节等，邀请媒体记者参加，并大力进行新闻宣传。

香格里拉的品牌传播，让香格里拉以出水芙蓉的身姿在国内旅游市场上崭露头角，随着对其不断统筹规划、整合开发，将带动云南旅游经济和广大西部藏区旅游经济的加速发展。

（资料来源：香格里拉旅游策划方案，http：//www.xiongdaxun.com/info/？93.html，笔者整理）

案例思考

1. 请结合案例,思考香格里拉的传播策略。
2. 在媒体环境变化的今天,香格里拉应该如何实现品牌传播?

第九章

品牌体验

■ 理论模块任务

1. 了解品牌体验的概念和特点；
2. 掌握品牌体验过程；
3. 掌握如何设计品牌体验与实施方法。

■ 实践模块任务

1. 在明确品牌所属品类特点并把握消费者需求的基础上，为其设计品牌体验方案；
2. 注重方案的可行性。

■ 开篇案例

京东沉浸式体验

随着互联网络的不断发展，网民规模也在不断扩大。据中国互联网络信息中心（CNNIC）发布的第 49 次《中国互联网络发展状况统计报告》显示，截至 2021 年 12 月，我国网民规模达 10.32 亿，互联网普及率达 73.0%。

近年来，因电子商务的蓬勃发展，越来越多的企业和商家注重互联网渠道构建。特别是新冠疫情暴发以来，线下渠道受到严重冲击，但部分产业因产品的特殊性，如家电行业、家装行业等，消费者更注重线下门店体验。京东作为国内 B2C 的代表电商平台，在 2022 年"618"期间，打造了全渠道营销场景，让数百万顾客"618"期间选择在家门口"逛京东"。

2022 年"618"期间，京东选择在芜湖、扬州、常州、南京等 12 个城市上线了京东电器城市旗舰店，目前全国门店数量已超过 50 家。相较于传统实体门店，京东电器全渠道自营门店打造了科技潮流的沉浸式场景体验，不局限于产品体验，更重要的是打造人与人之间的文化认同、社群价值认同，对年轻家庭和消费者产生了很强的吸引力。为了更好地拉动消费，"618"期间以嵌入、娱乐、集成、懒人、颜值为特征的"新家电"引起了目标受众的关注。在此背后，承载着中国家庭对智能生活的美好期待，也为整个家电产业结构升级带来信心。

京东在体验式营销打造过程中针对不同的城市特色采用了差异化策略，如在安徽芜湖，京东打造了真裸眼 3D 大屏，联合举办了乐队演唱会，为城市带来音乐符号；在重庆万州，京东电器举办了龙虾节，紧扣夏日特色，让消费者在"晚 8 点"边逛边吃边抢半价；在江苏南京，京东开展的"用热爱为城市打气""瓜分京夏"等活动，吸引了很多潮流青年。

京东"618"家电类目的体验式营销，是在明确消费者需求的基础上展开的，不仅推动了各地居民智慧生活消费升级，同时担当起品牌和消费端的沟通桥梁，打造了沉浸式京东门店体验。

品牌在开展营销活动中，"体验"的内涵已远远超出品牌旗下的产品和服务，它涵盖了品牌和顾客的每一次互动，满足消费者心理和精神层面的诉求，直击心智且留下深刻印象。

（资料来源：京东黑板报公众号，笔者整理）

第一节 体验经济与品牌体验

一、体验经济概述

当体验越来越频繁地为人们所感知和认同，并且其本身的价值越来越得以体现后，整个社会体现出更为新颖的形态。《哈佛商业论坛》提出的"体验式经济时代"已经来临，昭示我们正在进入一个经济新纪元，体验经济（Experience economy）已经逐渐成为继服务经济之后的又一个经济发展阶段。科学技术的高速发展使企业有能力提供众多的、别出心裁的体验，同时越来越趋于激烈的竞争也驱使企业不断寻求新的出路，追求独特卖点，尤其是经济价值本身，以及它趋向进步的本性——从产品到商品再到服务，使得体验经济得以发展。

（一）体验经济的产生

20世纪70年代美国著名未来学家阿尔文·托夫勒（Alvin Toffler）在《未来冲击》一书中首次提出"体验经济"这一概念，指出服务经济下一步将走向体验经济，商家将会凭借这种体验服务取胜。真正对体验经济进行详细研究的是美国的约瑟夫·派恩（Joseph Pine）与詹姆斯·吉尔摩（James Gilmore），他们在《体验式经济来临》一文中提出体验式经济时代已经来临，并把体验经济与以往的三种经济形态（农业经济、工业经济和服务经济）进行对比，从农业经济、工业经济和服务经济到体验经济的演进过程，可以比喻成母亲为孩子过生日而准备蛋糕的进化过程。在农业经济时代，母亲是用自家农场的面粉、蛋等材料亲手做蛋糕，从头开始参与制作，成本不到1美元；到了工业经济时代，母亲到商店里花几美元买混合好的盒装粉回家，自己烘烤蛋糕；进入服务经济时代，母亲是向西点店或超市订购做好的蛋糕，花费十几美元；而体验经济则意味着，母亲不但不需要自己烘烤蛋糕，甚至不用花费精力自己办生日晚会，而是花一百美元，将生日活动外包给一些公司，请他们为孩子筹办一个难忘的生日晚会。在专业化程度日益提高的当今社会，体验经济应运而生。

（二）体验经济的内涵

约瑟夫·派恩指出，所谓体验是指人们用一种本质上个性化的方式来度过一段时光，并从中获得一系列值得回忆的事件。波恩特·施密特（Berndt Schmitt）在《体验式营销》中则认为，体验是企业以服务为舞台，以商品为道具，围绕消费者创造的值得回忆的活动。由此可见，他们皆认为体验是一种无形的、有价值的、使人产生知识情感的经济商品。消费者在消费时兼具理性和感性，因此研究消费者在消费前、消费中和消费后的体验是有效实施体验营销的关键。

在体验经济中，企业提供的不再仅仅是商品或服务，而是通过充满感情力量的最终体验给消费者留下难忘的印象。可以认为它是一种变被动为主动、变主动为互动的新型经济形态。相对于产品经济和服务经济，它更强调顾客参与及亲身体验，通过体验获得美妙深刻的印象，并达到自我提升的境界。

（三）体验经济的基本特征

1. 非生产性

体验是一个人达到情绪、体力、精神的某一特定水平时在意识中产生的一种美好感觉，它本身不是一种经济产出，不能完全以数据的方式来量化，因而也不能像其他工作那样创造出可以触摸的物品。

2. 短周期性

在一般规律下，农业经济的生产周期最长，一般以年为单位；工业经济周期则以月为单位；服务经济的周期以天为单位；而体验经济一般以小时为单位，有时候甚至以分钟为单位，如互联网服务等。

3. 互动性

农业经济、工业经济和服务经济是卖方经济，它们所有的经济产出都停留在顾客之外，不与顾客发生关系；体验经济则不然，因为任何一种体验都是某个人身心体智状态与那些筹划事件之间的互动的结果，消费者更加期待在消费过程中获得更多主导权。比如服装品牌，消费者日益表现出个性化、情感化和直接参与等偏好，注意力也从服装产品本身转移到服装穿着感受以及对彰显个性的需求，服装品牌需运用各种交流、互动及接触方法提供完整的体验，才能融入顾客的日常生活，品牌体验成为消费者识别、感知和认同品牌的第一要素。

4. 不可替代性

农业经济对其经济提供物——产品的需求要素是特点，工业经济对其经济提供物——商品的需求要素是特色，服务经济对其经济提供物——服务的需求要素是服务，而体验经济对其经济提供物——体验的需求要素是突出感受，这种感受是个性化的，在人与人之间、体验与体验之间有着本质的区别，因为没有哪两个人能够得到完全相同的体验经历。

5. 深刻的记忆性

任何一次体验都会给体验者留下深刻的记忆，几天、几年甚至终生。一次航海远行、一次极地探险、一次洗头按摩、一次网络浏览体验等，都会让体验者对体验的回忆超越体验本身。

6. 经济价值的高增进性

一杯咖啡在家里自己制作，成本不过几元钱，但在具有独特装修风格、飘着咖啡香气、环境优雅的咖啡店，点上一杯咖啡，附加一块甜点，营造出下午茶的氛围感，商品的价值就大大提升，消费者也认为物有所值。场景的氛围以及体验，也让消费者可以体验产品的整个诞生过程，能够提升体验经济的价值。

二、品牌体验概述

(一) 品牌体验的含义

何谓体验？体验一词的英文 experience 来源于拉丁文 exprientia，意指探查、试验。体验是一种感觉记忆，许多同样的记忆在一起形成的经验即为体验。在营销领域，体验已经成为时代的主流，它超越了产品和服务的功能利益，成为满足消费者深层次需求的经济提供物。企业应以消费者为中心，通过产品和服务，通过创造能够让消费者参与、值得消费者回味的活动来传递各种体验。

迄今为止，大多数关于体验的研究都集中在产品属性和产品类别上，而不是品牌提供的体验。当消费者寻找、购买和消费品牌时，他们首先会接触到实用的产品属性。同时，他们也会暴露于各种特定的品牌刺激中，如品牌识别颜色、形状、字体、设计元素、口号、吉祥物和品牌特征等。这些与品牌相关的刺激构成了消费者主观反应的主要来源，我们称之为"品牌体验"。

因此，我们将品牌体验概念化为主观的、内部的消费者反应和由品牌相关刺激引起的行为反应，这些反应是品牌设计、身份、包装、沟通的一部分。

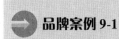

品牌案例 9-1　威尔金森的情人节营销

(二) 品牌体验的特点

1. 彰显个性

体验是消费者内心的感受，由于人们的心智模式存在差异，所以同样的情景和参与也会让消费者产生不同的体验。品牌体验要吸引消费者充分参与达到互动，就必须体现较强的个性化。当前，个性化消费也成为一股潮流，消费者越来越追求能够表达个人价值、性格、审美情趣的东西，正如一句广告词所言"我选择，我喜欢"。什么是个性？个性就是与其他品牌的差异化，品牌只有与众不同才可能给予消费者独特的品牌体验。由于人们往往喜欢与自身相似的个性，所以品牌个性应该和目标消费群的个性相一致，在之后的品牌传播中应集中表现这一点。当前的市场中，定制化服务似乎成为一个热门趋势，它是按照消费者自身要求为其提供适应需求的同时也让其满意的服务，定制化服务为消费者提供了娱乐、灵感以及对产品的另一种体验方式。

2. 追求互动

人们主动参与比被动观察学到的东西更多。品牌体验就是让消费者以个性化的、互动的方式参与设计活动，获得深刻的体验与感受。在体验中，消费者处于主体地位，通过亲身参与，可以强化对品牌的认知。互动过程，也是品牌和消费者之间的学习过程，通过与消费者的接触，企业可以深层次、全面地了解消费者，洞察消费者如何体验品牌旗下的产品和服务，唤起消费者的情感共鸣，以场景化形式丰富消费者的品牌体验，从而创造出体验满足。

> **品牌案例 9-2**
>
> Keep：时光列车

3. 蕴含情感

在产品和服务越来越同质化的今天，消费者更关注品牌的象征意义。品牌体验强调的是顾客心理所发生的变化，要触动他们的内心世界，使其对品牌产生强烈的偏爱，用户的情感状态和实际的消费转化有着直接的关联。

4. 创造快乐

快乐是人类最原始的体验之一，人们天生都愿意寻求快乐而避免痛苦，几乎没有人会排斥促使其开怀大笑的快乐瞬间。芝加哥大学心理学家米哈里·思科琴特米哈伊认为，最优的体验标准是"flow"（畅或爽），即具有适当的挑战性更能让一个人深深沉浸于其中，以至忘记了时间的流逝，意识不到自己的存在。迪士尼乐园为何会让人流连忘返？因为它不仅能让儿童实现童话王国的梦想，同时可以让成年人避开现实生活的压力而沉浸其中，实现某种体验。

（三）品牌体验的作用

1. 吸引消费者参与，增强品牌互动

品牌体验的核心是吸引消费者参与，并借助参与产生互动，让消费者真正成为主体。由于人们的主动参与比被动观察学到的东西更多，因此，品牌体验的宗旨就是要让消费者以互动的方式参与策划设计，获得深刻的感受。互动过程实际上就是品牌和消费者之间的学习过程，在品牌体验过程中，消费者处于主体地位，通过亲身参与，可以强化对品牌的认知。反过来，企业可以通过与消费者的深层次接触、全方位地了解消费者需求。在这种消费者与品牌的互动过程中，既满足了消费者内心的体验需求，又使消费者与品牌之间产生了密切关系。

2. 彰显品牌个性

品牌体验要吸引消费者充分参与达到互动，就必须展现较强的品牌个性。品牌个性代表着特定的生活方式和价值取向，能够与特定的消费者建立起情感上的沟通和联系。企业通过品牌体验，能够营造一个精神世界、一种生活和文化氛围，从而使得处于感性层面的产品不再仅仅是某种具有自然属性的物品，而是一种精神产品。根据态度功能理论，消费者喜欢买一些符合自己价值观与个性的产品。倘若这种体验所传达的品牌个性与消费者一致，便能够引起消费者的共鸣，有助于使消费者心理发生变化，触动他们的内心世界，从而对品牌产生强烈的偏爱，激发购买行为。

3. 传播品牌创意，建立消费理解和尊重

品牌体验不仅是品牌个性的表现手法，而且是品牌在创意及执行过程中表现出来的一种手段。企业通过新颖、形象的创意思路，借助丰富多彩、生动有趣的执行手段来演绎品牌的风格，表达品牌主张，达到与消费者沟通的目的。

4. 提升顾客忠诚

品牌体验不仅与品牌忠诚有直接的关系，还通过其他因素间接影响品牌忠诚。企业可以通过个性化的产品、服务等增强消费者的品牌体验，营造消费者的品牌忠诚。此外，品牌体验也调节着品牌忠诚的形成机制。企业可以一方面通过广告等方式将品牌资讯有效地传达给消费者，增加消费者可获得的品牌资讯，降低消费者的品牌感知风险；另一方面，还可以通过增强消费者的感官、情感、思考、行动、关联层面的体验，增强消费者内部的品牌感受。这样，企业便能够通过提升品牌体验，利用品牌体验的调节效应，来提升消费者的品牌忠诚。

第二节　品牌的体验过程

一、品牌体验的类型

学术界对品牌体验（Brand experience）的分类标准不尽相同，且品牌体验的强度也各不相同，也就是说，有些人对品牌的体验比其他人更强烈，因此，品牌体验的效价也有所不同。有些品牌体验是积极的，有些是消极的；有些品牌体验是自发发生的，没有太多反思，是短暂的，而另一些则可以持续时间很长。随着时间推移，持久的品牌体验会储存在消费者的记忆中，影响消费者的满意度和忠诚度。因此，本书将根据消费者情感的参与深度与广度、消费者的参与程度及其环境的相关性对体验进行划分。

（一）以消费者情感参与的深度与广度划分体验

1. 品牌体验轴

由于体验的复杂化和多样化，《体验式营销》的作者波恩特·施密特将不同的体验形式化为体验轴。体验轴分为两类：一类是用户在接触产品或广告时心理和生理上独自的体验，如感官、情感、思考，属于个体体验；另一类则是必须与相关群体产生互动才会发生的体验，是群体体验，也可以理解为共享体验，如行为、关联。体验轴是线性的思路，旨在说明体验的分类（图 9-1）。

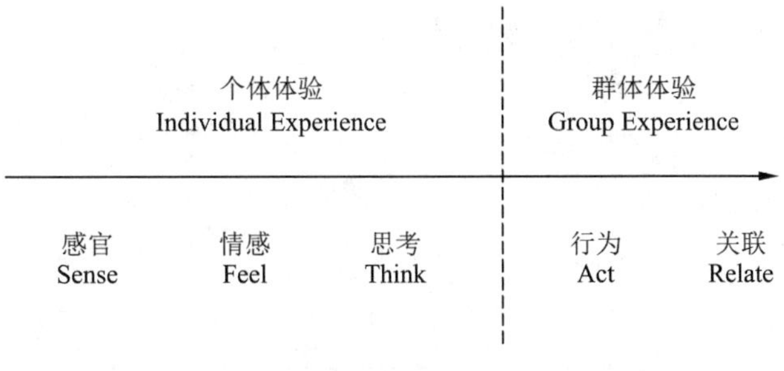

图 9-1　体验轴模型

2. 感官体验

感官体验即知觉体验，在看（视觉）、听（听觉）、闻（嗅觉）、尝（味觉）和触（触觉）五感中形成实际的感知，创造品牌的体验与认知。感官体验可以差异化品牌的产品或服务，从而激励潜在消费者购买、在付费消费者心中创造价值感。

3. 情感体验

情感体验是为了创造消费者与品牌的情绪共鸣。消费者的这种情感共鸣对品牌的消费情绪会有非常大的实际影响。

4. 思考体验

思考体验以创意的方式引起消费者的惊奇、兴趣，从而引导消费者对问题集中或发散性地思考，为顾客创造认知和解决问题的体验。思考体验可能会引发消费者对品牌和产品的重新认知与评估。

5. 行为体验

行为体验是品牌行为及其背后的价值观，是一种行为或生活方式的引导，目标是改变用户长期的行为和习惯，丰富消费者的生活，从而有利于消费者对品牌特定产品或服务的认知。

6. 关联体验

关联体验包含感官、情感、思考与行动体验等层面。它延伸到个体的感受之外，通过将自我认同与品牌所反映的更广泛的社会和文化背景联系起来，让品牌的用户们形成一个利益与观点相同的群体，用现在的话说就是形成圈层。

（二）品牌体验坐标

施密特 2001 年提出的体验坐标是由"体验轴"和"体验媒介"进行匹配而成的（图9-2）。施密特将体验轴作为纵坐标，将体验媒介做为横坐标，就有了每个触点独立的体验模块，展现了不同触点的不同处理方式。品牌在实际中很少只有单一的体验模块，一般是由几种体验模块相互搭配的，将其称之为复合体验（Experiential hybrids）。进一步来说，如果品牌为用户提供的体验是涉及以上所有的五类体验，就被称为全面体验（Holistic experiences）。复合体验和全面体验并不是两种或两种以上的体验模块简单的相加，而是它们之间互相作用、相互影响，进而产生的一种全新的概念。

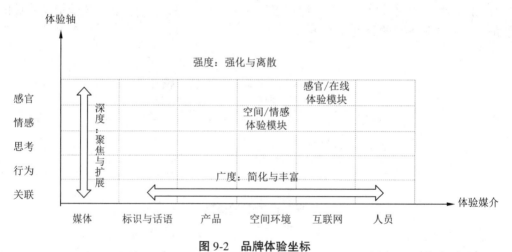

图9-2 品牌体验坐标

（1）媒体（沟通）：广告、公司外部与内部沟通（如宣传册、新闻稿、公司年报）以及品牌公关活动等。

（2）标识与话语：品牌名称、商标、品牌形象代表、品牌色彩等识别系统以及语言系统。

（3）产品：包括产品自身的设计、功能、交互、包装和展示。

（4）空间环境：公司建筑物、办公室、工厂空间、零售空间（超市、购物中心、专卖店等）以及站位等内外部设计。

（5）互联网：包括自媒体（如抖音、微博、知乎等）、社区、社群等。

（6）人员：销售、市场、客服以及任何与公司品牌相关的人。

作为品牌来说，体验需求应该持续、连贯和专注地管理五种不同的体验类型，然后通过适合媒介接触点传递给目标受众。施密特的体验坐标完善了体验的接触点，而局限在于没有考虑"人"的变量。

（三）三维体验矩阵

随着技术的发展和数字化水平的提高，企业的 CRM（客户关系管理）用户标签不断增多，客户生命周期价值的挖掘问题也随之而来。处在不同生命周期阶段的用户，对于品牌体验的预期以及诉求也不尽相同。而体验矩阵就是在原有的坐标基础上增加了一个时间轴 Z，来满足不同生命周期阶段用户的体验诉求（图9-3）。

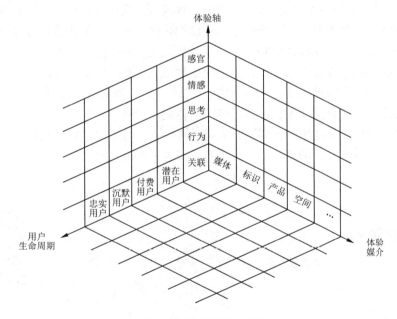

图9-3　营销三维体验矩阵

（四）消费者参与程度及其与环境的相关性划分体验

约瑟夫·派恩和詹姆斯·吉尔摩根据消费者的参与程度及其与环境的相关性把体验划分为四种类型，即娱乐（Entertainment）体验、教育（Education）体验、逃避现实（Escape）体验和审美（Aesthetism）体验，可统称为"4E"（图9-4）。横轴表示消费者的参与程度，被动参与表示消费者并不直接影响事件的进程，消费者在事件中作为观众或听众，如电影的观看者；主动参与表示消费者能影响事件的进程进而影响体验的产生，其积极地参与创造了他们自身的体验，如滑雪者。纵轴表示消费者与环境的相关性，它使消费者和事件融为一个整体。其中吸收表示企业通过让消费者了解体验的方式来吸引消费者的注意力，比如看电视时，消费者是在吸收体验；浸入表示消费者成为真实经历的一部分，比如在玩虚拟现实的游戏时，消费者沉浸在体验中。

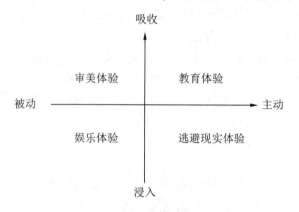

图 9-4　品牌体验的四种类型

1. 娱乐体验

娱乐体验是消费者被动地浸入而获得的一种消遣。在娱乐体验中，消费者被动地通过感觉吸收体验，如观看演出、听音乐和阅读娱乐性文章。人的本性是好娱趋乐的，因此，娱乐体验是一种最基本的体验，在当今时代也是一种普遍、亲切的体验。几乎没有哪种体验会排斥那些促使人们开怀大笑的娱乐瞬间，因此，娱乐的体验渗透于其他三种体验之中。由于世界各地的文化差异和历史传统差异，消费者对娱乐的理解也不尽相同。在全球市场一体化的今天，消费者群体的休闲消费特征表现得十分突出。人们在紧张的工作和激烈的社会竞争中渴望回归人类的天性——希望通过娱乐找回自己的价值和尊严。同时，消费者收入的剧增，使得消费者有能力展现这份天性，进行欢乐消费和休闲消费。

品牌案例 9-3

环球影城——独特的体验

2. 教育体验

教育体验是指消费者积极主动地参与知识的获取过程。品牌为了赢得消费者的青睐及忠诚，需要对消费者进行必要的引导和教育，教育在品牌体验的创建中发挥着潜移默化的作用。与娱乐体验不同的是，教育包含了消费者更多地参与其中，充分调动其大脑和身体，来扩展其视野、增加其知识。教育已经成为一种新兴的商业领导模式，通过教育使消费者成为市场活动的积极参与者，并与企业紧密结合在一起。

3. 逃避现实体验

逃避现实体验，是指消费者不仅完全沉浸在某种体验里，而且还主动积极地参与到某种体验里，这些消费者厌倦了现实生活，希望摆脱日常工作和生活的束缚，以轻松的姿态绽放真实的自己。逃避现实体验比前两种体验更加令人沉迷。事实上，它们与纯娱乐体验完全相反，令消费者完全沉浸其中，扮演着演员的角色。同体验者的消极角色不同，这里消费者是更加积极的参与者，并能够影响到消费者的现实行为。典型的逃避现实体验需要一个典型的环境，这个环境应该是远离家庭和工作的第三个地方，是一个人们能和与自己身份相同的社会团体进行交流的地方，这些地方包括主题公园、虚拟现实的网络、聊天室、酒吧、咖啡馆、餐馆、酒店等。

4. 审美体验

在此种体验中，顾客沉浸在某一事物或环境中，但他们对事物或环境极少产生影响或根本没有影响。审美体验可以是自然景观诱发的，就像在自然公园里漫步一样，也可以依靠人工营造，或者介于两者之间。

二、品牌体验的决定因素

影响品牌体验效果的因素，从宏观环境角度看主要包括政治、经济、法律和文化环境等，另外还包括顾客需要、体验策略和个体行为差异。

（一）顾客需要

根据马斯洛的需要层次理论，可以把人的需要分为五个层次，从低到高依次为生理需要、安全需要、社交需要、尊重需要和自我实现需要。需要一般从低级向高级渐次发展。前三种需要被称为缺失性需要，这种低级需要未得到满足时动机很强，基本满足后动机急剧消退，表现为人们的一种趋利避害行为，每个个体都有这种需要。后两种需要被称为发展性需要，主要依靠内在的激励使个体动机更强，它起到个体人格发展、个性完善的作用。根据马斯洛的观点，不同的个体对体验和需要的要求不同。同一个个体的体验和需要也会从低到高渐次发展，需要和体验都是个性化的。因此，对品牌体验而言，必须找到潜在顾客的个体差异及其需求层次，进而细分目标市场，提供个性化的服务，实现个性化品牌体验，进而带来品牌溢价。

（二）体验策略

1. 体验的产品

不同的品牌体验对体验结果的影响是不同的，因此，正确地认识品牌体验的产品类型是十分重要的。企业应对自身品牌所提供的产品和服务的体验类型做出明确定位，以便制定适应性营销策略来配合品牌体验的传递。

2. 体验的价格

体验类消费应主要按顾客心理和需求定价，如消费者根据自己对某个品牌的认知衡量的价格与该企业的定价不符，特别是当消费者认为购买所支付的成本大于购买所获得的总价值时，品牌体验活动的效果则会受到很大影响。因此，必须通过加强与消费者交流使其认识到物有所值。最成功的定价是消费者能够通过产品或服务的价格不断回忆起品牌体验的价值。

3. 体验的广告

广告本身是对品牌体验的一种描述，对消费者具有引导作用。消费者很多时候是通过企业广告了解品牌体验活动内容的。当广告带有欺骗性或由于环境的变化（如旅游中季节不同或天气突变等）导致与广告中的品牌体验不符时，特别是当消费者无法感觉到品牌体验时，将会对品牌形象和顾客忠诚产生负面影响。因此，广告本身应主要陈述一种客观描述，不要带有主观感受，应该把感受部分留给顾客体验。消费者之间的交流往往能修正和丰富一些消费者对体验的认识和感受，增强品牌体验的效果，进而提高对品牌的满意度，这也可以被认为是一种规范性的广告。

4. 体验的地点

从根本上讲，所处体验的位置也会影响到品牌体验的效果。当消费者离品牌体验地点较远时，会造成消费者体验品牌的总成本上升，而使消费者购买该品牌的次数减少。网络的普及在一定程度上克服了地点的限制，大大增加了消费者品牌体验的可选择性。如何让消费者在消费中身临其境，也是品牌体验活动的关键环节。例如贝壳买房租房APP提供的VR看房，通过进入到虚拟房间，租客与访客可以在虚拟房间中看到真实的房间布局与摆设，不用亲临现场就能获得房屋的实景体验，减少了体验地点带来的限制。

品牌案例 9-4

闲鱼：开一间真"海鲜市场"

（三）个体行为差异分析

消费者的行为差异主要来自以下因素的影响。

1. 消费者的价值观

价值观是影响消费者偏好的最主要因素，它指导着消费者的生活方式和消费观念。价值观是消费者是否接受产品的判断标准，与价值观相符会引发人们的正面情感，相反则会产生负面情感。在购买过程中消费者自然会选择与预期价值观相一致的产品。

2. 营销刺激、外部刺激、情景因素

营销刺激、外部刺激及情景因素都是引发情感的典型因素，不同的刺激会引发消费者不同的购买情感。消费者主要通过以下四种途径来接受刺激物：（1）看，信息受众是通过广告或公开场合的传播获得感受的，它可以给你一个充分的想象空间。（2）听，从他人之处得到的信息。听到的往往比看到的更容易让人产生信任，听说的传递效果非常强，因为这种传播的载体涵盖着受众看重的人际信用。（3）用，包括他人使用和自己试用。他人使用是一种间接的品牌体验，自己试用是企业向消费者展示产品的途径，而实际使用的效果则影响消费者重复购买的可能性。（4）参与，包括情景设置和实物展示。情景设置，包括路演和展会展示，它是企业设置的一种情景，使消费者参与到设置好的情景中，这样就会带动消费者的购买欲望，在设置好的情景下人们会很自然地产生应景性的需要。因此，在情景参与过程中所产生的娱乐感比在"看"与"听"的环节中产生的娱乐感更强，更容易使消费者产生购买行为。

3. 信任与愿望

消费者购买是建立在信任基础上的，品牌信任就是消费者认为品牌是可以信赖的，愿望是消费者对某种品牌产生需求的原因。当消费者信任某个品牌，并产生拥有它的愿望时，消费者就希望通过购买品牌的产品或服务来满足其愿望。

4. 评价

评价是情感过程的核心。按价值观给出评价的参照标准，消费者的评价采取价值判断的形式。事件和行为构成了引发情感产生过程的刺激物，而信任和愿望形成了以特定情感作为结果的回应。如果消费者在购买过程中产生了好的评价，就对品牌形成了良好的情感，易于产生品牌偏好。

5. 情感反应

消费者评价之后，就会激发情感，引发一系列的情感反应，包括认知效果、唤起情感、行为表达、展示和喜好引导的消费者行为以及选择过程本身。这些情感反应则会引发消费者对品牌的购买意图，产生购买行为。

6. 理性心理选择系统

消费者的理性对决策同样起着重要的作用，获得最大的利益或承担最小的成本是每个消费者的追求。因此，逻辑性、合理性的心理制约着消费者的购买行为，可避免消费的盲目性。

7. 决策过程

感性与理性的消费心理在选购过程中的共同作用决定了消费者的行为模式，其中感性消费心理更容易受到各种因素的影响，最终会影响消费者对品牌的购买行为。

第三节　品牌体验设计与实施

一、品牌体验设计

为适应体验经济时代的营销新环境和消费者需求的新趋势，企业必须合理地设计品牌体验，给消费者留下美好的品牌印象，使消费者在心理和情感上得到满足，从而建立品牌偏好，促成最终购买行为。

（一）建立顾客体验数据库，分析顾客需求

企业通过建立顾客体验数据库，可以加强对消费者心理需求和内心感受的分析。建立顾客体验数据库在品牌体验过程中占据非常重要的地位，它不仅是品牌体验设计前的重要准备工作，也是消费者体验后必须及时跟进的一项工作。顾客体验数据库不仅要有顾客的基本资料（如姓名、年龄、电话等）、交易资料（如货品、数量、时间、金额等），而且还必须包含从中挖掘出的顾客体验性资料，这就需要深入分析消费者心理。消费者心理是影响消费者购买行为、消费行为的主要因素，对消费者心理的分析能有效地预测消费者的行为方式，以便根据消费者的行为方式设计体验营销方案。因此，在进行期望分析时，企业应关注消费者内心变化的每一个细节，并把相关的影响因素考虑到品牌体验设计过程中。品牌体验的设计还应特别强调满足消费者的个性化需求。

当今社会，人们追逐着鲜活的个性化需求，以满足自身日益增长的"自我实现"的欲望。由于人的知识、智力、情感、经历、经验各不相同，所以在进行体验消费时，感受也不尽相同。因此，企业应紧紧抓住消费者的多样化、娱乐性需求，广泛地开发消费者与品牌体验的接触点，让所有的消费者都能找到自己体验的实现途径。

（二）品牌体验情境的设计

品牌体验情境是指品牌体验发生时周围的环境。品牌体验所提供的品牌与消费者之间的互动活动发生在品牌体验情境之中。情境对体验过程及消费者的体验感觉有潜在作用，尤其会影响身处其中的消费者和员工的互动。另外，情境的背景设备、装饰风格能帮助消费者形成对体验及品牌本身的印象，并影响品牌体验在消费者头脑中的真实反映。例如，宜家家具非常强调家具的生活场景，呈现给顾客的是家具在真实卧室、客厅、书房中的样子，将消费者置于真实生活场景中，让消费者获得真实的沉浸感。

情境体验设计包括环境设施设计、顾客导向设计和服务人员设计。例如，很多消费者在入住酒店时不太注重酒店的价格，但非常注重酒店的整体环境、交通便捷性等。企业的产品和服务最终面对的是终端消费者，现代消费者所追求的不仅仅是服务本身，他们在购物时往往运用五种感觉——视觉、听觉、触觉、嗅觉、味觉来体验。因此，仅在品牌体验现场写上"体验中心"等字样是不够的，产品的陈列位置、服务员的亲切问候、背景音乐、广告物等可以打动消费者五感并体现品牌个性的方式都应该呈现出来。有研究表明，随着消费者对五感体验的不断增强，嗅觉形成的"环境香气"也成为体验营销当中的重要一环，有些品牌会聘请专业调香师，为门店设计特有的环境香气，为顾客呈现独有的嗅觉记忆。

品牌案例 9-5

益达：酸甜苦辣

（三）产品的设计

为了使产品具有品牌体验的价值，企业可以突出任何一种产品的感官特征，使其变得容易感知，来增加消费者与产品的互动。这就需要企业明确哪种感觉最能打动目标受众，从而重新设计产品，使其更富有竞争力。

（四）服务体验的设计

人们在消费产品的过程中同时也消费着服务，服务体验的许多要素发生于后台而不为客户所知，或被前台所掩盖。在服务体验设计中，服务流程的设计最为重要，完善而到位的服务流程能使人有全程的美好体验。另外，相对于有形产品，服务产品的质量稳定难以保持，而严格、标准和优质的服务流程是保证服务质量一致性和稳定性的重要手段。哈佛商业杂志发表的一项研究报告指出，企业利润的 25%～85% 来自复购的客户，而吸引他们复购的因素，首先是服务质量的好坏，其次是产品本身，最后才是价格。这就要求企业设计出一套差异化、合理化的服务模式，通过完善服务流程、人员服务、服务词语、顾客关系管理来提高消费者对品牌的体验。企业可以通过会员卡等形式获得顾客资料，充分利用顾客资料与顾客沟通，并做到热情、周到、反应迅速。

（五）互动体验的设计

互动体验通常是由消费者对品牌的直接观察或参与形成的。不论事件是真实的还是虚拟的，任何一种体验都是消费者个人的心智状态与那些有意识的策划事件互动的结果。由此来看，互动过程是品牌体验的本质，丰富而令人难忘的体验就在于参与其中，消费者在交流沟通中通过发挥自己的能动性去了解和体验品牌，从而体会到互动的乐趣。因此，在体验现场传递品牌体验信息的同时，企业最好能组织体验活动让消费者参与进来。消费者在获得快乐体验的同时，在感性的驱使之下，易于产生对该品牌产品的购买行为。虽然目前的营销活动铺天盖地，但真正能够影响消费者心理的还是那些与品牌紧密关联的、消费者可以亲自参与的活动。

二、品牌体验实施

品牌体验营销的目的在于促进产品销售，通过研究消费者状况，利用传统文化、现代科学技术、艺术和大自然等手段来增加产品的体验内涵，在能够唤醒消费者情感价值的同时促成销售。当前，企业体验营销主要有以下几种模式。

（一）节日模式

随着消费者对于仪式感的需求逐渐增加，传统节日观念对人们的消费行为也产生了无形的影响。每一个节日，都是品牌的一个营销节点，"节假日消费"成为新消费名词。一般来说，品牌会通过两种形式开展体验营销，一是品牌借势传统节日中的相关内容，打造出相对应的节日 IP；二是品牌自己制造概念，打造独一无二的专属节日，比如京东"618"、特步"321"跑步节等。借势节日的品牌体验打造方式相对容易，使用频率高，因为消费者对于传统节日已经形成习惯，所以可以省去品牌概念打造过程，很容易为消费者所认知。但它存在一个弊端，就是同质化过于严重，很难突出品牌特色，比如 3 月 8 日是妇女节，各电商平台都涌现了"女王节""女生节"等字样，同质化的概念导致消费者对于品牌的辨析程度并不高。而品牌自己制造节日 IP 则需要品牌系统性、创意性地将核心概念融入一整套品牌体验过程中，从而给消费者带来较深的品牌印记，助力消费者形成良好的品牌形象。

（二）情感模式

情感模式是指通过寻找消费活动中导致消费者情感产生变化的因素，掌握消费态度形成规律以及有效的营销心理方法，以激发消费者积极的情感体验。这种模式在品牌体验过程中应用得较多。例如，近来消费者开始摒弃过多的形式主义和颜值标准，在考量家居产品时形成了"身心治愈、健康减压"的关键词，家居氛围的舒适与质感已经成为消费者的首要选择。Mlily 梦百合通过一场"免费试睡"体验，实施了一次有效的情感体验营销方案。在 3 月 21 日世界睡眠日，梦百合在线上发动了一场试睡体验馆的全球招募活动，同时在线下设计沉浸式体验引来众人"躺平薅羊毛"，唤醒消费者对于家居产品治愈的体验，从品牌深度、广度形成消费者的品牌体验感知。

（三）美化模式

由于每个消费者的生活环境与背景不同，对于美的要求也不同，这种不同的要求也会反映在消费行为中。人们在体验消费中追求美的动机主要有两种表现：一是商品能够为消费者创造出美和美感；二是商品本身存在客观的美的价值。这类商品能够给消费者带来美的享受和愉悦，使消费者体验到美感，满足对美的需要。

（四）服务模式

对于企业而言，优越的服务模式可以满足广大消费者的需求，取得他们的信任，同样也可以带动产品的销售量。以服务营销代表企业海底捞为例，海底捞自成立以来持续不断地为顾客提供极致的服务体验，涵盖消费者体验的全过程，包括消费者落座后主动递上围裙、为女士提供扎头皮筋、提供手机塑料薄膜和眼镜布、续饮料、提供生日服务、提供等位游戏等。极致的服务体验，让消费者感知到海底捞是个贴心服务、健康、让人放心的品牌。

本章小结

　　本章主要介绍了品牌体验的相关知识，其内容包含对体验经济的相关概述，品牌体验的概念、特点和作用。学术界对品牌体验的分类标准不尽相同，本书根据消费者情感的参与深度与广度、消费者参与程度及其与环境的相关性划分体验。通过施密特的品牌体验轴、品牌体验坐标、三维体验矩阵分析了品牌体验的分类维度，从消费者参与程度上将体验分为娱乐、教育、逃避现实和审美四种类型。

　　为适应体验经济时代的营销新环境和消费者需求的新趋势，企业必须合理地设计和实施品牌体验方案，通过情感打动、价值体验，给消费者留下美好的品牌印象，使消费者在心理和情感上得到满足，从而建立品牌偏好。

案例分析

宜家：体验式营销

　　宜家自1943年创立至今，已经成为全球最大的家具家居用品商场。它之所以能取得如此大的成功，主要是因为它早已将沉浸体验式营销融入了骨子里。宜家的沉浸体验式营销，将内部布局和服务方式设计得更加自然、和谐，旨在让每个人能感觉到，到了宜家就像是出外休闲旅行一般。为了打造这种体验，它在商场中设有咖啡店、快餐店和儿童活动区域等。如果在购物过程中消费者累了，可以喝一杯咖啡，也可以吃一份正宗的甜点，甚至是小憩一会。而在产品方面，宜家则是主张更为直接的体验。对于抽屉、柜子、床垫等，当你想要买的时候，不妨自己拉开抽屉，打开柜门，躺在床垫上试试，感受一下它们的质量，再决定是否购买。体验营销真正地让消费者有了"充分体验"和"顾客是上帝"的感觉。那么，宜家的体验营销是如何开展的呢？

　　1. "试用"体验兜售质量主张

　　在国内，很多家具企业并不让消费者体验，往往担心消费者将产品弄坏或者弄脏等，但是宜家告诉你，质量是禁得起考验的，同时还销售一种消费观念：体验过做出的决策才是最好的。宜家还告诉消费者，如果产品是最好的，就不要害怕让消费者知道。消费者知道得越多，越会信赖和喜爱你。

　　在宜家，用于对商品进行检测的检测器安置在厨房用品区，从第一天摆进卖场就开始接受测试器的测试，橱柜的柜门和抽屉不停地开、关，数码计数器显示着门和抽屉可承受的开关次数，让消费者近距离体验其质量。

　　2. 重视消费者体验需求

　　宜家是非常重视消费者需求的企业，宜家的产品做得非常的人性化和精致，让人爱不释手。宜家的产品充分考虑到使用的便捷性和舒适性，在这个以消费者为导向的时代，能够满足消费者的需求，就能够成为真正的市场赢家。

随着消费者消费意识的成熟，消费者对于消费的体验需求越来越强烈，宜家结合消费者的需求，提供了一套从现场卖场到最终将家具搬回家的全套体验营销，让消费者不仅在现场体验，回到家后还可以自己动手安装体验，拉近了产品与消费者之间的距离。同时，宜家规定门店人员不得直接向顾客推销，而是由顾客自行体验，除非主动咨询。宜家商场的入口处，提供给顾客产品目录、尺、铅笔和便条，帮助顾客在没有销售人员的情况下做出选择。宜家认为这种服务方式对于顾客来说已经足够，能够给顾客营销一个轻松自在的购物环境，增加顾客从购物过程中获取的满足感和成就感，也降低了对销售人员的需求，减少了人员费用。

3. 体验营销模式

宜家创立的体验营销模式是一种竞争力，但是在这个竞争力之中，产品设计和产品质量是最重要的。宜家的产品设计师来自北欧，零售店分布在全球，根据零售店的销售情况，宜家会从 10 000 多种商品中挑选几千种用于中国市场销售。对于众多家居企业而言，宜家的体验营销模式可以学习，可以复制，但其背后的产品设计、产品标准等并不是可以学习复制的，这便是宜家的核心竞争力。

宜家在中国市场的营销行为，让消费者感受到宜家成了家居文化中最强势的符号，不仅为消费者带来良好的品牌体验，同时也赢得了更多消费者的喜爱。

（资料来源：百度百科，https://baike.baidu.com/item/%E5%AE%9C%E5%AE%B6/182700?fr=ge_ala，笔者整理）

案例思考

1. 你如何理解体验式营销？
2. 通过阅读案例，你认为品牌应该如何洞察消费者体验需求？

第十章

品牌延伸

理论模块任务

1. 了解品牌延伸的含义与作用；
2. 了解品牌延伸的策略及利弊；
3. 掌握品牌延伸的准则及步骤；
4. 明确品牌延伸的风险。

实践模块任务

从策划品牌出发，评价品牌延伸的可能性，并在符合品牌延伸原则的基础上，科学制定品牌延伸策略。

开篇案例

京东品牌延伸

30年前，互联网技术的大规模应用，打破了地理限制。它让全球信息、商品加速流通，数十亿人由此进入PC互联网时代。微软、亚马逊也因此崛起。16年前，苹果发布第一款iPhone手机，敲开了移动互联网时代的大门。科技巨头不再一家独大，苹果、Facebook、谷歌等不断发展。在国内，以华为、美团、字节跳动为代表的中国公司崛起。2023年3月，Open AI技术的新突破，让ChatGPT拉开了新一代AI互联网时代的大幕。

京东作为中国自营式电商企业，在其品牌延伸过程中也充分结合品牌发展现状及核心业务开展，丰富了品牌的内涵。京东云是京东集团旗下的云计算综合服务提供商，拥有全球领先的云计算技术和完整的服务平台。它依托京东集团在云计算、大数据、物联网和移动互联应用等多方面的长期业务实践和技术积淀，致力于打造社会化的云服务平台，向全社会提供安全、专业、稳定、便捷的云服务。

京东云的业务主要涵盖电商云、物流云、智能云和产业云，依托京东十余年的电商经验和技术，面向传统企业、专业市场、产业园区等客户群体，提供以线上交易系统为核心的解决方案；为政府和企业提供物流技术、产品及运营咨询服务，降低用户自建物流成本，提升物流运营效率；整合京东在互联网市场的优质资源，提供技术支持、智能产品对接、智能创业孵化等服务；推动地区电子政府转型，从而提升政府的服务效率。京东云致力于做"更懂产业的云"，进一步发挥京东提出的"技术、技术、技术"核心优势，以数智化的一套技术贯穿于生产、流通、服务的各个环节。

(资料来源：京东黑板报公众号，笔者整理)

第一节　品牌延伸概述

品牌延伸是企业品牌经营的重要策略之一，早在20世纪初就盛行于欧美发达国家，世界著名企业大多是靠品牌延伸实现其快速扩张的。对于许多消费品制造商而言，进入一个新市场的财务风险巨大，在消费市场引入新品牌的成本大约在5 000万美元到1亿美元之间，总成本估计约1.5亿美元。美国著名品牌学家艾·里斯曾说：若是撰述美国过去10年的营销史，最具有意义的趋势就是延伸品牌线。据计，在过去10年中，美国新兴的知名品牌，有三分之二品牌延伸是成功的。然而品牌延伸是一把双刃剑，成功和失败的案例皆有。运用得当，品牌延伸就能够利用企业所拥有的最重要的资产并降低市场风险；运用不当，则可能出现破坏性的关联并付出昂贵的代价。因此，探究品牌延伸对企业进行正确的决策及最大限度地降低企业品牌经营风险具有十分重要的意义。

一、品牌延伸的定义

不同的学者对品牌延伸（Brand extensions）有不同的定义。美国市场营销学之父菲利普·科特勒认为，品牌延伸是指一个现有的品牌名称使用到一个新类别的产品上，它并不是简单地借用表面上的品牌名称，而是对整个品牌资产的策略性运用。品牌延伸能够让企业以较低的成本推出新产品，因而它成为企业推出新产品的主要手段。

本书认为品牌延伸是指企业利用现有品牌名进入新的产品类别，推出新产品，扩大品牌所覆盖的产品集合或延伸产品线，使其尽快进入市场的整个品牌管理过程。品牌延伸是品牌发展的客观要求和必然结果，是品牌营销的策略和工具，是品牌防御性和进攻性的集中体现，是对品牌固有价值和消费者消费惯性的充分利用，是企业对整个品牌资产的战略性应用。

品牌延伸既有企业的内部原因，也有外部原因。从企业内部来讲，强势品牌一般都具有一定的经营规模和经济实力，有丰富的企业资源、畅通的营销渠道和较高的管理水平，为新产品开发提供了可能，也为品牌延伸提供了可能。从外部来讲，市场与消费是促使企业品牌延伸的主要原因，当主导产品进入成熟期或衰退期时，市场出现饱和，消费需求增长缓慢；或者与对手竞争激烈，形成僵持状态；或者产品的生命周期短，需要更新换代，这些都会促使企业做出品牌延伸的决定。例如"海尔"品牌，最初消费者将其归类为"冰箱"，而在海尔不断向不同品类延伸后，消费者将其归类为"家电"，并成为我国白色家电第一品牌。但海尔在后续的品牌延伸中也出现了延伸失败，比如向药业、餐饮等领域延伸。

按照延伸产品与已有产品是否属于同一个类别，可将品牌延伸分为两大类。

（一）产品线延伸（Line extension）

它是指利用母品牌的市场知名度，在原有产品类别中推出新产品，但仍使用现有品牌。延伸产品与已有产品的不同之处体现在成分、口味、颜色、包装或用途等方面。产品线延伸是品牌延伸的主要形式，80%~90%的品牌延伸属于产品线延伸。

（二）品类延伸（Category extension）

它是指品牌延伸到和原有品牌不同的产品品类。例如，中国邮政咖啡店，就是中国邮政向新的品类进行延伸。品类延伸虽然没有产品线延伸那么常见，但有时候却能达到很好的市场效果。

二、品牌延伸的利弊

品牌延伸是企业快速发展的有效途径，但它又是一把双刃剑，运用合理，它就是企业发展的加速器，反之则可能成为阻碍企业发展的绊脚石，甚至是企业经营的杀手。因此，企业在进行品牌延伸时一定要考虑到延伸的双面性。

（一）品牌延伸的益处

品牌延伸得当，对企业来说就是如虎添翼，能使企业的新产品在短时间内得到消费者认可，市场在短时间内得到快速提升，从而加速企业的发展。品牌延伸对企业的有益之处主要体现在以下四个方面。

1. 迅速形成延伸产品的市场认知

企业在进行品牌延伸时，特别是当对母品牌进行延伸时，延伸品牌可以借助母品牌的影响力来提升自己，也就是把消费者对母品牌的一切印象和好感均转移向延伸品牌，这样可以避免消费者对新产品或新品牌产生防卫和不信任心理，降低消费者的风险感知，从而使延伸品牌在短时间内得到认可。例如，华为品牌从手机延伸至笔记本电脑，消费者在购买笔记本电脑时，不会因为华为的产品线延伸而拒绝购买。

2. 丰富主品牌的内涵

适当的品牌延伸能给消费者带来新鲜感，能向消费者传达主品牌的创新精神，提高母品牌的声誉。例如，小米从手机延展到小家电、冰箱、厨电、空调等全屋智能一体化设备，让消费者感受到小米的不断成长与发展，丰富了品牌的内涵。

3. 丰富和满足市场需求

品牌延伸能使品牌的产品更加丰富和多元化，能为消费者提供更多的选择。品牌延伸，从某个角度讲也是对市场进行细分，来满足不同目的消费者的需求。对于消费者而言，产品越丰富，品类越齐全，选择余地就越大，同时为消费者带来的便利性就越大。

4. 减少企业的营销成本

母品牌与延伸品牌和消费者之间的关系，就像给老朋友介绍自己新的家人一样，这是一个缩短信任时间的过程。对于企业来说，可以节省一笔庞大的广告费用和推广费用，无疑能够减少企业营销成本。

> **品牌案例 10-1**
>
> 李宁——宁咖啡

（二）品牌延伸的弊端

适当的品牌延伸对企业十分有利，不适当的品牌延伸对于企业而言就是一种风险。那么不当的品牌延伸对企业都有哪些风险呢？

1. 模糊母品牌的定位

由于母品牌的定位（包括品牌是什么，其属性、个性、价值主张等）在消费者心目中已经形成，在品牌延伸以后，消费者就会对母品牌产生新的认识，甚至是错误的认识，这就会模糊消费者对母品牌的定位，自然也会影响消费者的购买决策。这种错误延伸在我国企业品牌中比较常见，甚至一些知名品牌，如娃哈哈、海尔等也不例外。

2. 损害母品牌的形象

品牌形象是品牌延伸的根基，但在品牌的垂直延伸过程中，如果由高端市场向低端市场延伸，会大大影响品牌的高端形象，由此失去高端市场。例如，1982 年美国派克公司新任总经理一上任，不是把主要精力放在改进派克钢笔的款式、质量上，而是转向低价位的产品开发，争夺低档笔市场，结果最后没能占领低档笔市场，高档笔市场又被其他品牌占领，险些丧失其高端品牌的市场形象。

3. 会让消费者产生排斥心理

品牌延伸要与原有产品的属性保持相关性或一致性，才能使消费者产生联想，最终认可和接受，带动整个企业产品的销售。但在实际的品牌延伸过程中，企业往往脱离了相关性和一致性的原则，导致消费者产生心理矛盾或心理冲突。例如，马应龙集团生产的痔疮膏，功效得到了消费者的认可。治疗痔疮的原理和治疗黑眼圈的原理并没有太多区别，痔疮膏同样具有去眼袋的功效。但是马应龙集团推出的"马应龙眼霜"产品并没有得到预期的市场反响，因为生产治痔疮产品的企业推出眼霜，消费者对于此类品牌延伸的接受程度相对较低。

4. 产生"株连"效应

企业在单一品牌策略下延伸时，一旦某一产品出现问题，就会殃及所有的品牌产品，正所谓"城门失火，殃及池鱼"。因为众多产品共用一个品牌，一旦其中某一个产品出现问题，就会损害原品牌及其他产品的声誉，产生"株连"效应。

第二节　品牌延伸的路径与策略

一、产品线延伸策略

产品线延伸策略实际上是从广义的品牌延伸概念而来的。20 世纪 70 年代以后，国际企业界开发新产品的风险急剧增加，即使是使用狭义上的品牌延伸策略，其风险与成本也逐步增加，从而迫使企业更加依赖以产品线延伸的方式来获得规模经济效应。1991 年，美国食品市场上推出的 6 125 种"新"产品中，只有 5% 采用了新品牌、新产品这种经营形式，另外 95% 是在充分利用老品牌辐射力的基础上，以品牌延伸特别是产品线延伸的方式推出的"新"产品。现在产品线延伸是企业最常见的品牌延伸形式，事实上，几乎所有的产品类别都有产品线延伸。产品线延伸是企业常用的产品策略，一方面是为了增加消费者对企业产品的选择范围；另一方面也是为了争夺零售商销售现场的展示空间。

产品线延伸有三种具体的形式：向下延伸、向上延伸和双向延伸。

（一）向下延伸

向下延伸指原有品牌定位于市场顶端，即高档产品定位，为了更好地开拓市场，企业将高档品牌向中低档品牌方向延伸的一种策略。向下延伸，比较通俗地说，就是对于高档品牌和豪华品牌的扩展。高档品牌，从其本质来说，限制了自身的延伸范围，因为这些品牌在消费者心目中被定位为高档的东西，所以，通过降低质量标准或降价来进行品牌延伸是危险的。这些品牌体现了人们的身份地位和独特性，这些品牌被称为象征性品牌。如果派生出一个中低档的大类，利用高档品牌产品的声誉，吸引购买力水平较低的顾客慕名购买这一"品牌"中的中低档产品，就会使品牌贬值，极易损害品牌高品位的形象，风险很大。因此，唯一可行的方法是将品牌与其延伸品牌拉开距离，采用不同的品牌名称，但是同时要保留品牌的核心价值。

（二）向上延伸

向上延伸是在产品线上增加高档产品生产线，使产品进入高档市场。日本企业在汽车、摩托车、电视机、收音机和复印机行业都采用过这一策略。同时，一些国际著名品牌，特别是原先定位于中档的大众品牌，为了实现品牌资产增值，改善品牌形象，不惜花费巨资，以向上延伸策略拓展市场。

（三）双向延伸

双向延伸是定位于中档产品市场的企业在掌握了市场优势之后，一方面向高档产品延伸，另一方面向低档产品延伸，扩大市场阵容。在20世纪70年代后期的钟表业市场竞争中，日本"精工"采用的就是这种策略。当时正逐渐形成高精度、低价格的数字式手表的需求市场，精工以"脉冲星"为品牌推出了一系列低价表，从而向下渗透到了这一低档产品市场。同时，它也向上渗透到高价和豪华型手表市场，它收购的一家瑞士公司，连续推出了一系列高档表，其中一款售价高达5 000美元的超薄型手表进入最高档手表市场。

二、主副品牌策略

主副品牌策略是指一个主品牌涵盖企业的系列产品，同时给各个产品打造一个副品牌，以副品牌来突出不同产品的个性形象。一般是同一产品使用一主一副两个品牌。主副品牌策略的基本特征和运用如下。

（一）主品牌处于中心地位，副品牌处于从属地位

这是由于企业必须最大限度地利用已有的成功品牌，这与品牌延伸的最初出发点是一致的。广告受众识别、记忆以及对品牌认可、信赖和忠诚的主体是主品牌，因此，企业必须最大限度地利用已有的成功品牌的形象资源，否则就相当于推出一个全新的品牌，市场推广难度很大。例如，"海尔——神童"洗衣机，其副品牌"神童"传神地表达了该洗衣机"电脑全自动""智慧型"等产品特点和优势，但消费者对"海尔——神童"的认可、信赖乃至决定购买，主要是基于对海尔品牌的信赖。因为海尔作为我国白色家电第一品牌，已拥有很高的知名度和美誉度，若在市场上没有把"海尔"作为主品牌进行推广，而是以"神童"作为主品牌，那将是十分困难的。

（二）主副品牌关系不同于企业品牌与产品品牌关系

这主要是由品牌是否直接用于产品以及是否用于认识、识别主体所决定的。例如，"海尔——帅王子"冰箱和"三星——名品"彩电，海尔、三星是企业品牌，同时也直接用于产品，它们也是产品品牌的识别重心，故"海尔"与"帅王子"、"三星"与

"名品"是主副品牌关系。

（三）副品牌具有口语化、通俗化的特点

副品牌不仅能生动形象地表达产品特点，而且传播快捷广泛，易于较快地打响主品牌。"光明——畅优""光明——莫斯利安""伊利——QQ星"乳品牌均有这一特点。副品牌由于要直接表现产品特点，与某一具体产品相对应，所以大多选择内涵丰富的词汇，因此副品牌使用面比主品牌窄。主品牌的内涵一般较宽泛，有的甚至根本没有意义。副品牌则不同，"小厨娘"用于电饭煲等厨房用品就十分贴切，以口语化、通俗化的特点引起消费者的关注，达到销售的目的。

副品牌一般不用额外增加广告预算。采用副品牌后广告宣传的中心仍是主品牌，副品牌从不单独对外宣传，都是依附于主品牌联合进行广告活动。这样，一方面能尽享主品牌的影响力；另一方面，也能够扩大副品牌的识别度和知名度。

三、特许经营策略

遍及世界各个角落的"肯德基"和"麦当劳"以其优质的服务、整洁明快的用餐环境、可口的快餐食品享有盛誉。它们的成功有许多相似之处，其中重要的一点在于它们都是特许专卖权所有者，都成功地应用了特许经营方式。可以说，没有特许经营，麦当劳和肯德基快餐店就不可能如此迅速地在全世界繁衍，也难以成为全球性品牌。

特许经营作为以品牌连锁为核心的品牌延伸方式，欲使特许人与受许人共享的品牌能够得到发展，使品牌在特许经营这个品牌延伸方式下得到增值，不仅需要塑造统一的外部形象，而且还要有维系品牌内在质量和外在形象的专有技术、独特配方，以及有效的经营方式、管理控制手段等的继承与发扬，这是品牌的灵魂所在。在特许经营过程中，在规范共性的同时还要考虑保持个性。虽然追求一致性是特许经营方式最基本的原则，但这并不是否定各加盟店具有个性的理由。因为受文化等因素的影响，各加盟店所面对的目标市场不尽相同。在保持一致性的同时，为适应市场的需要，各地的加盟店保有一定程度的个性是保障品牌在异地做"活"的客观要求。例如，"全聚德"这个拥有159年历史的老字号，要求各加盟店除了必须按统一标准经营，除了其特色烤鸭及22种标志性的菜品以外，可以为适应市场而经营其他菜肴（四川全聚德可以经营川菜、广东全聚德可以经营海鲜），将全聚德的共性与各加盟店的个性有机结合起来，使消费者既有目标性又有选择性。但需要注意，特许经营店铺的地域个性化程度不宜过高。

对于特许人来说，特许经营可谓是一种低风险、低成本的品牌延伸或市场扩张模式。一方面，在特许经营方式下，特许人可借助他人的财务资源实现品牌扩张或市场扩张，这样特许人能以更快的速度扩展业务、拓展市场，而不受资金限制，这使得特许经营成为迅速扩大品牌影响力、提高市场占有率的较佳方式；另一方面，特许经营可使特许人节省资源，降低运营成本。对于受许人来说，特许经营意味着它必须放弃自有品牌。受许人冒此风险而乐于加盟，是因为特许经营能给受许人带来许多益处。一方面是借助特许人的品牌优势，可迅速获得良好的市场效益；另一方面，成为加盟者的企业，借助特许人的品牌优势，增加了抗风险的能力，易获得条件优惠的贷款；最后，通过引进特许人成功的经营管理模式，能够提高自身的经营管理水平。必须提醒注意的是，作为有意扩展自己品牌的特许人，必须考虑特许经营对于品牌、市场声誉等无形资产可能带来的负面影响，应对构建特许加盟体系或系统预先进行理性而深入的调查分析，这是确保特许经营健康发展并在特许过程中实现双赢的必要前提。另外，还要选择合适的加盟者，建立统一的经营管理制度和严格的检查监督制度，注意专有技术的保密工作。

第三节　品牌延伸原则与步骤

品牌成功延伸的前提是母品牌具备较高的市场知名度，以及清晰和丰富的品牌联想。如果消费者头脑中还没有对母品牌形成好印象，那么消费者就不可能对延伸产品形成好的预期。因此，母品牌的优质品牌资产是品牌延伸的前提或基础。

一、品牌延伸原则

（一）品牌延伸应以匹配性为基础

品牌延伸的匹配性是指延伸产品与母品牌之间的相似程度，匹配性被认为是决定品牌延伸成败的最重要因素。延伸产品与母品牌越匹配，那么消费者越有可能将母品牌的无形资产转移给延伸产品。同时，延伸产品与母品牌越匹配，消费者越相信企业具有生产延伸产品的能力。

消费者对于产品的认识是大脑中的记忆节点相互联系在一起的结果，如果大脑中两个记忆节点是紧密相连的，那么激活其中一个节点就会带动另一个节点。如果延伸产品与母品牌是匹配的，那么延伸产品与母品牌之间就具有紧密的联系，消费者对于母品牌的认知与联想（如高质量的）就可以转移给延伸产品。然而，如果延伸产品与母品牌之间不具备匹配性，那么母品牌积极正面的品牌联想将难以转嫁给延伸产品。

匹配性是一个复杂的概念，分为"抽象"和"具体"两个维度。以品牌形象、使用情境、目标客户为基础的匹配性被认为是抽象的匹配性，与产品功能属性、技术工艺为基础的匹配性被认为是具体的匹配。公司可以根据自身情况，决定是从"抽象"维度还是从"具体"维度将已有品牌的无形资产延伸到新的产品类别，以及要采取的相应的市场营销策略。以下将介绍几种品牌延伸中的匹配性类型。

1. 基于品牌形象的匹配性

品牌形象反映一种较为抽象的品牌联想（如较高的社会地位）。例如，香奈儿（Chanel）是 1913 年在法国巴黎创立的品牌。香奈儿的产品种类繁多，有服装、珠宝首饰及其配件、化妆品、香水等，每一种产品都闻名遐迩，特别是它的香水与时装。香奈儿是一个有 100 多年历史的著名品牌，香奈儿时装有着高雅、简洁、精美的风格，它善于突破传统，将 20 世纪 40 年代"五花大绑"的女装推向简单、舒适。它采用双 C 的标志，体现了高雅、简洁、精美、崇尚自由的风格。所有冠有香奈儿品牌名的延伸产品永远都代表了简单、舒适、品位，具有国际化、现代、朝气、优雅、创造性等美好形象。

2. 基于使用情境的匹配性

产品使用情境或场合的一致性也可以作为品牌延伸的依据。消费者对于使用情境一致的品牌延伸一般会给予较高的评价。例如，大连万达集团将自己定位于"城市综合体"，而非商业地产。现已形成商业地产、高级酒店、旅游投资、文化产业、连锁百货等五大产业。万达的百货、影院、KTV、酒店以及餐厅等，具有使用情境的匹配性，共同构成一个城市消费者的生活链。

3. 基于特殊品牌属性联想的匹配性

即使延伸产品与母品牌的产品类别并不相似，只要母品牌具有特殊的品牌联想，同样可以成功地延伸到相似程度低的产品类别。例如，悍马是大家熟知的美国越野汽车品牌。如果告诉你悍马也生产笔记本电脑，乍一听你可能会觉得奇怪。然而，如果再告诉你，悍马所推出的笔记本电脑面向的客户群体是那些经常在户外工作，对笔记本电脑的耐用性和坚固性要求很高的人群，那么，你会将对悍马汽车的品牌联想匹配到笔记本电脑上，认为它也能够轻松应付各种恶劣的户外环境。

4. 基于技术可转移性的匹配性

生产工艺的可转移性可以作为品牌延伸的基础。与产品在功能属性方面的匹配性相类似，许多企业将技术的可转移性看作是进行品牌延伸的重要依据。例如，苏宁易购强势进入电商领域，推广线上渠道，究竟苏宁易购有哪些专有技术可供其延伸至电商领域呢？苏宁易购在电器零售领域积累的线下业务、连锁网络、物流仓储系统等是可以转移给电商业务的关键技术与能力。

大量案例与学术研究表明，"抽象"的匹配性和"具体"的匹配性对于品牌延伸的成功，各有其重要影响。虽然悍马汽车与笔记本电脑、Elle杂志与服装、阿迪达斯运动鞋与护肤品这些母品牌与延伸品之间在生产工艺上完全没有联系，它们之间似乎难以建立具体的联系，但消费者能够在抽象的层面上建立母品牌与延伸产品之间的关系。例如，惠普利用其已有品牌知名度，不断向办公设备领域渗透，建立起办公设备产品的系统供应商。可见，基于具体属性的品牌延伸也能赢得市场的认同和偏爱。总之，成功的品牌延伸不仅能使新产品在市场份额和销售上取得成功，还能进一步强化母品牌已确立的品牌定位，使母品牌的形象更加突出和显著。

（二）优质品牌形象益于品牌延伸

品牌的品质形象（Perceived quality）是品牌成功延伸的前提。母品牌越具备优质形象，消费者对于延伸产品的评价就会越高。阿迪达斯延伸至男性护肤用品市场就获得了不错的市场反应，原因之一是阿迪达斯作为运动鞋或运动服装的品牌形象是优质的。

（三）品牌定位抽象益于品牌延伸

一般来说，从个性、生活方式、用户形象方面进行定位的母品牌具有更抽象的品牌形象，更有利于品牌延伸。与此对应，如果母品牌的定位是较为具体的物理性质的概念，如技术工艺、功能等，则会减弱品牌延伸的能力。例如，强生品牌最初定位为适合于婴幼儿的护肤用品，显然这个品牌定位仅着眼于特定的消费群体，且物理属性突出，因此前期品牌延伸能力较弱。后来，强生将自身的定位拓展为柔和的、无伤害的（更为抽象）品牌后，其品牌延伸的能力得到增强。所以，今天强生面向成年人的护肤和清洁用品也持续使用这一概念，取得了相当不错的市场业绩。

这一原则同样可以解释与功能品牌相比，为何奢侈品更容易进行品牌延伸。由于奢侈品并不定位于特定的、具体的功能属性，而是定位于某种生活方式，因此这种宽泛的、更富有弹性的品牌定位有助于进行品牌延伸。如果延伸产品同样具有相同的品牌定位，宣传的生活方式或价值观相似，就能够与母品牌建立起联系。

（四）品牌产品线宽广益于品牌延伸

如果母品牌已具备宽广的产品线，消费者就会相信其具备品牌延伸的能力。同样，延伸产品所覆盖的领域越宽，母品牌的内涵越是能够得以丰富和拓宽。例如，美的品牌最初只生产小家电，后来进入空调领域。而后，美的品牌扩宽了产品线，相继推出了冰箱、洗衣机等电器类产品。这样，消费者就不再仅将美的作为小家电品牌，而是与白色家电品牌挂钩。当然，这一原则需要以延伸产品的成功作为基础，如果以往的延伸产品与主打产品的品质存在较大差距，消费者就难以相信母品牌具备品牌延伸的能力。

（五）延伸品类竞争激烈不益于品牌延伸

企业实行品牌延伸策略时仅考虑延伸产品与母品牌的匹配性是不够的，品牌延伸还需要考虑延伸的目标产品品类的竞争强度。如果目标品类的竞争非常激烈，贸然往这一类市场延伸则是不明智的。有学者认为这一原则比匹配性更为重要，轻视这一因素，企业可能会做出错误的延伸战略决策。研究证实，消费者在对产品进行评价时也会考虑竞争因素，如果延伸品类中存在强有力竞争对手，消费者会将延伸产品与竞争产品相比较，从而弱化了匹配性的重要程度。

综上，在影响品牌延伸成功的众多因素当中，母品牌特征（尤其是品质）被证明是最重要的因素。因此，公司首先要致力于在顾客心目中打造出拥有正面的、独特影响力的品牌，这样才能为后期品牌延伸打造良好的基础。

二、品牌延伸步骤

品牌延伸包括以下几个步骤。

（一）明确延伸对象

一般来说，被延伸的品牌以公司品牌居多，如海尔、美的、小米等。但也有一些案例中，延伸的是单个品牌，如通用汽车在别克这一品牌下面推出了别克凯越、别克君威、别克君越等子品牌的汽车。究竟选择公司品牌还是单个品牌进行延伸主要看企业的行业发展战略规划。如果企业计划进入新的行业，可以选择公司品牌进行延伸；如果企业只是希望丰富和填补原有的产品线，则选择单个品牌来延伸新产品更为明智。不管是选择公司品牌还是单个品牌，一个适合延伸的母品牌应该具有较高的知名度和良好的形象。从现有的成功经验来看，品牌延伸应"步步为营"，在没有建立品牌知名度和品牌形象之前就急于延伸，会分散品牌的力量，造成延伸失败。

品牌案例10-2

7-11品牌延伸

（二）确定延伸类型

品牌延伸类型将决定延伸产品的选择方向。选择品牌延伸类型时首先要考虑的是采取公司内延伸还是公司外延伸。虽然公司内延伸比公司外延伸可控性更强，但对企业的财务、生产和营销压力也更大，选择前者还是后者，取决于公司的品牌战略。之后的决策问题是采用产品线延伸还是产品类别延伸。一般来说，先进行产品线延伸，在某一个产品领域做大做强之后，再凭借专业品牌优势进行产品类别延伸。进行产品线延伸并不困难，因为延伸产品与原产品同属于一个产品线，消费者容易形成一致性的认知。难的是产品类别延伸，由于各产品类别存在差异，延伸产品可能会与原产品产生冲突，不仅容易失败，还可能损害母品牌形象。一般来说，只有当原产品类别的利润空间不大、竞争过于激烈的时候，才会考虑延伸到新的产品类别。

（三）测量顾客认知

母品牌如何延伸取决于消费者对该品牌的认知情况，而不是企业自身的看法，所以企业需要对消费者进行品牌认知调研。调研的方法包括定性和定量两类。常用的定性方法包括自由联想法和投射法。自由联想法采用焦点小组法或深度访谈法进行，以此探索品牌在消费者头脑中有关品类、价位、特色、个性等方面的联想。投射法是一种心理学测试技术，它能使被访者在轻松的状态下回答某些不愿回答或者难以回答的问题，原因是用以测试的简单图片或问题背后对应着复杂的心理活动。定量方法则是采用李克特（Likert）量表来表述品牌认知和形象的问题，以便将消费者对品牌认知的程度进行量化。显然，通过定性调研可以获得更为深入的信息，而定量调研具有规模上的统计意义，二者结合可以取长补短。

（四）选择延伸产品

对候选延伸产品进行评估需要考虑两个问题：第一，消费者对延伸产品的接受程度如何？第二，延伸产品对母品牌有何影响？第一个问题需要启动对消费者的抽样调查，让消费者对备选方案进行评分，分析母品牌延伸到哪些新产品上更容易被接受并解释原因。为了保证所列的延伸方案没有遗漏，还可以请被访者补充适合延伸的产品。通常会有多个延伸产品的备选方案，被访者被要求对最适合的对象进行排序。第二个问题的答案有三种可能：正面影响、负面影响、无明显影响。正面影响通常发生在延伸产品与原产品之间关系比较紧密时，如海尔延伸到洗衣机、空调、电热水器等产品之后强化了海尔"家电巨头"的形象；无明显影响通常是因为一些跨度较大的延伸难以直接给母品牌带来帮助，如海尔生物制药对海尔"家电"形象没有太大的促进作用；负面影响是管理者要极力避免的。可能招致负面影响的原因包括：第一，行业冲突，如娃哈哈品牌延伸至红酒行业，一个是奶，一个是酒，二者并不协调；第二，市场冲突，如梦特娇同时拥有男装、女装和童装三个完全不同的市场；第三，档次冲突，如高档的茅台酒延伸到茅台王子酒和茅台迎宾酒等中低档白酒上面，并没有获得很大的成功。一个好的延伸产品应该能够被消费者接受，同时也对母品牌具有正面的促进作用。

（五）设计营销方案

明确延伸产品之后，管理者需要设计品牌营销计划对其进行推广。本质上，延伸产品营销的关键在于建立延伸产品与母品牌之间的共同点，使母品牌的资产能够部分转移到延伸产品上。其中最核心的一个问题是延伸产品的品牌命名问题，即究竟采用单品牌延伸、主副品牌延伸还是亲族品牌延伸。如果延伸产品与原产品属于同一个类别，但企业希望突出产品的特色，可以采用主副品牌延伸，如马自达在中国合资公司推出的M6、M3、M2等不同车型；如果延伸产品与原产品不属于同一个类别，并且类别之间不容易产生认知冲突，那么可以采用单一品牌延伸，如三菱品牌下的三菱空调和三菱电梯；如延伸产品与原产品之间容易产生认知冲突（如档次差异大、行业之间易产生不良联想）的话，则最好采用亲族品牌延伸。除了品牌命名，延伸产品的营销计划还包括：采用相同的或类似的品牌标志，如华伦天奴的"V"形标志在皮具、服饰上都稍有调整；采用相同的品牌口号，如飞利浦在所有产品的广告上都以"精于心，简于形"作为结尾；采用类似的产品特征或广告诉求，如飘柔洗发水强调"使头发柔顺"，而飘柔沐浴露和香皂则注重"使肌肤润滑"。

（六）评估延伸结果

企业实行品牌延伸后，管理者需要对品牌延伸的表现做出评价。这个评价基于两个标准：第一，延伸产品是否获得了良好的市场反向？第二，延伸产品对母品牌产生了什么影响？如果这两个标准得分都很高，那么该品牌延伸就是成功的，如耐克从篮球鞋延伸到运动用品和运动服装就非常成功。如果只是标准1得分很高，而标准2得分接近0（即没有什么影响），那么该品牌延伸效果尚可，如奥克斯空调延伸到奥克斯手机，后者对前者并无明显作用，延伸效果一般；如果标准2得分为负数（即延伸产品对母品牌产生了负面影响），那么无论标准1得分如何，该品牌延伸都是失败的。

第四节 品牌延伸风险及其规避

一、品牌延伸的风险

品牌延伸因其双面性，在给企业带来成果的同时也带来风险，甚至会置企业于破产境地。所以，著名营销专家杰克·特劳特认为，品牌延伸是一个可能置企业于死地的充满诱惑的陷阱。可见，品牌延伸存在一定风险。品牌延伸的风险主要体现在以下几点。

（一）损害母品牌形象

品牌是属于消费者的，这是把握品牌延伸的精髓。如果延伸产品与母品牌的品牌联想存在较大差异，消费者便难以将母品牌的优质联想转移给延伸品牌。企业进行品牌延伸的目的是希望借助母品牌的品牌知名度带动延伸品牌产品的销售，但这是否能使延伸产品受益还取决于延伸产品与母品牌的匹配程度。

（二）产生负面品牌联想

有些企业在进行跨行业的品牌延伸时，不顾品牌的核心定位和匹配性，把同一品牌用在两种不同行业的产品中，当两种产品在用途上存在矛盾时，消费者对品牌联想就可能产生心理冲突，导致负面品牌联想。

品牌案例10-3
"999"品牌盲目延伸

（三）产生跷跷板效应

延伸产品的成功，可能仅仅是由于消费者将母品牌旗下原有产品的购买转移给了延伸产品，即延伸产品侵占了母品牌的销量。出现这一现象的原因可能是由于延伸产品与已有产品差异较小,导致消费者在母品牌与延伸品牌之间出现了消费转移。但在市场竞争中,这比消费者转移购买竞争者的产品而言,并不算一件坏事。但延伸品牌产品的崛起,无形之中削弱了母品牌产品的竞争优势,这种强力品牌产品与延伸品牌产品竞争态势的交替升降变化,被称为"跷跷板效应"。

（四）产生"株连"效应

所谓"株连"效应,是指当延伸的品牌经营不善时,会影响核心品牌在消费者心目中的形象。许多产品使用同一品牌或同一系列品牌,其品牌关联度大,一旦某种产品或一个领域的经营出现危机,将引起连锁反应,危及其他产品或其他领域,而这些往往是品牌决策者始料未及的。

综上所述,企业在进行品牌延伸时,应抓住延伸时机,正确应用延伸的步骤和方法,谨慎避免陷入延伸的陷阱中。

二、品牌延伸风险的规避

成功的品牌延伸能够增加品牌的知名度与正面评价,进而使品牌资产得到充分利用,并在利用中增值。但品牌延伸毕竟有很多陷阱,存在潜在的风险,企业必须从长远发展的战略高度审视品牌延伸,要了解品牌延伸的陷阱,认清品牌延伸的负面影响,理智权衡利弊得失,采取一些措施降低甚至避免品牌延伸的风险,以确保品牌延伸成功。

（一）正确评估原品牌实力

在品牌延伸之前,评估品牌实力,正确认识现有品牌,是确保品牌延伸成功的必要的基础性工作。既然品牌延伸的目的是要借助已有品牌的声誉及市场影响向市场推出新产品,那么拟延伸的品牌必须是具有较高知名度和美誉度,在消费者心目中具有很高地位的品牌。如果拟延伸的品牌尚无延伸优势而强行将品牌拉长、拉宽,结果必然适得其反。例如,巨人集团原本在最初的电脑行业就没能取得较大的品牌优势,在母品牌实力不足的情况下,贸然开展多元化进军房地产和保健品行业,最终导致资金过于分散,使企业陷入重重危机之中。企业在做活品牌时,一方面要重视品牌外部形象的设计和塑造,另一方面要练好支撑品牌形象的内功。只有品牌的内功足、外部形象佳、品牌知名度和美誉度高,才能使品牌为延伸的产品提供一种附加价值,也才有可能使延伸富有成效。

（二）考虑现有品牌的定位及其适用范围

产品定位准确往往会起到事半功倍的效果。它就像一杆秤的"定盘星","差之毫厘,谬以千里"。我国古代商人有句行话,叫作"斥候问市",是指企业的产品要定位,首先要进行市场调查研究。对现代企业市场营销而言,需要做好几个方面的工作：运用定量分析和定性判断的方法分析消费者的心理需求；良好把控宏观环境（政治、经济、文化、社会）变化；深入调查同行竞争者和竞品；等等。同时,除了一个国家或地区的文化传统和生活习惯外,民族心理也是必须考虑的一个重要因素。瑞士雀巢公司的一个经理说："我们花费了 10 年的时间,才在印度找准了自己产品的定位。"雀巢公司在 1962 年进入印度市场,但一直没有很大起色。在深入研究市场后,1983 年,雀巢公司在印度市场上推出了"麦吉"牌方便面,将它作为正餐之间的"点心"来推销,结果销量大增。考虑到印度人的收入水平和生活习惯,雀巢公司的产品大多采用小包装以降低价格，因此在印度市场销售的 19 种雀巢产品中，有一半以上价格低于 25 卢比。由于把握住了市场的"定盘星"，雀巢公司 1998 年的销售额比 5 年前增加了一倍多，盈利增加了 50%。可见，把握好产品市场的"定盘星"是搞活企业的法宝。因此，企业在研制开发新产品之前，就要明晰市场定位，把握目标市场的特点，有的放矢地将新产品推向市场。这样既可避免竞争对手的竞争，又能起到"投资少，见效快"的效果。

（三）谨慎延伸个性强的品牌

如果一个品牌个性极强，即已成为某一种（或某一类）产品的代名词时，最好放弃品牌延伸策略。一般来说，每一品牌尤其是知名品牌都有自己独特的个性，这是由品牌标识下的产品属性决定的，也是品牌在消费者心里形成的思维定式。"奔驰"汽车，与豪华、昂贵、富有和成就相联系；万宝路香烟，是勇敢、强壮和拼搏的象征（真正的男人世界）。若将"奔驰"延伸到低档汽车上，消费者将难以接受，因为延伸产品打破了奔驰原有的"高档"形象，甚至可能会影响奔驰的品牌形象。所以，为了不使品牌延伸落入陷阱，确保延伸成功，对个性较强的品牌更要注重保持延伸品牌与原品牌的形象契合。

（四）重视产品的市场生命周期

产品的市场生命周期理论揭示了产品更新换代是市场竞争的必然结果。随着科技水平的提高、消费者需求的改变以及市场竞争的加剧，产品市场生命周期大有缩短之势。如果新延伸产品处于产品市场生命周期的成熟期甚至衰退期，就会加大品牌延伸的风险。因此，进行品牌延伸时，要考虑新延伸产品的市场生命周期。不仅如此，生命周期理论还告诉我们，应该通过采用新材料、新工艺、新管理方式等创新活动来提高原产品的质量和服务水平；或者通过实施产品地域转移战略，放弃市场需求趋向饱和的市场，而向其他新市场进行延伸，从而使同种产品的品牌延伸获益。

（五）延伸品牌重新命名策略

为了避免品牌延伸的风险，减缓对原品牌的消极影响，通常的做法是在保持原品牌名称不变的情况下，再为新产品起个新名字。这样不仅可以引导消费者突破原有观念接受和认可新产品，而且能迅速地将对主品牌的信赖、忠诚转移到新产品上来，从而有效地减少"株连"的危险性。例如"可口可乐"不仅是世界驰名商标，而且是碳酸饮料的代名词，但是可口可乐在品牌延伸时其延伸饮料品牌命名不使用"可口可乐"，而是命名为"雪碧""芬达"。这两个品牌的成功运作，是可口可乐公司的成功延伸，不仅保有原品牌的品牌形象，同时可以将产品延伸至不同目标市场。

（六）与企业的长远规划相一致

过分倚重品牌延伸战略会影响企业开创新品牌的进度，因此必须以企业长远规划为中心，及时分析企业内部资源和外部营销环境的变化，结合新品牌的开发，全面发展企业的品牌战略。

总的来说，品牌要立足于不败之地，发展是硬道理。要把品牌延伸作为产品向新领域和新市场拓展的手段，唯有如此，企业的影响力才会不断提高，品牌才会保持永久的吸引力。

本章小结

品牌延伸策略正在受到越来越多企业的青睐，很多大型企业也通过品牌延伸获得成功。但品牌延伸具有双面性，既可能给企业带来一定益处，也可能因延伸不当损害企业既有的品牌形象。

企业在制定品牌延伸策略时，要注重匹配性。匹配性被认为是决定品牌延伸成败的最重要因素。如果延伸产品与母品牌是匹配的，消费者就有可能将母品牌的无形资产转移给延伸产品。同时，延伸产品与母品牌越匹配，消费者越相信企业具有生产延伸产品的能力。品牌在进行延伸时，需要确定延伸对象、延伸类型、测量顾客认知，选择延伸产品，设计营销方案和评估延伸结果。

但品牌延伸也存在一定风险，如若延伸不当，可能会损害母品牌形象，让消费者对品牌产生负面影响，出现跷跷板效应甚至出现"株连"效应。但品牌风险是可以进行一定程度规避的，所以在品牌延伸的过程中应谨慎前行，注意应遵循的准则和步骤，规避风险。

案例分析

娃哈哈的品牌延伸之路

娃哈哈品牌诞生于1989年，宗庆后在当时发展迅速的营养液市场上发现了一个空白市场——儿童市场，遂开发出以"给小孩开胃"为诉求的儿童营养液产品，并起名为"娃哈哈"，同时企业也更名为"杭州娃哈哈营养食品厂"。得益于"喝了娃哈哈，吃饭就是香"的儿歌以及娃哈哈品牌的天然亲和力，在强力的广告宣传下，娃哈哈儿童营养液的销量急速增长，1990年销售额突破亿元，1991年更是增长到四个亿。娃哈哈在两年之内也成功成长为一个有极大影响力的儿童营养液品牌。

1995年，娃哈哈决定进入成人饮料市场，并沿用"娃哈哈"品牌生产纯净水，但受到了几乎一边倒的非议。一个儿童品牌如何能打动成人的心，是娃哈哈面临的最大挑战。针对这个垂直型品牌的延伸，很多人认为此举并不能利用娃哈哈原有的品牌优势，只会让品牌个性变得模糊，建议娃哈哈应该采取多品牌战略。但考虑到多品牌涉及的巨额推广费用以及娃哈哈当时的资金情况，宗庆后毅然决然地坚持了品牌延伸之路。相应地，在广告宣传上，娃哈哈纯净水淡化了原先的儿童概念，采用了"我的眼睛只有你""爱你就等于爱自己"等宣扬年轻、活力、纯净的感觉，寻找在成人特别是年轻人心中的品牌认同。这次品牌延伸，让娃哈哈依托纯净水使企业规模和实力都完成了一次飞跃。

1998年，娃哈哈制定的销售目标是1996年的10倍。但纯净水市场日渐饱和，竞争日趋激烈，儿童饮品也已经进入了市场衰退期，两个产品的市场状况都无法实现这一宏大目标。于是，宗庆后带领团队进入碳酸饮料市场，娃哈哈没有单纯地进行品牌延伸，而是开创碳酸品牌"非常可乐"。2003年，非常可乐一年的产销量超过60万吨，娃哈哈在"非常可乐"基础上又延伸出"非常柠檬""非常甜橙"等产品，完善"非常"

产品线。此时，娃哈哈已经成长为一个总资产60多亿的饮料巨头，但娃哈哈的目标是在未来5年内业务规模增长3倍，而仅靠饮料产业显然无法达成。

为了拓展利润来源，娃哈哈在业务上又进行了一次大胆跳跃。2002年，娃哈哈决心进军童装市场，并宣称要在2002年年底在全国开设2 000家专卖店，为塑造一个童装品牌奠定基础。娃哈哈运作童装的方法是以OEM贴牌生产，以与童装设计单位合作的方式完成设计，以零加盟费的方式完成专卖店在全国市场布局。但一年后，娃哈哈并未完成2 000家专卖店计划，并认识到此次品牌延伸存在诸多问题。

一直以来，娃哈哈也在积极尝试进入其他市场，并已经开启新的品牌延伸之路。例如，娃哈哈在国外建立了奶粉生产基地、红酒生产基地等。但娃哈哈在品牌延伸过程中，仍要考虑品牌延伸带来的品牌个性淡化问题。同时，要科学创新广告渠道，避免新产品给消费者带来心理上的冲突，积极规避品牌延伸风险。

(资料来源：杨兴国. 娃哈哈品牌延伸之路的反思 [J]. 中国品牌与防伪，2008（03）：43-45. 笔者整理)

案例思考

1. 娃哈哈品牌延伸是否过度？为什么？
2. 为什么娃哈哈延伸到童装领域效果并不理想？

第十一章 品牌资产

理论模块任务

1. 了解品牌资产的概念和价值；
2. 掌握品牌资产的构成要素；
3. 明确品牌资产的特征；
4. 掌握品牌资产的评估方法；
5. 了解如何保护品牌资产。

实践模块任务

从选定品牌出发，明确企业品牌资产现状，能用品牌资产评估方法正确评价品牌，并完善品牌资产保护措施。

开篇案例

京东助力企业知识产权保护

2022年5月，在京东云企服管家新品发布会上，一站式商标托管服务——"京东云知产管家1.0"首次亮相。这款产品的特点是不仅可以为中小企业进行免费主动的商标风险监测和筛查，还能提供覆盖企业全生命周期的一站式的知识产权保护托管服务。

根据国家知识产权局数据统计，截至2021年年底，我国有效注册商标已有3 000多万件，其中撤销、无效、临近到期未续展的风险商标超过1 000万件，占比超过了三分之一。这意味着，很多企业对于商标的认知还停留在注册环节，而对于商标的保护意识还比较薄弱。与大企业有专门的知识产权部门不同，中小企业往往需要外部机构解决商标、专利等知识产权需求。在京东的调研中发现，78%的中小企业并不清楚自己的商标可能存在异常情况；61%的企业出现了部分商标被竞争对手抢注的问题；而69%的企业在使用了商标供应商注册服务后，再也没有接收到后续的保护服务。因此可见，中小企业的知识产权面临的问题是需要高质量的知识产权托管服务。

京东云知产管家可以基于京东场内数据和算法支持，第一时间预警并提醒用户关注，同时发挥技术的底座能力和对产业的深刻理解，携手优质的平台合作伙伴，引领知识产权行业进行数智化变革，为广大中小企业提供高性价比的知识托管服务，让企业的每一次创新都更有价值。

（资料来源：京东黑板报公众号，笔者整理）

第一节 品牌资产的含义

品牌资产（Brand equity）概念源于20世纪80年代的美国广告界，随后被人们广泛使用。日益激烈的竞争格局促使企业认识到品牌的巨大价值，并将品牌资产视为企业资产的重要组成部分。学术界对品牌资产的研究源于对当时一些有影响的企业并购案的研究，它们的特点在于成交价远远超出被并购方的有形资产价值。对于大多数企业而言，品牌名称及其含义是企业最重要的资产，它们作为消费者可识别的关键要素，是企业竞争优势的基础，是企业收获长远利润的源泉。

一、品牌资产的概念

一般来说，我们可以从两个视角来理解品牌资产的概念，即企业导向型视角和消费者导向型视角。代表性的企业导向型定义，如戴维·阿克在《管理品牌资产》中的观点：品牌资产一方面能够为企业和顾客提供超越产品和服务本身利益的价值，另一方面又与某一特定的品牌紧密联系在一起，如对品牌logo、品牌标志进行改变，附属于品牌之上的资产也会有所改变，多数情况下会部分或全部丧失。此外，斯科特·大卫斯（Scott Davis）定义品牌价值时强调了品牌资产的战略重要性：品牌可以给公司带来潜在的战略贡献和利益。

顾客导向型视角对品牌资产的界定倾向于考察消费者的反应和感受，认为只有把品牌资产和消费者联系起来才更有意义。例如，法奎汉（Farguhar）将品牌资产定义为品牌给使用者带来的超越其功能的附加价值或附加利益。品牌给消费者提供的附加利益越大，它对消费者的吸引力就越大，品牌资产的价值就越高。凯勒提出的定义是基于顾客的品牌资产定义的典型，他认为品牌资产是品牌知识对品牌营销的消费者反应所产生的差异化效应。该定义中包含三个重要概念：差异化效应、品牌知识和消费者反应。差异化效应通过比较消费者对相同产品和服务的两类营销的反应来决定，一类是品牌营销，另一类是虚拟名称或无名称营销。品牌知识是根据品牌知名度和品牌形象来定义的，并且根据以前描述的品牌联想的特征和关系进行概念化。消费者反应是根据营销整合活动（比如品牌选择、广告理解、优惠促销等）导致的消费者感知、偏爱和行为来定义的。与虚拟名称或无名称的产品和服务相同的营销整合要素相比，如果消费者对品牌的产品、价格、促销及分销表现出更多的（或更少的）偏爱，则该品牌即可视为拥有正面的（或负面的）基于顾客的品牌资产。

从企业出发和从消费者出发的两种视角并不矛盾，而是相辅相成的。因为品牌资产是一个连接过去和未来的概念，反映企业过去营销努力的沉淀，同时预示品牌未来收益的潜力。品牌能为企业的未来带来稳健的超额收益，源于过去的营销努力对消费者心理和行为产生的积极影响。

品牌案例11-1

2022年全球最具价值品牌

二、品牌资产的价值

品牌资产作为公司最有价值的资产,也是一种无形资产,它的价值概括起来可以分为两类:为消费者提供价值和为企业提供价值。

(一)为消费者提供价值

品牌资产除了能为企业增加价值之外,还能为消费者提供价值,主要表现在以下几个方面。

(1) 对品牌名称、品牌标志物的认知,有助于消费者理解和处理与品牌相关的信息。例如,中国移动旗下的"动感地带"品牌,象征着年轻一代的时尚潮流,这个品牌是与年轻、独立、个性等特征联系在一起的。

(2) 基于消费者的使用经验和品牌熟识度,品牌资产能够增强消费者的购买信心。例如,相比不知名品牌的手机,iPhone、华为等知名品牌让消费者对产品更加放心,更有安全感。

(3) 品牌认知度和品牌联想,能够提高消费者的使用满意度,进而产生品牌忠诚。

(二)为企业提供价值

品牌资产增加企业价值主要是增加企业的边际现金流,主要表现在以下几方面。

(1) 培养消费者的品牌忠诚。当消费者对某一品牌产生较高的品牌忠诚时,会在很长一段时间不断地重复购买这一产品。企业即便投入较少的促销费用,也可以获取稳定的丰厚利润。

(2) 增强营销计划的效果。品牌需要持续维护,要在留住老顾客的同时吸引新顾客。品牌资产可以增加品牌维护营销计划的效果。例如,在吸引新的消费者尝试新产品时,如果该品牌是消费者熟悉的,或者企业无须打消消费者对于品牌质量的疑惑时,促销会更有成效。

(3) 推动产品溢价销售。品牌体现的质量能促使该品牌产品以溢价销售。品牌体现的质量实质上是一种消费者的感性认识,是消费者对某一品牌产品或服务的全面的感性认识。品牌体现的质量来源于某品牌产品的特征、性能等信息日积月累对消费者产生的影响。消费者如果经常看到某品牌产品质量或售后服务的负面报道,那么他便会认为该产品质量、服务很差。相反,消费者如果认为某品牌产品质量上乘,那么较高的价格也是容易接受的。这种较高的价格实际上就是溢价,即高于产品内在价值的价格。当人们购买蒂芙尼珠宝时,他们相信自己买的是高质量的商品,心甘情愿支付较高溢价。

(4) 为品牌延伸提供平台。品牌的高知名度为企业产品线的扩展提供了便利条件。知名度高的品牌一般具有较高的社会认同度,在此情况下,推出的新产品容易获得消费者的认可。例如,日化行业巨头品牌宝洁,凭借家喻户晓的品牌知名度进行品牌延伸,目前拥有 300 个产品和子品牌,为企业开拓了广阔的商业空间。品牌资产为企业延伸品牌提供了广阔、坚实的平台。

(5) 在分销渠道中发挥杠杆作用。消费者一旦识别某一品牌并由此产生品牌联想,就能够有效提高交易的确定性。因此,在实施品牌销售计划时,品牌资产高的产品不仅面市时能赢得优势,还能产生协同作用。

(6) 提供障碍性竞争优势。品牌资产提供了对竞争者来说进入目标市场的一种障碍性竞争优势。知名品牌体现的高质量和由此取得的深刻品牌认知，是竞争对手难以逾越的障碍。例如，在衣物清洁的细分市场中，汰渍洗衣粉"去污去渍"的品牌联想抢占了先机，其他品牌很难在该细分市场上与汰渍洗衣粉竞争。

第二节 品牌资产的构成

品牌资产是由品牌形象驱动的资产。品牌资产区别于有形的实物资产，是一个系统概念，由一系列因素构成，其中关键在于消费者看待品牌的方式及由此产生的消费行为。企业要吸引消费者购买品牌所提供的商品或服务，就需要对品牌形象进行投入，传递企业预期观点，促使消费者将认同和亲近之感转变为购买行为。

一、戴维·阿克品牌资产评估方法

戴维·阿克的品牌资产评估法是对传统会计学方法的挑战，它试图克服使用财务指标的不足。因为品牌属于长期性投资，但销售量、成本分析、边际报酬、利润及资产回报率等指标都是短期指标，以短期性指标评价品牌绩效，往往会造成品牌投资决策的失误。

根据戴维·阿克的理论，品牌资产有五个维度：品牌忠诚度、品牌知名度、品质认知度、品牌联想和其他专属品牌资产，借助市场研究方法可以测量上述维度（图11-1）。

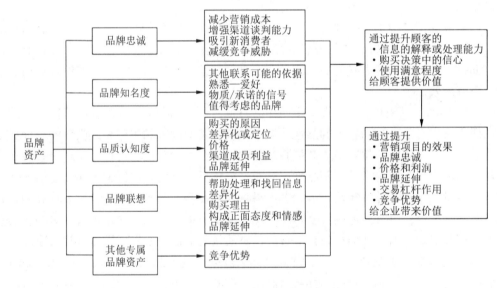

图 11-1 品牌资产维度模型

（一）品牌忠诚度

品牌忠诚度是指在购买决策中多次表现出来的对某个品牌有偏向性的（而非随意的）行为反映，也是消费者对某种品牌的心理决策和评估过程。它由五级构成：无品牌忠诚者、习惯购买者、满意购买者、情感购买者和承诺购买者。

戴维·阿克认为，品牌忠诚度是品牌资产的核心，如果没有品牌消费者的忠诚，品牌不过是一个几乎没有价值的商标或用于区别商品的符号。从品牌忠诚营销观点来看，销售并不是最终目的，它只是消费者建立持久有益的品牌关系的开始，也是建立品牌忠诚，把品牌购买者转化为品牌忠诚者的时机。

美国的一项调查结果表明，在许多产品和服务中，如果企业能够将顾客对品牌的忠诚度提高5%，该品牌产品或服务的利润就会相应提高1%。所以品牌忠诚度是一项战略性资产。品牌忠诚度的资产价值主要体现在：降低营销成本，增强渠道谈判能力，吸引新消费者，减缓竞争威胁。而在品牌忠诚度测量方面，主要参照一定的标准进行量化，比如：消费者重复购买次数，消费者购买决策时间，消费者对价格的敏感度，消费者对竞争产品的态度，消费者对产品质量的承受能力，等等。

（二）品牌知名度

品牌知名度是消费者对一个品牌的记忆程度。品牌知名度可分为无知名度、提示知名度、未提示知名度和第一提示知名度四个阶段，四个层次呈金字塔形（图11-2）。

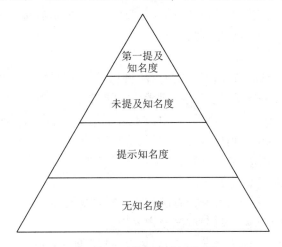

图11-2 品牌知名度层级图

1. 无知名度

无知名度是指消费者对品牌没有任何印象，原因可能是消费者从未接触过该品牌，或者该品牌刚刚进入市场没有差异化特色，根本无法引起消费者的兴趣，十分容易被消费者遗忘，消费者一般不会购买该品牌。

2. 提示知名度

这是通过消费者的记忆测试确定的，如通过电话调查，给出特定产品种类的一系列品牌名称，要求被调查者说出他们以前听说过哪些品牌。品牌识别可以让消费者找到熟悉的感觉。人们喜欢熟悉的物品，尤其对于日用品等低价值的产品，有时不必评估产品的特点，熟悉这一品牌就足以让人们做出购买决策。

3. 未提示知名度

在这一层次，通常通过让调查者说出某类产品的品牌来确定品牌回想，但这是"未提供帮助的回想"。与确定品牌识别不同的是，不向被调查者提供品牌名称，所以要确定回想的难度更大。品牌回想往往与较强的品牌定位相关联，品牌回想往往能左右潜在购买者的采购决策。采购程序的第一步常常是选择一组需考虑的品牌作为备选组。

4. 第一提及知名度

第一提及知名度是品牌知名度的最高层次。它是指消费者在没有任何提示的情况下，所想到或说出的某类产品的第一个品牌。确切地说，这意味着该品牌在人们心目中的地位高于其他品牌。

（三）品质认知度

品质认知度是指消费者对某一品牌在品质上的整体印象。它的内涵包括功能、特点、可信赖度、耐用度、服务度、效用评价、商品品质的外观，它是品牌定位差异、高价位和品牌延伸的根基。它不仅包括产品自身的品质，还包括产品服务的品质。研究表明，消费者对品牌品质的肯定，会给品牌带来相当高的市场占有率和良好的发展时机。品质认知的资产价值主要体现在提供购买理由、产生溢价、提高渠道谈判能力和拓展品牌延伸四个方面。同时，消费者对品牌的品质认知是建立在产品客观品质基础上的主观认识，企业在建立品质认知时可以通过提高产品品质、展示品质认知、利用价格暗示和提供产品的品质认证证书等途径开展。

（四）品牌联想度

品牌联想度是指透过品牌而产生的所有联想，是对产品特征、消费者利益、适用场合、人物、个性等的人格化描述。这些联想往往能组合出一些意义，形成品牌形象。它是经过独特销售点（usp）传播和品牌定位沟通的结果，它提供了购买的理由和品牌延伸的依据。例如，万宝路总是让人联想到粗犷、具有男子汉气概的西部牛仔形象；星巴克可以让人联想到优雅的环境、动听的音乐、满是咖啡香气的咖啡厅。

（五）其他品牌专有资产

其他品牌专有资产是指品牌所拥有的商标、专利等知识产权的质量与数量。

二、凯文·凯勒的消费者导向型品牌资产模型

凯文·凯勒提出了消费者导向型品牌资产模型（Customer-based Brand Equity，CBBE），指出品牌资产由品牌身份、品牌含义、品牌反应和品牌关系四个方面构成。该模型包括六个模块，以金字塔的形式呈现。具体来说，品牌形象包括用户特征、购买场合和使用经验等；品牌表现包括产品可靠性、维护性、耐用性、服务的便利性、设计、风格和价格等；品牌象征是指品牌的身份认知；品牌判断包括质量、可信、关联性和优越性；品牌情感包括温暖、快乐、兴奋、安全和咨询等；品牌共鸣包括忠诚、依恋、共同和承诺等（图11-3）。

凯文·凯勒认为，品牌资产本质上是由顾客既有品牌知识导致的顾客对品牌营销活动的差别化反映。这个观点有三层含义。第一，品牌资产来自顾客的差别化反应，如果不存在顾客反应的差异，那么品牌产品与非品牌产品的区别微乎其微；第二，顾客反应体现在与品牌营销有关的感知偏好和行为偏好方面；第三，顾客反应的差异是顾客既有品牌知识发挥作用的结果，顾客的品牌知识来自企业一直的营销努力，是品牌资产的关键。凯文·凯勒认为，品牌知识包含两类要素：品牌知名度和品牌形象。前者表示消费者对品牌的熟悉程度，后者反映了消费者对品牌的态度。

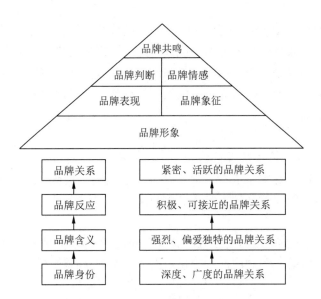

图 11-3　消费者导向型品牌资产模型

三、扬·罗必凯品牌资产评估方法

在品牌资产评估方面成果卓著的是扬·罗必凯（Young & Rubicam）公司。该公司是一家大型的跨国广告代理公司，为全球 450 个跨国品牌和 24 个国家的 8 000 个当地品牌评估品牌资产。在 Y&R 品牌资产评估系统（模型）中，除了一些品牌自身特征外，每个被评估的品牌还要接受一个包含 32 个条目的问卷调查，这些条目实际上从品牌差异度、相关度、尊重度和认知度四个维度衡量品牌。在消费者评估结果的基础上，该模型建立了两个因子：品牌强度和品牌高度。其中，差异度和相关度反映品牌的成长潜力——品牌强度（Brand vitality），尊重度和认知度则反映了品牌的实现力量——品牌高度（Brand stature）。

（一）差异度

差异度（Differentiation）表示品类的强度差异性越小，品牌意义越弱。消费者的选择、品牌个性和潜在市场都是受差异度驱动的。所有品牌开始于差异度，差异度定义了品牌并且使该品牌区别于其他品牌。差异度是品牌之所以产生和存在的原因。

（二）相关度

相关度（Relevance）测量一个品牌对于消费者的个人适应性。其实，相关度对于品牌成功并不重要。但是，相关度和差异度结合形成的品牌强度，是品牌未来性能和潜能的一个重要指标。相关的差异度是所有品牌的主要竞争力，是品牌健康的第一指标。如果品牌与消费者不相关，对消费者没有个人适应性，那么这个品牌就不足以吸引和维护消费者。品牌资产评估表明，相关度和市场渗透之间有明显的关系，相关度驱动产品的销售规模。

Y&R 模型最重要的是差异度。一些品牌如法拉利、香格里拉都与竞争对手保持着距离，这为其品牌强度奠定了基础。Y&R 模型假定一个新品牌要成为强势品牌，必须着眼于开发自己真正的差异点。差异度起决定作用，除非一个品牌与目标细分市场密切相关，否则将难以吸引大批顾客。

品牌强度等于差异度与相关度的乘积。一个品牌要想做强，必须同时具有以上两个方面的特征。然而，兼具这两方面的特征并不是一件容易的事，很少有品牌在这两个维度上同时达到很高的水平。现实市场上，在差异度和相关度分居前十位的品牌中，很少能在品牌强度方面排到前十位，而正在成长中的品牌和已经建立多年的品牌，在品牌强度中则排名相对靠前。

（三）尊重度

尊重度（Respect）是消费者喜欢一个品牌的程度。在构建品牌的进程中，它排在差异度和相关度之后，尊重是消费者对于品牌构建活动的反映。尊重被两个因素驱动：知觉的质和量。不同国家的文化，知觉的质和量会有所不同。

（四）认知度

认知度（Knowledge）是消费者对品牌及其身份的理解程度和知识广度。对品牌的认知度高，理解品牌的意蕴和内涵，则显示出消费者和品牌的亲密关系。品牌认知来源于品牌构建活动。

尊重度和认知度共同构成了品牌高度，进而构成了品牌力矩阵，可用于判别品牌所处的发展阶段，尊重受认知品质和品牌声望的影响。一般而言，尊重度取决于认知品质，但也有些品牌声望的增加或降低会影响品牌的尊重度。认知表明顾客不仅认识品牌，而且还理解品牌的含义所在。Y&R模型认为品牌认知是所有品牌打造努力的最终结果。与知名度不同，认知的形成并非依靠频繁的展示，而是产生于消费者对品牌真正亲密无间的感受。

将品牌尊重度与认知度进行比较，可以看到有些品牌在尊重方面的排名要高于在认知方面的排名，这就意味着，尽管消费者确实尊重该品牌，但他们很少真正理解品牌的含义。如果能够想办法拓展品牌认知度，就会发现一些品牌的潜在优势没有被发掘出来。相反，一个品牌或许会有较高的认知度，但是尊重度比较低，这就意味着虽然很多人知道该品牌的含义是什么，但对它评价很高的人却不多。

Y&R模型将品牌强度（差异度+相关度）和品牌高度（尊重度+认知度）两个维度整合到一个形象的分析工具——"能量方格"（图11-4）中。"能量方格"在连续的象限中描绘了品牌发展周期中的不同阶段，每个阶段都有其独特的支柱模式。

首先，品牌通常从左下方的象限开始，它们的首要需求是发展相对差异度及形成存在的理由。通常情况下，其运动方向是"向上"至左上方象限。差异度和相关度的增加，使品牌强度得以增加，这些变化通常是在品牌获得尊重或者很高的认知度之前发生的。这一象限代表两种类型的品牌：对于面向大众市场的品牌，这是一个新兴潜力阶段，在这一阶段，品牌增加的强度必须转换成品牌高度；但是，专门品牌或者目标市场比较狭窄的品牌，比较倾向于停留在这一象限（从公众的角度看），并能凭借它们的力量占领可盈利的专门市场。从品牌领先者的角度看，新的潜在的竞争者会在这一象限中出现。

其次，是在右上方象限，即领先者象限，这是众多品牌领先者（拥有高水平品牌强度和品牌高度的品牌）的区域。老品牌以及相对较新的品牌都会出现在这一象限，这意味着品牌领先程度是支撑评估值的一个函数，而不仅仅是品牌存在时间的函数。如果能够对品牌进行恰当的管理，该品牌就能建立起领先优势，并可以长久地保持其领先地位。虽然有时品牌资产的下降是不可避免的，但是那些强度有所下降的品牌（通常是由于差异度的减少）仍被视为位于这一象限中。那些品牌强度下降至品牌高度以下的品牌，出现了品牌变弱的第一个信号，但这一弱势信号很可能被它们依然快速增长的销售量及广泛的渗透力所掩盖。

最后，不能保持其强度的品牌开始退出，并"向下"移动到右下方象限。这些品牌不仅容易受到现有竞争者的挑战，而且会受到折价品牌的冲击。因为，它们经常会通过大幅度的、持续的价格促销来留住顾客，并维持原有的市场份额。这一过程如果继续，会对品牌产生负面影响，使其品牌强度下降。

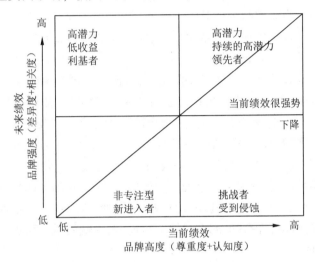

图 11-4　品牌资产评估系统"能量方格"

品牌资产评估系统模型的优点是，它将品牌资产维度集中在建立品牌的四个关键维度上。它所提供的品牌评估结果，可以让企业了解它的品牌相对于其他主导品牌所处的市场位置，以及在不同的市场上占据何种地位。但是，品牌资产评估模型的描述性特点，意味着它缺乏对品牌如何在这些要素上得到较高评价的一般性方法。由于评估值体现的四个维度需要与分散的各个品类相关，因此评估可能会变得抽象，与产品的属性及具体的市场营销活动没有直接关系。然而，品牌资产评估系统模型代表了一种标志性的研究方法，企业可以通过这种方法，更好地理解创建顶级品牌资产的驱动力，以及该品牌与其他品牌的匹配程度。

第三节　品牌资产的特征

一、无形性与附加性

品牌资产是一种无形资产，它不同于厂房设备等有形资产，无法凭眼看、用手摸。品牌资产的这一特性，增加了人们直观把握的难度，特别是很难从所有权角度准确评估其价值，品牌资产作为一种财产权，由其无形性决定，它与有形资产存在差异。

（一）品牌资产所有权经申请获得

有形资产通常是通过市场交换方式取得的，而品牌资产权一般经由品牌使用人申请品牌注册，再由注册机关按法定程序确定其所有权。品牌资产的使用价值具有不重复性，即不可能出现两个使用价值完全相同的品牌资产。企业对该品牌资产的使用价值拥有独占权和独享权，其他企业如要占有或使用该品牌资产的使用价值，只有通过该企业转让品牌资产的所有权或使用权来实现。

（二）品牌资产的使用价值具有依附性

品牌资产的使用价值没有独立存在的实体，只有依附于某一实体才能发挥作用。品牌只有和企业的生产经营活动结合起来，与企业向市场提供的产品和服务结合起来，才能实现其使用价值。当品牌与企业及企业的产品和服务有机结合在一起的时候，品牌资产才会将自身的使用价值内化于产品和服务中，实现其经济价值。

（三）品牌资产是一种附加价值

品牌资产意味着赋予产品一种附加价值，是品牌持有者在销售方面为品牌所做长期投资的结果。这种投资所带来的收益是多方面的，比如较高的忠诚度、较好的营销效果、得到更多的企业合作和支持、对竞争对手的销售行为具有较强的抵抗能力、对市场危机具有较强的应变能力以及企业的顾客对产品价格的上升有较强的承受力等。正如美国经济学家威德仑所说，顾客就像工厂和设备一样，也是一种资产。品牌忠诚度是消费者对品牌感情的度量，能反映出一个消费者转向另一个品牌的可能程度。以品牌忠诚为目标的营销是 20 世纪 90 年代中期以来西方营销学的热点话题，为了保持利润的持续增长，公司的目光要从市场占有率的数量转向市场占有率的质量，而这必须通过建立和巩固品牌忠诚来实现。

二、特殊性与复杂性

品牌资产在构成与估价上存在着特殊性与复杂性。品牌资产反映的是一种消费者关系，而消费者关系的深度和广度是通过品牌知名度、美誉度、忠诚度和品质形象等多方面反映出来的，所以品牌资产在构成上是非常特殊的。这里将品牌资产分成不同部分单独考察，只是一种理论上的分法，目的是更好地认识和理解这一资产。实际上，以上各个部分是互相影响、彼此交错的，任何单独的部分都难以与其他部分截然分开。品牌资产的价值由成本价值和增值价值两部分构成，且其市场价值并不取决于成本价值。

（一）品牌资产的成本价值

成本价值由企业投入的与品牌资产形成直接或间接相关的各要素的价值构成，包括直接费用和间接费用两部分。直接费用是指企业创建品牌资产过程中发生的费用，比如品牌名称和标识的设计费、品牌商标的注册费和品牌的广告费等。直接费用的显著特征是能够对象化和量化，它和创建品牌资产的若干活动的对应关系是直接的、明确的，费用金额也是明确的；间接费用则是指企业为提高产品质量而发生的费用，比如企业开拓市场的费用、宣传企业形象的费用和产品售后服务的费用等。对企业来说，品牌是企业产品或服务的组成部分，应该负担产品或服务的一部分成本。间接费用虽然不是直接因为品牌资产发生的，但确实可以增加品牌资产的价值。品牌资产的价值有很强的吸纳功能，在企业发生生产经营费用时，品牌资产可以自觉地增加价值而丝毫不影响经营活动的收入费用关系。

（二）品牌资产的增值价值

品牌资产的价值不仅包括经济学意义上的价值，即上述成本价值，还包括增值价值。增值价值是品牌资产与有形资产的一个明显区别。品牌资产价值中超过成本价值的部分，就是增值价值。品牌资产的增值价值由其使用价值决定，与使用价值呈正相关。使用价值越高，增值价值越多。因为存在增值价值，所以品牌资产的市场价值与成本价值没有必然联系。这正是品牌资产的市场价值并不取决于其成本价值的原因所在。

三、长期性与累积性

（一）品牌资产的长期性

如果从长期顾客关系的角度考察，品牌资产的发展是一个不断演进的过程。品牌从无名到有名，从不为人知到广受消费者青睐，其间无不伴随着企业的长期投入。无论是品牌知名度的提高、品牌品质形象的改善，还是品牌忠诚度的增强，均不是一朝一夕完成的。所以说，品牌资产是企业长期投入人、财、物的沉淀与结晶。世界 100 强的许多品牌在市场上已经存在了 25～50 年，甚至更长。品牌资产如同经济资产一样，是随着时间而建立起来的。

（二）品牌资产的累积性

品牌资产价值的形成不像有形资产的价值那样是一次完成的，而是要经历一个从无到有、从少到多的逐步累积、逐步增值的过程。它的成本价值中，除品牌的注册费用和设计费用是一次性投入以外，其他直接费用和间接费用都是多次投入的，每增加一次投入就会相应增加它的成本价值。同样，提高品牌资产的使用价值是一个累积的过程，因而其增值过程也是一个累积的过程。

一般来讲，企业累积品牌资产的途径和方法大致有三种：全面质量管理及质量标准导入、CS 战略导入和 CI 战略导入。其中，全面质量管理及质量标准是企业和产品品牌累积最根本的途径与方法，而且贯穿于企业生产、管理和销售等全部环节。CS 战略由于其考虑问题的起点是消费者，需要建立消费者满意的系统，故而从经营理念上讲，CS 战略更能彰显以人为本、以消费者利益为重的真诚，更能体现企业深刻的文化内涵。CI 战略注重的则是企业外部形象的塑造，在一定意义上很难摆脱"推销"的色彩，导入 CI 可以创造或累积品牌，但不等于导入 CI 就能使品牌成为名牌。对企业品牌资产的累积而言，上述方法尽管角度有所不同，但从实际的市场运作来看，都可以收获良好的效果。企业必须从文化、经济以及经营整体过程的视角来审视这些战略方法，并将它们有机地结合在一起，协同操作，进而使其品牌资产的价值得到不断累积。

四、投资与利用的交叉性

品牌资产在投资和利用方面存在着明显的交叉性，不同于有形资产的投资与利用泾渭分明、存在明显界限。品牌资产的投资与利用通常是交错在一起，无法截然分开的。例如，广告投资可以视为品牌投资，这种投资部分转化为品牌资产，部分促进产品的当前销售，而当前销售的增加既和当前的广告投入有关，又和品牌资产的存量有关。所以，广告促进产品当前销售的过程，同时也应该视为品牌资产利用的过程。总体而言，品牌投资能够增加品牌资产的存量，品牌利用会减少品牌资产的存量。但是，如果管理妥当，品牌资产不仅不会因利用而减少，反而有可能增加。一些企业在品牌大获成功后，不失时机地将其延伸到其他产品上，品牌影响力不但没有下降，反而有所提升。

五、价值的波动性

品牌资产的价值并不是一成不变的，它会随着时空变化而波动。品牌资产的价值随时间变化而变化的原因有两方面：一方面，品牌资产的价值是一边累积一边使用，一边使用一边增加的，价值所具有的累积性使它的价值不断变化；另一方面，品牌资产的价值会产生无形耗损，如企业信誉下降、市场竞争失败、品牌宣传不力、不公平竞争等情况都会导致品牌使用价值的降低。品牌资产的价值也受空间因素的影响，品牌总是表现在一定空间范围内的，脱离了一定范围，品牌资产的使用价值就难以实现。在 A 地是知名品牌，在 B 地可能就是非知名品牌或一般品牌，即使是全球知名品牌，在不同国家、不同地区，其知名度和影响力也有所不同。

第四节　品牌资产的保护

良好的品牌资产是企业一项重要的无形资产，它可以给企业带来丰厚的利润，是企业的一笔巨大财富。当企业辛辛苦苦创立了品牌甚至是名牌后，切不可认为此后便高枕无忧了。除了经营管理上的失误会影响品牌资产的价值外，竞争品牌的崛起和假冒产品的出现都有可能造成品牌贬值。品牌资产作为企业的一项无形资产，需要持之以恒地予以呵护。

一、品牌资产的法律保护

法律保护是品牌资产保护的最主要途径，法律保护具有权威性、强制性和外部性。法律保护的主要内容是品牌的注册商标。商标权法律保护的内容包括受到商标法保护的商标名称、图形及其组合。

（一）商标权的基本特征

商标在法律上的权利包括商标使用权、转让权、专用权、继承权和法律诉讼权等，其中最主要的是专用权。商标专用权也称商标独占使用权，即注册商标的所有权人在商品上使用其注册商标，同时禁止其他人在未经许可的情况下使用该注册商标。专用权是商标权最基本也是最主要的内容。没有商标专用权，商标权也就失去了存在的意义，商标权的基本特征主要有以下几点。

1. 商标权的确立或获得

商标权不像有形资产那样是通过市场交换获得的，而是国家依法授予的。对商标权的占有实际上是一种法律上或名义上的占有，商标所有人不可能像一般财产所有人那样把商标这种财产置于自己的直接控制下，实现真正的占有。正因为如此，相比有形财产权，商标权更容易遭受侵害。商标权遭受侵害时，损害的是注册商标的信誉，这种损害是看不见摸不着的。因此如何给予被侵害方以赔偿及赔偿额的确定，远比一般侵害要复杂和困难得多。

2. 商标权的专用性

商标权的专用性又称独占性或垄断性，它有两方面含义：一是指在同一国家，同一商标只能由某一企业或个人在指定商品上注册并归其所有,不能为多方所有;二是指商标获准注册后,注册商标所有人具有独占使用权。

3. 商标权的地域性

商标的地域性是指在一国核准注册的商标,只在该国是有效的,对其他国家不产生效力。也就是说,经过一个国家注册的商标,仅在该国法律管辖的范围内受到该国法律的保护,其他国家对这一商标权没有保护义务。

4. 商标权的时效性

商标权在法定时间内受到法律保护,这一时间称为注册商标的有效期。我国商标法规定的有效期为10年,有效期满后,商标权利人可以按法定程序进行"续展"。依法获得续展的商标,每次续展的有效期也是10年,并且可以无限地续展下去。

(二) 商标注册的原则

一般来说,企业进行品牌商标注册,应坚持以下几个基本原则。

1. 提前注册、及时续展

为了获得法律的保护,商标必须依法注册。通过注册获得商标权,特别是商标专用权,是寻求法律保护的前提和基本保证。过去我国企业由于商标注册不及时而被国内同行或外商抢先注册的事件屡屡发生,迫使企业或需花重金买回属于自己的品牌,或改名换姓,为再创声誉付出了高昂的代价。值得注意的是,我国商标注册审批程序复杂,审批时间较长,这就要求企业在注册时间的选择上坚持提前注册的原则,即产品生产出来之前就申请商标注册。同时,企业还必须注意商标的时效性,商标权超出法律规定的有效限期就不再受法律的保护,这就要求企业设立科学、完善的商标档案,配备熟悉商标知识和商标法规的管理人员,在规定期限内及时进行商标续展。

2. 全方位注册

全方位注册的原则是指纵向注册与横向注册、国内注册与国际注册、传统注册与网上注册相结合,并注重防御性商标的注册。例如,娃哈哈集团为了有效地防止其他企业模仿或抄袭自己的品牌,在"娃哈哈"之后,又注册了"娃娃哈""哈哈娃""哈娃哈"一系列防御性商标。

3. 地域辐射

地域辐射注册原则是指品牌注册的地域要广泛,不能仅仅在某一个国家或地区注册。到国外申请注册商标主要有两种途径:一是国际注册,我国于1989年加入《商标国际注册马德里协定》,申请人在国内办完商标注册手续后,向设在日内瓦的世界知识产权组织提出申请并交纳一定费用,就可以在所有协定参与国取得其已在所属国注册的用于商品或服务项目的标记的保护;二是在国外进行逐国注册,即分别向各个国家直接提出商标注册申请,向尚未加入《商标国际注册马德里协定》的国家申请商标注册。

4. 在范围上坚持宽松有余的原则

坚持宽松有余的原则即企业申请注册时,不应仅仅在某一类甚至某一种商品上注册,而应同时在很多品类商品上注册。

5. 申请原产地保护

我国加入世界贸易组织(WTO)以后,如何在国内加强对工业产权的保护,并进一步利用国际条约和国家间双边协议寻求国际保护已经成为多方关注且不容忽视的问题。WTO 在《与贸易有关的知识产权协议》(《TRIPS 协议》) 中把"地理标志"列为与商标、专利新版权并列的知识产权，要求 WTO 的各缔约国或地区切实予以保护。同时，我国商标法中也增加了这一规定。因我国名优特产丰富，申请原产地保护是一条有效的发展途径。

（三）品牌其他构成要素的保护

品牌的构成要素非常复杂，除了品牌名称、品牌标志和商标外，还有一些要素对品牌形象同样具有重要意义。例如，品牌的定位、品牌代言人以及品牌的标准色等，都已经成为品牌形象不可或缺的部分，也是企业品牌资产的重要组成部分，企业同样应该对这些要素进行有效保护。按照《中华人民共和国著作权法》(简称《著作权法》) 有关条款，凡是具有独创性的文字、图片及影视作品，都应纳入保护的范畴。企业在塑造品牌形象的过程中，在媒体上所使用的一些广告语，凝聚了广告设计人员的脑力劳动，必须加以保护。品牌代言人也是品牌形象的关键要素，企业应当对其加以保护，以维护品牌形象的一致性。

对企业品牌或商标的法律保护应该在职业管理制度上进行健全。国外著名企业均设有专人和专门机构管理商标、专利、专有技术等专业产权，而我国中小企业在这些方面的工作还比较薄弱，一方面是出于成本的考虑，但更重要的是法律意识的缺失和制度的缺陷。因此，企业应该设专人监督商标的两次公告（初步审订公告和核准注册公告），及时行使经议权、撤销权（将与本企业在同类产品上已注册商标相同或近似的商标撤下）。另外应有专人、专门机构，追踪同行对手，监控市场，一旦发现商标假冒侵权，应马上采取法律措施，遏止侵权，减少损失，不能允许假冒商标泛滥并侵占市场，毁坏本企业品牌形象。

二、品牌资产的自我保护

在品牌资产的保护上，企业应当学会自我保护，以下方法可以借鉴。

（一）商标权的保护

（1）定期查阅商标公告，及时提出异议。企业应定期查阅商标公告，一旦发现侵权行为，应及时提出异议，以阻止他人的侵权商标获得注册。

（2）运用高科技的防伪手段。例如，企业应采用不易仿制的防伪标志、编码等手段，同时主动向消费者介绍辨认真假商标标志的知识。这不仅为自己的品牌产品增加了一道"防伪"保护层，也为行政执法部门打击假冒伪劣产品提供了有益帮助。

（3）协助有关部门打假。当注册商标的专用权受到损害时，企业应采用有力的手段，协助有关部门打假，制止侵权者的不法行为。

（4）注重向消费者宣传识别商标真伪的知识。如果消费者能分辨真伪，假冒产品也就可以在很大程度上予以杜绝。因此，企业应巧妙借助新闻媒体，通过公关活动和社交媒体等形式，向消费者宣传产品的专业知识，让消费者了解产品，掌握一定的商业知识，明白真假之分。只有这样，假冒伪劣产品才能成为无本之木、无源之水。

（二）商业机密的保护

1. 申请专利

企业拥有专利就意味着企业拥有了市场控制权，它既是品牌之"矛"——通过技术许可证贸易进一步扩展市场，又是品牌之"盾"——排斥其他企业进入这一技术领域。可以说，专利是企业维护自己品牌地位的重要手段。

2. 严守商业秘密

商业秘密是指不为公众所知、能为权利人带来经济利益、具有实用性并经权利人采取保密措施的技术信息和经营信息。商业秘密主要包括企业的生产方法、技术、程序、工艺、设计、配方以及计划、销售、市场信息和客户名单等，凝聚着企业的劳动和汗水，是大多数企业赖以生存的绝招。商业秘密一般是企业为克服专利的局限性而设立的，因为一种新技术如果申请专利，虽能获得专利权，但也必须以公开这一技术为代价，这就会为竞争对手进一步研究并超越这一专利技术提供可能。并且，专利保护有一定的年限，超过该年限的专利技术就不再受法律保护。在知识产权保护方面，企业除了可以申请专利保护以外，还可以采取高度保密的措施。

3. 谢绝技术性参观

技术性参观是商业间谍获取情报的途径之一。因此，品牌经营者有必要谢绝技术性参观。

4. 争创驰名商标

目前多数国家的知识产权法对《保护工业产权巴黎公约》中有关驰名商标的特别保护内容加以确认，我国也不例外。企业应充分利用这一法律武器，积极创造条件争取驰名商标的认定，对国内外非法或恶意抢注我国驰名商标以牟取非法利益的行为加以有效遏制。

三、品牌资产的经营保护

品牌资产的经营保护是品牌经营者为维护品牌形象、稳定品牌市场地位、保证品牌资产不断增值而采取的一系列经营活动。企业进行品牌资产经营保护时应注意以下几点。

（一）技术保护

1. 保持技术领先

技术领先意味着在相同市场条件下，企业提供的产品比同类竞争品具有更多的功能和更优的品质，能给消费者带来更多的利益和效用，使消费者产生"物有所值"乃至"物超所值"的满足感，牢牢吸引消费者，促使他们形成对该品牌的偏好。保持技术领先是企业品牌地位得以确立并长久维持的重要条件。

2. 严格技术保密

差异化是现代企业参与市场竞争的基本战略之一。差异化的实质就是形成企业产品的特色，以明显区别于竞争者提供的同类产品而形成某种相对垄断优势，并在激烈的竞争中赢得一席之地。产品差异可以存在于多个方面，其中重要的一项就是独特的原料、配方、工艺或相关技术，需要采取严格的保密措施。

3. 统一技术标准

质量是品牌的生命。企业在扩大生产时一定要量力而行，对扩大再生产的部分坚持统一的技术要求，严格按照母公司的质量标准组织生产，绝不能因盲目追求规模而牺牲企业品牌声誉。

（二）生产保护

1. 按有效需求组织产销

在现实生活中，企业面对的往往是扩张潜力有限的市场需求。强势品牌企业即使在激烈的竞争环境中，也应保持清醒头脑，坚持自己产品特有的品位、风格与个性，按照目标市场的有效需求，有计划地安排产销量，巧妙维持供求平衡。

2. 严格的质量管理

实施严格的质量管理是品牌资产经营保护最重要的手段。严格要求、严格管理体现在企业活动整个过程的各个方面，目的是保持并提升品牌竞争力，使品牌更具生命力，成为市场上的强势品牌。其中，最重要的是要坚持全面质量管理和全员质量管理。"质量第一"是品牌资产经营和保护的根基，"以质取胜"是永不过时的真理。

（三）营销保护

1. 谨慎地开展品牌延伸经营

绝大多数企业从专业化经营起步，经过若干年艰苦努力后在行业中有了相当高的地位，塑造了较有影响力的品牌。为了谋求进一步发展，不少企业迈向了多元化扩张的道路。我国常见的企业多元化扩张方式是跨行业的，如卷烟厂涉足制药业、电器厂涉足建材业、家电业涉足金融业等。跨行业扩张时，企业一定要保持谨慎，严格管理，防止品牌延伸的过度化和泛滥化导致品牌资产受到损害。

2. 坚持以消费者满意为中心的经营理念

品牌资产并不是一日拥有就终身不变。品牌资产会随着市场环境的变化和消费者需求的转变而波动起伏。企业要想维持品牌知名度、保持消费者忠诚，就需要迎合消费者不断变化的兴趣和偏好，赋予品牌新特征。

3. 保持与消费者沟通的连续性

既然企业的品牌资产经营要以消费者满意为中心，那么企业就需要维系与消费者的沟通，保持与消费者沟通的连续性，不断将品牌信息传递给消费者，保持品牌在消费者心中的印象。

4. 维持品牌产品的标准定价

想让消费者不计价格、无条件地对品牌忠诚是不可能的。一旦品牌产品的价格超过同类产品价格的平均范围，消费者就会敏感。品牌要在市场上长久立足，维持合理的标准定价是不可忽略的措施。

5. 避免恶性竞争

品牌之间的恶性竞争只会导致两败俱伤。企业在品牌资产经营和保护中，要尽量避免恶性价格战和行业内相互攻击、诋毁等行为。恶性价格战会破坏消费者已建立的品牌忠诚，不利于维护良好的品牌形象。品牌之间相互攻击、诋毁的最终结果是失去消费者的信任和好感，甚至引起法律纠纷。

第十一章 品牌资产

本章小结

品牌资产是企业重要的无形资产，它能够为企业和使用者带来超越产品功能的附加价值和利益，这种附加价值来源于品牌对消费者的吸引力。品牌资产的实质是品牌与消费者之间的长久关系，能够为企业和消费者提供价值。

品牌资产是由品牌形象所驱动的资产，具体包括品牌忠诚、品牌知名度、品牌认知度、品牌联想和其他专属品牌资产。建立品牌资产，即创造出品牌知名度，形成消费者对品牌的品质认知和正向的品牌联想，努力提升品牌美誉度，并形成消费者品牌忠诚的过程。

品牌资产需要持之以恒地呵护，因此品牌资产的评估具有重要意义，企业应学会自我保护，在遵循法律法规的前提下，正确认知商标权、商业机密，做到从技术、生产到营销的全方位保护。

案例分析

网易云音乐

网易云音乐于 2013 年 4 月上线，是一款由网易开发的音乐产品，属原创音乐平台，它依托专业音乐人、DJ、好友推荐及社交功能，在线音乐服务主打歌单、社交、大牌推荐等。2013 年是国内在线音乐市场竞争激烈的一年，包括酷我、酷狗、天天、QQ 音乐、虾米音乐等传统的音乐平台，定位不同，但各具特色。在这种竞争背景下，网易云音乐如何突围，争夺用户，就取决于其品牌策略。

1. 企业要素

网易创始人丁磊在创办网易云音乐时，期望网易云这个音乐产品可以带领网易投身移动互联网发展的浪潮。如何创造品牌和定位的差异，并且符合互联网用户的特点和使用习惯，则是重中之重。于是，网易云音乐确定了"社交属性"的产品特征和"专注与分享"的品牌定位。

网易云在打造"社交属性"的产品特性时，主要是通过评论功能实现的，为了赋予评论的互动性，它告别了传统的"盖楼"方式，每条评论都可以点赞、回复、分享、复制和举报。社交属性需求与人的情感需求密切相关，而音乐本身就是反映人们情感的一种艺术方式，所以用户可以在评论区找到情感认同或情感共鸣。评论只作为一条纽带，却把用户都联系起来，通过情感交流，让使用者找到满足感，从而成功打造了"社交属性"的产品定位。

随着社交平台的不断增多，用户在平台上既是内容接收者，同时也是内容发布者。网易云抓住了社交网络的用户生成内容（UGC）、社交属性和个性化推荐三种模式。UGC 歌单是网易云音乐的用户自主创建的，用户身份涵盖普通用户、网易云音乐人和音乐达人等，其中音乐达人包括歌单达人、视频达人、图文达人等。但其审核标准相对严苛，这也意味着网易云音乐的用户群体中，用户生成内容人群可以作为"意见领袖"，而用户之间也可以形成"1+N"的传播模式，实现专注与分享的品牌定位。因为网易云针对不同用户创造了不同的"值得关注、值得分享"的内容，从而引发用户的关注和分享行为。

2. 市场要素

品牌资产实现的第二要素——市场要素，向消费者和社会传递品牌价值，提升企业和品牌的影响力。网易云音乐开始在广告、促销活动以及公共关系方面发力。

2017年，网易云发布了品牌slogan——音乐力量，这个slogan与网易云音乐的产品属性非常贴切，音乐的力量，即情感的力量。除此之外，网易云还和杭州港地铁合作，打造了"看见音乐的力量"乐评专列，与上海浦东国际机场合作打造"起飞吧，音乐的力量"音乐专机，但打造专列、专机时，并不是简单把slogan、品牌名称、logo等元素刻板地印在车身或机身上，而是在细节上融入了"精选的乐评"，展示"精选的UGC歌单"。这些细节本身就带有情感的内容，更能够激发乘客的情感共鸣，从而引发使用、关注及分享等行为，从而让乘客成为网易云音乐的自发性品牌传播人。

促销方面，网易云联合人民日报出版社推出了《听什么歌都像在唱自己》笔记书，在网易云商城推出线圈笔记本、蓝牙音箱等周边产品，以及向用户发放优惠券、满减券等福利，开展"爱乐之战"答题赢红包活动等，促销活动增强了网易云音乐与用户的互动，吸引了潜在用户的关注。

公关关系方面，发布《年度听歌报告》，在朋友圈营造"刷屏"事件，开通了匹配功能，即在匹配期间播放匹配的双方共同点了红心的歌曲，以及在聊天界面显示双方共同收藏有几首相同的歌单等。这些操作，让网易云音乐与公众、用户之间建立起有效的沟通与传播关系，提高了品牌知名度和忠诚度。

3. 消费者要素

品牌通过市场运作环节是否产生成效，还取决于消费者是否接收到品牌传递的信号。消费者要素包括消费者的品牌联想和品牌态度。作为消费者而言，网易云的一系列品牌策略，能够激起他们的品牌联想。同时，网易云音乐的一句"音乐的力量"也让处于不同情景中的不同消费者产生了不同程度的情感共鸣，形成品牌态度。

（资料来源：刘少君. 网易云音乐的品牌竞争力研究［D］. 广西大学，2019. 笔者整理）

案例思考

1. 网易云是如何突出竞争重围的？
2. 通过网易云的案例，请总结企业如何形成品牌资产。

第十二章 品牌危机

理论模块任务

1. 了解品牌危机的概念；
2. 理解品牌危机形成的原因；
3. 熟悉品牌危机的处理原则；
4. 掌握品牌危机的处理流程。

实践模块任务

广泛搜集网络及现实材料，明确品牌已出现或可能出现的危机，并规划危机处理流程和方案。

开篇案例

"清流计划"化解潜在危机

随着电子商务的不断发展，我国快递行业包装总量庞大、种类繁多、增长迅速，包装废弃物对环境造成的影响不容忽视。2016年，我国快递业仅塑料袋就消耗了68亿个，而一个普通塑料袋未经处理直接埋进土里，需要至少几百年才能自然降解。因此，妥善处理快递包装问题对于节约资源、保护环境和促进快递业健康可持续发展具有重大意义，能够推动建立健全中国特色快递业包装治理体系，引导企业承担社会责任，提高消费者环保意识，实现绿色发展。

2017年，国家邮政局等十部门联合发布《关于协同推进快递业绿色包装工作的指导意见》，按照"政府引导、社会参与、创新驱动、源头治理、分类指导、因地制宜"的原则，优化顶层设计，推进源头治理，增加绿色快递服务产品供给，提高快递业包装领域资源利用效率，降低包装耗用量，减少环境污染。

在出台这一政策后，京东物流快马加鞭地落地"清流计划"，启动供应链体系内快递袋规模化升级。其实，早在2014年，京东物流已开始全面应用有专利技术的快递袋，首先，在材质上采用的是食品级安全环保的新型塑料；其次，快递袋还可以当作家用生活手提袋进行二次利用。

当政策环境出现变化时，京东已在包装耗材、仓储设施、配送环节等绿色环保方面进行了长期的探索和科技创新，不断推进战略级供应链环保项目"清流计划"。从普通的包装耗材研发，到新能源车辆引入，再到链接上下游合作伙伴推动供应链材料环保，深化推进各个环节的低碳环保、节能耗损的探索，引领行业、倡导用户，为发展绿色物流、为环境共生贡献力量。

(资料来源：京东黑板报公众号，笔者整理)

第一节 品牌危机概述

随着市场经济的发展，品牌危机越来越成为企业运营中的常态，因为在企业的发展过程中存在着太多的变数，市场环境变幻莫测、行业变革、消费者投诉、媒体舆论的报告、发展时期对一些问题的忽视或考虑不周，都有可能给企业带来一些隐患。如果对事件没有足够重视，事态就可能进一步扩大，从而引起公众的关注，并演化成危机。

一、品牌危机的概念

危机一词最早出现在社会与政治领域，危机几乎成了"灾难""破坏""事故"的近义词，通常是指危及正常秩序的突发性、灾难性的事故与事件。什么是危机？从汉字字面上来看，"危"是指危险，"机"是指机遇。危险与机遇同生相伴，这就是所谓的危机。

品牌危机指的是由于企业外部环境的突变和品牌运营或营销管理的失误，而对品牌整体形象造成不良影响，并在很短的时间内波及社会公众，使企业品牌乃至企业本身的信誉大为减损，导致品牌联想发生改变、品牌关系迅速恶化，甚至危及企业生存的窘困状态。对此，有学者认为品牌危机的产生导致品牌联想向不利的方向发展，一旦品牌联想出现负面效应，品牌资产便会迅速降低。也有学者认为品牌危机的实质就是信任危机，主要指企业自身、竞争对手、顾客或其他外部环境等因素的突变，以及品牌运营或营销管理的失误，而对品牌整体形象造成不良影响，并造成社会公众对品牌产生信任危机，从而使品牌乃至企业本身信誉大为减损，进而危及品牌甚至企业生存的危机状态。

顾客在做出购买决策前，首先会对品牌所建立起来的形象和声誉做出判断。因品牌危机导致品牌的形象和声誉受损，品牌联想也会受到负面波及；反之，品牌联想一旦出现问题，品牌的形象和声誉也会再次随之受到影响。

二、品牌危机的特征

（一）突发性

危机的发生都会存在诱因。在危机没有爆发之前，虽然可以预见其发生的可能性，但无法确定其一定会发生，更无法确定其发生的具体时间、形式、强度和规模等。因此，危机的突发性常常让企业始料未及。

（二）危害性

品牌危机的实质在于品牌信任危机，即消费者对品牌丧失信任。这种信任的丧失不仅限于某个品牌本身，而且还会推衍至更大的范围和更长的时间。从范围来看，当一个品牌出现严重危机时，相关的品类产品都可能受到株连。例如，双汇火腿肠因其中一个加工工厂生产线的环境问题，导致消费者对整个品牌旗下产品产生食品安全及信任危机。

（三）关注性

品牌一旦出现危机，就很容易成为众矢之的。品牌原有的美誉度和知名度必然引起广泛的舆论关注。媒体的报道转载、消费者自发性的负面口碑都可能出现病毒式传播效果，使得企业在处理危机时难以着手，无法控制口碑局面。例如，知名快餐企业肯德基、麦当劳被爆出原材料供应商上海福喜通过回收过期食品回锅重做问题，一时间引起新闻媒体及消费者的广泛关注，也对肯德基和麦当劳品牌带来较大的负面影响。

（四）冲击性

品牌危机一旦爆发，常常会引发多米诺骨牌效应。其来势迅猛、发展快速、涉及面广、冲击力度大，往往会导致企业首尾难顾，无法招架，从而使企业陷入生死关头。如曾有主播在直播中销售燕窝，随即有消费者质疑其销售的燕窝是糖水，而后直播间第一时间撤回所有商品并承担责任，但负面舆论仍然呈现"井喷式"增长，使主播及品牌陷入生死关头。

三、品牌危机的形式

（一）品牌危机是形象危机

在品牌危机这个词出现之前，学术界广泛采用"形象危机""声誉危机"作为"品牌危机"的代名词。最初，品牌战略未上升为各大企业的重要战略时，部分人认为公司名称和品牌是两回事。因此，在公司形象出现危机时，往往沿用"形象危机"等词。事实上，品牌危机的出现是因为品牌联想发生了改变，所以品牌危机在一定程度上也是形象危机。

（二）品牌危机是产品危机

产品是品牌的核心，品牌危机常常表现为产品危机。产品危机不仅会威胁企业的运转和信誉，也会影响企业的长久发展。产品危机主要包括两类：一类是因企业产品质量、功能缺陷造成消费者损失，与消费者产生纠纷而被要求巨额赔偿，甚至发生破坏性事件等，是企业品牌危机中最为常见的一种；另一类是企业因生产经营决策与市场需求无法匹配，而导致企业的产品在短时间内大量积压，从而影响企业正常运转。

（三）品牌危机是信任危机

品牌形象的负面效应可能会使消费者对品牌失去信任。一方面，消费者认为品牌的核心产品失去了所传递的功能价值和情感价值，因此不再信任品牌所提供的产品；另一方面，消费者认为企业可能存在夸大产品功效、虚假广告等事实，未能正确地看待相关利益者之间的关系，认为企业不够诚信，从而引发信任危机。

（四）品牌危机是公关危机

品牌要注重与相关利益者之间的关系，包括政府、股东、员工、媒体、消费者等，品牌危机是信任危机，任何一个相关利益群体对品牌的不信任，都有可能导致品牌失去信誉，形成负面的口碑，进而影响到品牌的公众关系，造成公关危机。

（五）品牌危机是市场危机

品牌危机发生后，可能导致顾客不再信任品牌，产生负面态度以及口碑，导致市场剧烈波动，以至于企业失去大量市场份额，利润降低，严重时甚至可能威胁企业的生存发展。

综上所述，品牌危机可能出现在企业品牌打造的任何一个环节，企业管理者需要深入洞察危机产生的深层原因，防范危机可能会给品牌带来的风险。当下，市场环境变化莫测，品牌危机频繁发生，严重阻碍了企业的品牌建设和品牌发展。因此，企业须树立品牌危机防范意识，明晰品牌危机的成因，建立防范方案。

第二节　品牌危机的成因

品牌危机的发生往往源于从品牌事件到品牌危机的演化过程，该事件可能会被相关利益群体，如媒体、竞争者、消费者等捕捉并关注，产生一定影响。如果企业未能积极主动应对，品牌事件可能会演化成品牌危机。

一、品牌事件的产生

品牌事件是指导致品牌危机的事件。品牌事件和品牌危机有所不同，把事件和危机区分开来是因为事件发生之后，危机并不一定马上发生。从事件到危机，中间有一段发酵时间。在这段时间里，企业需要及时、正确地对事件做出回应，以防止事件演化为危机。

首先，品牌事件最早可能由一些政府机构、员工、媒体或者专家学者发现潜在问题，并将其公之于众。这些问题和事件迟早会引发公众要求企业做出回应。

其次，当企业着手采取行动并且该行动对利益相关者产生影响的时候，品牌事件的各种因素就基本确定下来了。某些利益相关者对事件的了解和关注要求相关品牌方对此采取行动。

所以，品牌事件在早期可能具备继续发展成为危机的可能性。这个阶段的事件，尽管已经引起了一些专业人士的注意，但还不足以引起媒体和公众的重视。这个阶段的事件还没有完全成形，缺乏足够的证据证明外部介入的合理性，一些人通常已经开始试图让公众相信他们所关注的品牌存在着某些问题，并且向该品牌的权威人物或组织寻求支持帮助。这个时候，企业就会发现，冲突爆发的可能性已经存在。如果品牌问题在发生之前没有得到有效控制，那么冲突迟早要爆发，首当其冲的就是利益相关者或团体的利益。

品牌案例 12-1

资生堂品牌危机

品牌事件主要有两种类型：基于事实的和基于虚构的。有些事件的内容是事实上发生的，而有些事件的内容则是虚构的。无论事件以何种形式发生，总会存在一些潜在问题，这就要考虑事件是源于企业内部因素还是外部因素。企业内部因素和外部因素有时很难界定，一般情况下，企业能够判断事件是基于真实的还是基于虚构的，也可以认定事件就是事实，而且源于企业内部因素。这些因素主要包括如下几种：

（1）顾客直接受到伤害。无论是企业的潜在问题还是外界的故意陷害，凡是对顾客造成伤害的问题，企业都要承担一定的责任。

（2）媒体报道。媒体报道，可能源于对顾客受害事件的披露，也可能源于媒体对社会现象的重视。如果顾客在使用产品时并没有发现质量问题，那么被报道的内容有可能引起相关利益者的重视。

（3）机构检测报告。政府有关部门会定期对某一类产品进行抽样检测，以确保产品的质量符合国家标准，以保护消费者的合法利益。

（4）企业主动坦白。受制于产品责任法律约束，企业会对已销售出去的产品进行检测。如果发现安全问题，企业会主动坦白。比如在汽车行业，存在企业产品召回现象，即按照法律规定的要求和程序，由缺陷汽车产品制造商消除产品缺陷。主要通过制造商以有效方式通知销售商、修理商、车主等有关方关于缺陷的具体情况以及消除缺陷的方法等事项，并进行适当升级补救。

（5）社会团体的压力。企业有时不得不面对社会团体的压力，社会团体可能强烈抵制某产品或使用某些原料的产品。

（6）社会环境的变化。社会环境的变化有时也会引发品牌危机。例如，对于进出口冷链食品的企业而言，动物病毒或者病菌问题，可能导致公众对品牌质量的信任度大幅下降。

二、品牌事件的发展

品牌危机的实质是品牌事件的冲突升级，表现为企业的反应与公众的期望不匹配。首先关注这些问题的是相关利益群体，如消费者群体。如果品牌事件在小范围内的冲突没有得到妥善处理，就可能导致越来越多的公众关注该品牌事件，品牌事件就会出现发展扩散趋势。

（一）相关利益群体出现

随着相关利益群体的出现，其他持有相同观点或可能做出相同反应的个人和群体开始介入，品牌事件就有可能在这个过程中被扩大。该过程最初发生在利益群体、行业或职业等相关特殊领域的媒体内部，或者其他持有相似观点和价值观、关注相似问题的人群中。随着大众媒体对这一问题关注程度的提升，它被逐渐放大成一个公共话题，并且有可能进入公共政策程序。在绝大多数情况下，危机的扩大是一个或多个群体活动的结果，它们尝试把该事件纳入公众议程。

（二）责任企业介入

在事件发展阶段，责任企业相对容易介入，并且能够主动阻止事件的发展，或者把它转化成一种"机会"。但是，企业要准确把握事件的紧要程度并不容易，因为这个时候管理层的注意力都集中于那些当时看来更为"紧迫"的事务上。企业可能难以确定局势是逐渐平稳还是日趋紧张，也无法确定事件是限定在某个特定领域还是在蔓延扩散。但无论如何，企业仅仅谋求维持现状是不可取的。

（三）媒体报道

在事件发展阶段，媒体的报道具有决定意义。从网络上的讨论到专业媒体的关注，再逐步扩展到一般财经媒体，最后到公共媒体，相关力量经常会竭力吸引媒体的注意，进而推动事件持续发酵。尽管媒体的报道在最初的时候力度较小，但它最终会变成一种常态。因此，在事件向前推进的过程中，必须足够重视。企业要尽早监测媒体的行动，主动和媒体进行沟通。

当品牌事件被媒体负面报道后，品牌离危机就不远了。当负面报道呈大规模、系列性态势发展时，品牌危机就形成了。毫无疑问，是否具有新闻价值是进行负面报道的直接原因。现在，品牌越来越多地成为新闻的主角，新闻机构不仅对品牌进行积极的报道，还通过事件营销的方式来制造新闻。同时，负面报道也许更能吸引眼球，不管是名牌产品还是名人，只要问题被发现，媒体就会紧追不舍。

品牌案例 12-2

特斯拉在华品牌危机

三、品牌危机的形成因素

如前所述，品牌事件和品牌危机是有区别的。品牌事件可能会演化成品牌危机，也有可能随着时间的推移而被人们淡忘。那么，为什么有些事件会演化成为危机，而有些不会呢？品牌危机的形成因素主要包括以下几种。

（一）产品因素

如果品牌事件是其内在属性导致的，那么事件所涉品牌的属性特征将会对事件是否升级为危机产生影响。品牌商品的内在属性，有些是搜索性属性，有些是经验性属性，还有些是信任性属性。如果品牌事件涉及的属性是经验性属性或信任性属性，那么顾客在购买商品之前就不能觉察到产品的缺陷，此时有关该品牌的负面报道带给潜在顾客的信息量可能会更多一些，因而更具有新闻价值。

另一个关于产品的因素是产品在使用过程中的安全因素，如果存在不安全因素，那么这类事件更容易受到关注。饮料、食品、汽车等行业之所以容易出现品牌危机，其原因就是这些产品容易存在人身安全隐患。产品质量存在问题的原因很多，一方面，如果在原料采购和产品的生产、营销、储存、运输等过程中，对质量的监督、检查等管理不严，就容易引发质量问题；另一方面，设计或技术水准不符合相关法律法规、质量标准等规定，也会导致产品存在缺陷，出现质量问题。可以说，产品质量出现问题是引发品牌危机的主要原因。例如，2008 年发生的三鹿奶粉事件，其重要原因就是企业及有关质量检验部门事前放松了对产品质量的监督、检查，使得不法分子有机可乘，引发品牌危机。事后，国家质量监督检验检疫总局在全国紧急展开了对婴幼儿配方奶粉中三聚氰胺含量的专项检查，共检验了 109 家企业的 491 个批次的产品，有 22 家企业的 69 个批次的产品检出了三聚氰胺，检出不合格产品的企业约占 20%。

（二）品牌因素

品牌资产是企业与顾客共同营造的。企业根据市场定位、品牌定位来设计品牌，希望顾客会产生企业预期的品牌联想。联想的内容及其相关程度构成了品牌资产，即品牌形象、品牌声誉和品牌知名度。品牌危机是形象危机，无论品牌危机衍生的是信誉危机、市场危机还是公共关系危机，都是从品牌联想（包括品牌的物质联想和非物质联想）遭遇争议开始的。品牌营销策略的失误会引发品牌危机的产生，主要有以下几种情况：

（1）品牌的个性定位不正确。有的企业不考虑消费者对其品牌形象风格的感知状况等就做出品牌定位，容易出现因个性定位不准确而未能引起目标受众共鸣的可能性。

（2）品牌的盲目延伸。有的企业为实现市场扩张，不遵循品牌延伸的规律，未能对品牌、品类进行科学、合理的延伸，导致最终损害母品牌形象，给企业带来品牌危机。

（3）品牌传播费用过度投入。一些企业单一地依赖广告推广以推动品牌快速成长，过度的广告投入导致企业不堪重负，陷入财务危机，最终拖垮企业。

（4）过度的价格战。过度的价格战容易导致消费者对价格及产品质量产生疑问，难以建立消费者对品牌的忠诚。例如，2012年京东与苏宁的价格战，引起了当当、国美、天猫等企业应战，一场电商价格战迅速拉开序幕，虽参与方大大推进了"去库存化"，但也牵扯了各方资金实力、生产商供应链、物流控制力，稍有不慎，就可能给品牌带来极大危机。

（三）管理因素

企业的管理方式是品牌危机形成中不可忽略的因素。实践证明，事件发生以后采取傲慢态度的企业管理者，常常成为新闻媒体报道的对象。即使企业采取了良好的措施，企业管理者的作风仍然会对事件成败产生一定程度的影响。因此，危机处理是管理人员的重要职业素养。对危机敏感的管理者，通常在事件发生时会调动所有防守机制，包括否认、大事化小、小事化了、忽视因果、自以为是、寻找借口或者指责他人等。

（四）市场因素

经济形势、技术更新、竞争格局等市场环境的改变，同样会导致品牌危机的发生。在经济出现衰退时，消费者的购买力不足，导致品牌产品滞销，产生品牌危机。当一种新技术出现并代替原有技术时，品牌产品因技术含量降低而得不到消费者青睐，消费者的购买行为发生转移，从而导致品牌危机。在激烈的市场竞争中，竞争对手往往会采用降价、促销等手段，提高自己产品的市场占有率，导致对方产品出现品牌危机，如常见的家电价格大战。当然，在衰退的市场中，富有进攻性的企业也会导致激烈的竞争。竞争进入白热化阶段时，竞争对手会为保护自己的利益而考虑使用品牌事件制造舆论。

第三节　品牌危机处理原则

品牌管理者无法保证品牌在成长路上永远风平浪静、一帆风顺。危机无处不在，只有不断强化危机管理意识、提升防范危机能力和建立危机处理机制，才有可能保证品牌顺利发展。一旦发生品牌危机，管理者务必冷静面对，遵循迅速反应、统一口径、开诚布公和补偿损失四大原则沉着应对，同时注重品牌危机的后续管理，力争转危为机。

一、迅速反应

在危机处理中，响应速度通常是决定危机是否能够消除甚至转化为机遇的关键。对于危机认识不足或反应速度迟缓，导致各种猜测、传闻和谣言就会越来越多，结果必然使消费者加深对品牌的负面印象，不利联想越多，越有危机升级的可能。因此，管理者要迅速反应，将危机扼杀在摇篮里，避免危机扩散或升级。品牌危机一旦发生，管理者务必迅速行动，在第一时间做出如下四个方面的应对措施。

（一）成立危机处理部门

品牌危机处理必须要有相应的组织保障，如成立"××危机工作小组"。一般而言，危机处理机构由三大系统组成，即决策系统、信息系统和操作系统等。

决策系统可由一名首席危机处理官和若干名危机处理官组成。首席危机处理官应该由品牌的高层管理者担任，一方面其对品牌有全面的了解，另一方面有决策的权威，最好是由品牌领导者直接担任。危机处理官应经过一定的危机处理培训，具有在高度压力和信息不充分条件下做出科学决策的能力。

信息系统包括信息收集和整理等方面，应配有训练有素的信息收集人员，广泛收集各种信息情报，尤其是意见领袖们的看法，也包括向有关危机处理专家咨询以便获得相关的建议和意见，并对危机相关信息进行识别、分类和记录，供决策者使用。

操作系统主要负责具体的危机处理方案的实施，包括负责危机现场指挥、媒体的联络与协调、危机处理资源的保障等。

（二）危机的调查与评估

处理品牌危机时首先要找出危机的根源，在科学、全面调查的基础上找出危机发生的根本原因以及整个危机事件的真实情况。只有找到了危机的根源，才能为有的放矢的解决对策提供依据。同时，全面评估危机事件对品牌的危害，不仅包括现实的危害影响，而且包括潜在的危害影响。我们通常把危机的等级划分为普通事件、重大事件和极端事件三大级别。在得出全面的危机评估之后，品牌最高管理层就要根据危机的级别制定相应的处理方案和主攻方向。在这里评估的准确性非常关键，错误地估计危机的危害程度可能会给品牌带来灾难性的后果。

（三）制订危机处理方案

当品牌危机发生时，就要根据已掌握的情况研究对策，制订危机处理方案，明确应该采取什么样的对策、通过什么样的程序进行有效处理，确定什么人在什么时间做什么事，这是危机处理的关键。所制定的方案必须细化、明确和可行。所谓细化，就是危机发生后所采取的每个处理步骤和每个操作环节必须设计出来；所谓明确，就是方案用词精确，避免出现歧义，并把每项工作落实到个人；所谓可行，是指方案应具备可操作性。

（四）建立信息传播渠道

在品牌危机事件发生后，建立畅通的信息传播渠道是解决危机的关键措施之一。危机发生使得品牌处在社会舆论与公众关注的焦点之中，社会公众迫切想知道危机的真相以及品牌处理危机的态度与措施。而且在信息沟通不对称的情况下，社会公众极容易产生误解、猜疑的情绪，从而加深危机对品牌的危害。在危机事件处理过程中，品牌只有建立畅通的信息传播渠道，才能澄清歪曲事实的流言报道，让公众了解事实真相。

品牌应通过各种信息渠道，如品牌网站、博客、网络社区、海报、告示等发布品牌官方信息，并与报纸、电视台、新闻网站等媒体合作，建立起高效的大众信息传播渠道，加强与新闻媒介、社会公众、政府部门的沟通。特别要密切保持与新闻媒介的沟通，因为它们在引导社会舆论方面发挥着重大作用。

二、统一口径

在平常时期，品牌内部人员可以充分发扬民主作风，表达不同的声音。但是，在危急时刻所有成员都要统一口径，以同一个声音进行表达。否则，外界就会觉得内部沟通不畅，不负责任，事情只会越搞越糟，危机严重性越发上升。因此，应指派专门的新闻发言人负责处理与媒体间的关系，以统一口径回答有关新闻媒体以及公众的问题，以真诚的态度表达歉意以及处理危机的决心。掌握舆论主导权，通过所建立的多种信息传播渠道让公众了解危机处理的进展情况以及所调查到的原因。为了有效地统一口径、以同一个声音表达，危机处理领导机构应该根据实际情况明确以下三大事项。

（一）危机定性

在初步掌握危机原因的基础之上，危机处理机构的决策系统应对该次危机事件进行定性，这实际上就决定了处理的基调和策略。例如，我国某品牌汽车在欧洲参展期间被欧洲一大型检测机构评定为安全性最差的汽车，导致出现严重的品牌危机。品牌领导层决定在舆论宣传中策略性地抛出"阴谋论"的定性，并且接受另外一家欧洲汽车安全检测机构的测试，以另外一家机构的权威测验证明这个"阴谋论"。由于测试结果不错，该品牌危机得到妥善的处理。

（二）处理态度

品牌的各个经营者都有自己的看法和观点，因此必须通过研究协商达成一致态度。有效的处理态度通常应该是向有关的受害者以及广大公众表达歉意，真诚地表达愿意妥善处理的决心。

（三）事情进展

随着时间的推移，事件会不断地发生新的变化，需要有新的对策和处理方案，因此品牌危机处理机构的决策系统应该定期研究评价危机事件的发展现状以及处理方案，比如每6小时、12小时、24小时、三天、一周等在内部发布官方评估和对策。

通过以上三项内容的确定，内部就比较容易做到统一口径，以同一声音表达，就不会出现董事长一个表态，总经理又是一个表态，或者A说一个数字，B说另一个数字等混乱的状况，也不会出现到处都是"无可奉告"的情况，能够有效满足公众和媒体对事件内情了解的渴望。

三、开诚布公

为了有效地止住谣言传播，妥善处理危机，最好的办法就是开诚布公，与受众真诚沟通。坦诚地公布危机事件的真实情况，不仅可以澄清事实、消除误解、制止谣言，还可以让公众看到企业处理危机、解决问题的诚意。遇到暂时弄不清楚的问题时应承诺尽快提供相关信息，而对于不能提供的信息则应诚恳地说明原因，取得公众的谅解。同时，在承担相关责任时也要以危机事件的真实情况为基础，对于自身的过失所造成的责任要主动而诚恳地承担，并采取相关的补救措施，以诚恳的态度赢得受害者以及社会公众的谅解。而对于责任不在品牌方的事件，也应发扬人道主义精神对受害者表示慰问和关切，并加强与各方的沟通，说明真实的原因，获得社会公众的理解和认同，从而最终维护品牌形象，减小危机事件对品牌的危害。当然，开诚布公也存在时机选择的问题。根据危机公关传播迅速而准确的原则，开诚布公可以选择在危机发生的第一时间和危机真相大白的时候。

四、补偿损失

保护消费者的利益，补偿受害者的损失，是品牌危机处理的第一要义，因为品牌真正的价值就藏在受众的心里。只要是因使用本品牌的产品或服务而受到伤害，品牌经营者就应该在第一时间向社会公众公开道歉以示诚意，并且给受害者相应的物质补偿。对于那些确实存在问题的产品，应该不惜一切代价迅速收回，并立即改进品牌的产品服务，以表明企业解决危机的决心。

五、品牌危机后续管理

出现品牌危机并不可怕，可怕的是企业不去总结危机中的得与失，不去改正危机中暴露出来的问题。长此以往，类似的危机将可能再次爆发，到那时无论多么完美的危机处理方案都无法帮助企业赢回公众的信任。因此，品牌危机的后续管理仍需企业给予高度的关注。危机后续管理主要包括遗留问题处理和滞后效应处理。

（一）遗留问题处理

首先，企业要在内部对危机发生的原因、预防和处理措施的执行情况进行系统的调查分析，找出危机管理工作中存在的问题；其次，针对危机中存在的问题进行整改，完善企业品牌危机的预警系统，同时吸取教训，防止类似危机再度发生；最后，加强企业组织内部沟通，让员工了解危机的始末、产生的危害以及企业处理的措施，并以此为契机加强对员工的教育，治愈员工在危机中受到的心理创伤，获得他们的认同，使企业尽快重回正轨。

企业还应加强对外传播沟通，及时地向媒体、社会公众通报危机处理的进展情况，并声明愿意负起道义上的责任，以此重新赢得社会公众的信任。

（二）滞后效应处理

品牌危机一旦发生，无论企业在此次危机处理中的表现多么完美，危机所带来的影响总会对公众的心智产生冲击，这种阴影可能在很长一段时间内都会存在于公众的头脑中。如何帮助公众快速地忘却这段不良记忆，重新建立起对企业的信心，是后续阶段企业工作的重点。例如，企业可以通过推出新的服务、开发新的产品或者展开营销宣传等一系列社会责任行为，来向企业利益相关者和社会公众传达企业恢复的信号，重新唤起他们对企业的信任。

本章小结

品牌危机是指组织内外部突发原因造成的，始料不及的对品牌形象的损害和品牌价值的降低，以及由此导致的组织陷入困境和危险的状态。品牌危机的爆发具有突发性、危害性、关注性和危机性。品牌危机是形象危机、产品危机、信任危机、公关危机、市场危机。品牌危机来源于品牌事件，企业应关注品牌事件的发展。品牌危机的形成因素有产品因素、品牌因素、管理因素和市场因素。在处理品牌危机时应秉承以下原则：迅速反应、统一口径、开诚布公、补偿损失及注重品牌危机后续管理。

案例分析

瑞幸品牌危机

Luckin Coffee（瑞幸咖啡）是中国最大的连锁咖啡品牌，截至2023年数据显示，瑞幸在中国市场的门店数量已突破10 000家。瑞幸在品牌发展上始终坚持以"让每一个顾客轻松享受一杯喝得到、喝得值的好咖啡"为品牌愿景，以"创造一个源自中国的世界级咖啡品牌"为品牌使命。品牌充分利用互联网红利，应用新零售模式，深化与各级供应商合作，致力为客户提供高品质、高性价比、高便捷性的产品。

但瑞幸在品牌发展过程中，也曾遭遇危机。2020年1月，以做空概念股闻名的浑水（Muddy Waters）公司发布了一份报告声称"在瑞幸6.45亿美元的IPO之后，该公司从2019年第三季度开始捏造财务和运营数据，已经演变成了一场骗局"。此消息发布后在全球投资界引起轩然大波，瑞幸咖啡的股票价格应声大跌。但直至2023年5月，瑞幸咖啡的股票价格并未像浑水公司预期的那样持续走低，反而稳步上涨，甚至达到了历史新高。原因何在？

首先，瑞幸在品牌危机事件发生后，成立了一个特别调查委员会，及时公开、正面应对这一问题，展现出公司的决心和处理透明度。公司高层对外发表声明，宣布调整了董事会和高级管理层人员架构，并对外公开调查结果。最终于2022年1月与美国证券交易委员会达成和解，恢复正常经营，赢得市场和消费者的信任。

其次，瑞幸品牌定位瞄准下沉市场，打造瑞幸咖啡的"人、货、场"。尽管面临着严重的质疑，但瑞幸没有停下其业务扩展计划。我国的三线以下城市人口，约占全国总人口的70%，在这个10亿人口规模的下沉市场里，隐藏着巨大的消费潜力。瑞幸咖啡在中国市场始终坚持平价路线，消费者看重瑞幸咖啡的"性价比"，使其成为复购率很高的平价咖啡品牌。同时，瑞幸咖啡始终坚持不断向产业链上游延伸，打造瑞幸咖啡的"人、货、场"。公司专注于员工培训和发展，确保咖啡师拥有良好水准；与多个咖啡原产地紧密合作，从四个咖啡产区优选上等阿拉比卡豆，如巴西、哥伦比亚和埃塞俄比亚，通过直接与农民合作并采用先进的烘焙技术，确保咖啡与所在地保持一致的风味；瑞幸将选址设置在人流量大的办公楼、购物中心和交通枢纽，以最大限度地增加曝光度、提升知名度并增加其市场份额，满足各种类型消费者的需求。

最后，品牌建设清晰完整，盈利模式优化。瑞幸自品牌建设之初便始终坚持迎合年轻人的生活方式。在瑞幸的业务模式中，点单、外卖、优惠等全程数字化，打造以高频消费者为核心的会员运营体系，以提高客户黏度为品牌带来新的收入来源。在瑞幸万店目标达成之际，提出了新的品牌主张——"幸运在握"，意味着幸运不会从天而降，只有脚踏实地、勤奋努力才能真正把握幸运。这一全新主张与瑞幸的品牌建设路径高度契合，也与咖啡消费者的生活理念不谋而合。同时，瑞幸注重新产品研发，且SKU非常多，这也离不开瑞幸的大单品策略。瑞幸推出了一款又一款现象级爆品，如生椰拿铁、椰云拿铁等。瑞幸的爆款单品，能够快速占领用户心智，甚至产生以单品带动品牌的效果。

任何一个品牌在建设过程中，都可能遇到一些因内外部突发原因而导致的品牌危机问题。瑞幸在品牌危机后，不仅没有一蹶不振，反而转危为安，在这样的品牌建设战略下短短时间内实现中国市场的万店模式自是当然！

（资料来源：瑞幸咖啡研究报告：重新出发，下沉市场带来新机遇，https：//www.djyanbao.com/preview/3539831？from＝search_list，笔者整理）

案例思考

1. 瑞幸在处理品牌危机事件时遵循了品牌危机处理的什么原则？
2. 请谈谈瑞幸品牌建设的成功秘诀。

第十三章 品牌国际化

📘 理论模块任务

1. 了解品牌国际化的含义、优势及风险；
2. 掌握品牌国际化发展动因；
3. 掌握品牌国际化的不同战略选择模式；
4. 掌握中国品牌国际化不同的策略模式。

📘 实践模块任务

根据所策划品牌的本土化现状，明确品牌国际化发展的动因和前提，构建品牌国际化发展策略。

📘 开篇案例

京东品牌国际化

随着商业市场不确定性增多，在跨境供应链存在挑战的同时，海外新兴市场对跨境电商需求不断增加。面对机遇与挑战并存的外部环境，京东物流通过持续建设全球智能供应链基础网络，为全球客户提供优质、高效、全面的一体化供应链解决方案，助力物流供应链降本增效和数智化转型升级。

多年来，京东物流以海外仓为核心对全球智能供应链基础网络进行建设，已相继在美国、德国、荷兰、法国、英国、越南、阿联酋、澳大利亚、马来西亚等地落地自营海外仓。截至2022年6月30日，京东物流在全球拥有近90个保税仓库、直邮仓库和海外仓库，总管理面积近90万平方米，跨境网络总仓储面积同比增长超70%。

同时，京东物流通过丰富的国际运输线路，如跨境专线、空运、中欧专列、跨境卡车等资源，为全球商家提供一站式供应链服务，还可提供满足进出口跨境卖家多种业务场景的电商物流产品，以及稳定的小包、空派、空卡、海派、海卡、铁路及陆路等全面跨境运输服务。不仅如此，京东物流领先的电商物流系统已与全球知名的ERP和平台系统打通，对生产、运输、仓库等多场景进行联动，提供BC同仓的一体化供应链解决方案。

多年来，京东物流持续深耕国际供应链布局，帮助越来越多的跨境卖家和海外本土商家实现高效运营和优质发展。在欧洲，京东物流荷兰芬洛自动化仓承接了欧洲时尚内衣品牌香蔻慕乐在荷兰、法国、比利时和卢森堡等国的仓配任务。在项目一期，京东物流通过部署"地狼"机器人，实现了"货找人"的自动化拣选，拣货员只需要等待

"地狼"将货架搬运到工作站即可，颠覆了传统的"人找货"模式，助力香蔻慕乐将订单生产时效提升了三倍多。

另外，京东物流还凭借领先的自动化设备、先进的库存管理系统，以及稳定的海外清关及运输、海外售后等能力，为中国出海品牌提供涵盖跨境运输、海外仓储和末端配送的端到端的一体化供应链服务。例如，在迪拜杰贝阿里港自贸仓，京东物流为国内某手机品牌提供跨境供应链服务，客户只需要将产品发到国内的收货点，余下全程包括国际段运输、中转清关和存储、配送到非洲多国的客户等环节均可交给京东物流，大大提升了国际运输和存储效率。

京东品牌国际化，让物流企业搭建起高效协同的国际供应链网络，不断助力国货出海步伐的加速和中国品牌的全球化发展，为全球客户提供优质、高效、全面的一体化供应链服务。

（资料来源：京东黑板报公众号，笔者整理）

第一节 品牌国际化概述

随着世界经济、科技的飞速发展，快捷的通信、高效的运输、全球间的资本流动已成为现实，经济全球化已经成为当今世界发展的一种必然趋势。随着我国改革开放的不断深入以及国内市场的国际化程度不断提高，立足国内、面向世界、创建国际名牌、实施国际化经营战略已经成为越来越多国内企业的必然选择。

一、品牌国际化的定义

品牌国际化又称为品牌的全球化经营，是指企业在国际化市场营销活动中，利用各国的资源与市场，树立自己的品牌形象，其目的是通过向不同国家、不同区域进行品牌延伸扩张，来获取规模经济效益，进而实现低成本运营。

迄今为止，学术界关于品牌国际化的定义尚无定论。当一个企业用相同的品牌名称和图案标识，进入一个对本企业来说全新的国家，开展品牌营销时，就是品牌国际化，通常品牌国际化的目的是在其他国家建立起本品牌的强势地位。因此，品牌国际化简单地说就是品牌的跨国营销。品牌国际化概念本身是针对地域问题而提出来的，当一个企业用相同的品牌进入一个对本企业来说全新的市场，创建企业的用户资源，让品牌在全球范围内与不同区域市场消费者发生良性的互动关系时，就是品牌国际化。因此，品牌国际化的目的就是要在本土以外的市场建立品牌的强势地位。

复旦大学教授苏勇等人对品牌国际化的内涵做了进一步的研究，从六个方面诠释了品牌国际化。他们认为品牌国际化是一个隐含时间与空间的动态营销和品牌输出的过程，该过程将企业的品牌推向国际市场并期望达到广泛认可和实现企业特定的利益，并对品牌国际化的时间、空间、动态营销、品牌输出、广泛认可、特定的利益六个方面进行了详细的阐述。

上述概念的描述虽然不尽相同，但是没有本质上的差别。

中南财经政法大学工商管理学院副教授王新刚认为，品牌国际化是企业在进行跨国生产经营的活动中推出国际化品牌，并占领世界市场的过程，即企业在全球性的营销活动中，树立品牌形象达到一个全球化的目标。企业不仅要利用本国的资源条件和市场，还必须利用国外的资源和市场进行跨国经营，即在国外投资、生产、组织和策划国际市场营销活动。这一概念的最大特点是品牌国际化不仅包括单一品牌国际化，而且扩展到多品牌国际化的范围。

二、品牌国际化的优势

世界著名品牌专家凯勒对品牌国际化的问题做过卓有成效的研究。他认为，品牌国际化可以具备六个方面的优势。

（一）实现规模经济

从供应方面看，品牌国际化能继续产生大量生产和流通的规模效应，降低成本，提高生产效率。经验曲线告诉人们，随着累计产量的增加，生产制造成本会有所下降。因此，品牌的全球化能带动产品的生产和销售，能带来生产和流通的规模经济，促进企业持续稳定地发展。

（二）有效降低成本

实现品牌国际化，可以在包装、广告等方面进行统一。如果在各国实施统一的品牌化行动，其经营成本降低的可能性更大。实施全球品牌战略是减少成本最有效的手段，如可口可乐、麦当劳、索尼等企业在全球各地采取了统一的广告宣传。据统计，可口可乐通过全球化的广告宣传，二十多年里为企业节省了 9 000 万美元的成本。

（三）扩大影响范围

全球性品牌向世界各地传达一个信息：它们的产品或服务是信得过的。品牌产品在全球范围内有忠诚的顾客群体，能在全球范围内畅销，这说明该品牌具有强大的技术能力或专业能力，其产品受到广大用户的欢迎。在世界各地都能选购这样的品牌，说明该品牌具有很高的质量、良好的品牌形象，能够满足各国消费者的需求。

（四）保持品牌形象

由于顾客流动性的增加，顾客也可以在其他国家看到该品牌的形象，认可其国际品牌知名度。同时，不同种类的媒体都在进行同一品牌的宣传，能反映该品牌相同的价值和形象，保持品牌的一贯性。

（五）统一品牌活动

由于营销者对产品属性、生产方法、原材料、供应商、市场调查、价格定位等都非常熟悉，并且对该品牌的促销方式也有详细记录，因此在品牌国际化进程中，就能最大限度地利用公司的资源，统一设计开展品牌活动，并实现在全球范围内推广。

（六）迅速传播知识

品牌全球化能增强组织的竞争力。品牌团队在其中一个国家产生的好的构想或策划建议，能迅速广泛地被各国分部汲取或利用。无论是在企业的研发、生产制造方面，还是在全球范围内汲取新知识并不断改进方面，都有助于提高企业的整体竞争力。

三、品牌国际化的风险

一般来说，不是企业自己要选择国际化，而是由于市场竞争的驱使。实施品牌国际化，往往取决于是否存在对企业至关重要的战略机会。这些机会包括：新市场规模和吸引力、原产地市场的日趋饱和、可以取代的竞争对手、获得规模经济效应、保持现有的利润、赢得知名度以及推动创新等。Interbrand 公司注意到，许多公司热衷于地域性市场的扩张，但是这种扩张往往是基于财务预测的前提，而将市场、文化、买方行为，以及品牌忠诚度和其他一些因素都置之不顾，这必然会给品牌向外部市场的扩张带来很多风险。这些风险主要包括：错误地假定不同市场品牌所传递的含义是一样的，造成了信息混乱；对品牌及其管理过度标准化、简单化，忽视了不同市场间的差异；传播渠道运用错误，造成不必要的开销和无效传播；低估了消费者在市场上从认识、尝试到使用品牌所需要的投资和时间；未能确保本地员工正确理解品牌价值和利益，使他们未能对外进行始终如一的传播与分享品牌价值；未能根据当地市场的特点及时调整执行策略；等等。

第二节 品牌国际化的动因与障碍

一、品牌国际化的动因

品牌国际化是品牌的区域延伸，促使品牌延伸的因素也是品牌国际化的基本动因。品牌国际化的动因主要包括以下几个方面。

（一）发展动因

品牌国际化最根本的动因是发展需要。任何一个品牌的成长都会经历由小到大、由弱变强的过程。品牌的成长也总是先在其熟悉的环境中，在天时、地利、人和条件下壮大起来。当一个品牌发展到相当的程度，有了一定的实力后，就开始放眼世界。很少有品牌一开始就走国际化路线，可口可乐如此，微软亦是如此。只有当品牌在国内市场发展潜力受限时，才会去突破国界，寻求国际发展空间，日本企业在第二次世界大战后的发展就是一个典型。在日本，松下、东芝、夏普、三洋等电器产品的国内竞争白热化后，先是大量出口，然后实行国际化投资和经营。因此，公司持续发展的要求促使企业走向海外，从产品出口转向海外投资，从产品经营走向品牌的国际化经营。

（二）利润动因

对外开放后，我国企业从为国外知名品牌加工制造产品开始，现在我们称之为 OEM（贴牌生产）。经验证明，贴牌生产的企业利润微薄，品牌企业收获了丰厚的利润，是生产企业的几倍甚至几十倍。产品的国际化经营利润远低于品牌的国际化经营利润，这也是我国企业努力实现品牌国际化的主要动因。

对一些已经有相当国际化经验的欧、美、日品牌来说，品牌的国际化已带来丰厚的收获，因而更坚定了其国际化的信念，如可口可乐的全球扩张，日本由家电到各类电子产品、汽车和日用品的国际扩张。它们在国内市场饱和的情况下，向发展中国家进行品牌延伸，凭借其已形成的优质信誉，获得了巨大的商业利润。

（三）规模经济动因

规模经济是一个战略杠杆。一家打算进入世界市场的汽车设计公司比只定位于当地市场的公司更有竞争力，理由十分简单，当地市场比世界市场小得多，品牌国际化后，同样的研发费用可以由众多的市场分摊。根据学习曲线理论，大规模运作能大大降低制造成本，使品牌产品更具有价格竞争力。这对大众品牌而言，意义尤为明显。

品牌国际化可以大大减少和消除重复性的工作，例如，公司可以在潜在的销售地区使用同一广告，而不必在每一个国家制作不同的广告。考虑到广告制作的高成本，其节约额是很可观的。例如，万宝路的西部牛仔广告一播就是半个世纪。

（四）竞争时间动因

品牌国际化还有一个十分重要的原因是信息和技术传播速度的加快。以前，科技扩散速度较慢，产品可以由生产国向消费国逐渐输出。然而，在"速度就是优势"的21世纪，如果品牌产品不能在主要消费国同时推出，就会给竞争对手留下充足的时间去事先抢占市场并推出相似或相同的产品。国际化就是要在品牌及其营销组合宣布后即刻向各大目标市场区域推进，不给竞争对手留下时间。

（五）品牌国际化的其他动因

品牌国际化除了上述四大动因外，还有一些其他动因。

1. 风险分散

由于世界经济发展不平衡和各国经济周期不同步，品牌国际化可以分散市场风险，求得市场需求的相对均衡，避免因一国或一个地区的需求波动而危及品牌。

2. 显示实力，增强市场影响力

品牌国际化可以增强消费者的信任度。当一个品牌进入国际化市场时，通常该品牌被认为有实力、产品质量高，说明该品牌不仅为国内消费者接受，而且为国外消费者所接受，从而又反向增强了品牌在国内的影响力。事实上，海尔、海信等都属此类。日本、韩国甚至欧洲国家的一些品牌为了显示其实力和世界级的地位，均以进入美国市场为认可标志，一旦成功，该品牌就较易被世界其他国家所接受。

品牌案例 13-1

TikTok 品牌国际化

二、品牌国际化的障碍

品牌国际化面对的是一个纷繁复杂的国际环境。每个国家在经济、社会、文化方面存在着巨大的差异，消费者对品牌的了解、认知和理解也不完全一样，而且其需求和使用目的也不尽相同，这为品牌国际化的实施增加了难度。因此，品牌国际化虽然对企业有利，但同时也面临着各种障碍。

（一）环境性障碍

1. 法律环境

不同国家有不同的法律体系，在一个国家合法的营销行为、品牌内涵、定位的表达方式，在另一个国家可能是非法或不被接受的。例如，在英国不允许用英雄人物作为烟草广告的代言人，即使是万宝路中的西部牛仔形象也不允许；在新加坡和中国不允许在广告中进行产品对比，以显示品牌优势；在奥地利，不允许用儿童做广告；在波兰，要求广告片中的插曲必须以波兰语演唱；等等。这些规定很可能使在一国极为成功的品牌及其营销组合无法在他国有效延伸。

2. 竞争结构

品牌竞争的市场结构主要包括竞争对手的数量和实力、品牌知名度、分销类型和水平、产品生命周期阶段。在品牌国际化过程中需要对其做一定调整，除非这种产品没有任何竞争对手，是一种全新的产品。

有学者曾对美国、欧洲、日本甚至世界范围内的品牌进行了调查，调查显示，品牌的心理位置（Share of Mind，SOM）和受尊敬程度有明显的差异。美国排名前十的品牌全为美国公司；在欧洲，排名前十的品牌中有三个来自美国和日本公司，其余七个均为欧洲公司；在日本，除了两个欧洲品牌外，其余均为日本品牌。可见，世界不同国家和地区对品牌地位的认知有明显的差异。这说明在品牌国际化过程中，要根据当地的市场需求、消费者心理适当调整品牌定位，品牌促销的模式和品牌联想的建立方式也应建立在把控当地环境的基础上。

3. 社会文化环境

社会文化因素对品牌国际化的影响实际上是多方面的。

首先是语言障碍。语言障碍是利用广告进行有效沟通时遇到的主要障碍之一。许多国家都存在因为忽视语言翻译而产生的问题，从而妨碍品牌与消费者沟通。可口可乐公司在使用其著名的口号"享用可口可乐"（Enjoy Coca-Cola）时发现，在有些国家 Enjoy 即"享用"一词，带有"性感受"的含义。为解决这一问题，公司将"享用可口可乐"更改为"请喝可口可乐"（Drink Coca-Cola）。高露洁的"CUE"牌牙膏在法国销售时遇到了问题，因为在法文里，CUE 是对烟头的一种粗俗叫法。

其次是文化差异。文化差异远比语言差异复杂、深刻。文化涉及范围很广，包括某一社会内部的各种意识形态。在实施全球性营销策略时，若不了解文化差异，将会招致更严重的问题。研究表明，各个国家之间文化差异的大小是有区别的，并不是所有国家之间的文化差异情况都是相同的。文化的差异性可以分为四个不同层次：无文化差异、较小的文化差异、中等文化差异和较大的文化差异。文化差异的大小主要体现在各国之间的交流、语言体系、风俗习惯、文化渊源和地理位置等方面。例如，百事可乐的销售曾在南亚遭受重创，原因之一就是其将销售设备和冷藏箱的颜色由原来很庄重、豪华的蓝色改为浅蓝色，而浅蓝色在南亚与死亡、奔丧相联系。

最后是媒体传播的差异。不同国家和地区的媒体在受众偏好、发展水平、广告效力以及时间和空间的成本上都是不一样的。例如，广播在非洲是人们接触最多的媒体，其权威性也相对较高；而在中国，广播收听者人群基本上都是老人、学生、司机等。

(二) 品牌性障碍

所谓品牌性障碍，是指由品牌的构件（图案、名称、色彩和包装等）所带来的品牌国际化障碍。例如，某种文字或图案在不同的国家有不同的含义和不同的理解，尽管在本国是一个非常优秀的品牌元素，但进入国际化市场后，在彼国却可能成为很不利的因素。

1. 品牌图案

品牌图案是品牌的视觉识别要素，又是品牌重要的构件。品牌图案虽然是品牌国际化中最易于被接受的要素，但在其传播和推广过程中并不是没有任何障碍。在不同国家，它们会有不同的象征，引发不同的联想，有的图形甚至成为禁忌。例如，兔子在我国是一种深受小朋友喜爱的动物，使用兔子作为品牌图案对产品的销售是有利的；但在澳大利亚，由于经常遭受兔害，庄稼被毁坏，因此，有"兔"标志的品牌图案在澳大利亚经常被冷落。

2. 品牌名称

公司在为其产品选择品牌名称时，未必考虑到未来的国际化经营需要，往往取了一个很有当地文化色彩的品牌名称。这样的品牌在本国可能会非常成功，然而在国际化时就可能遇到严重障碍。例如"长虹"作为彩电品牌，能给人一种色彩斑斓的美好联想，但在进入国际化市场时采用"Changhong"这一名称就很难让国外消费者理解这种寓意。因此，品牌名称是品牌国际化时必须面对和跨越的一道障碍。

3. 品牌色彩和包装

品牌是一个完整的统一体，企业在形成视觉设计时会应用标准色，这个颜色能够代表企业对外形象视觉系统的主色调，同时会借助于标准色和包装来传达其内涵。例如，可口可乐以其特有的外形和红颜色遍布全世界，即使略去可口可乐的曲线字样也能迅速地被消费者认知。所以，在品牌国际化时，要形成统一的视觉设计方案。

4. 品牌的内涵诉求

在品牌国际化过程中，对品牌内涵诉求的不同理解是品牌的又一内在障碍。以品牌内涵中的"健康"诉求为例，"健康"的理念是东西方所有品牌的共同诉求，但"健康"具体意味着什么，东西方在理解上却有很大的不同。在欧美国家，肥胖已成为影响消费者健康的一大公害，因此对他们来说，健康食品就是低热量的食品；但对发展中国家的消费者而言，健康则有着完全不同的内涵，它要求营养丰富，对热量则不太关注。因此，对不同国家的消费者而言，同一个品牌在消费者眼里有不同的内涵诉求。这些就决定了品牌在国际化的进程中，要因时因地恰当修改同一品牌内涵在不同国家的不同诉求，从这个意义上讲，这也是品牌国际化的本土化过程。

第三节 品牌国际化战略

一、品牌国际化的方式

实施品牌国际化战略，建立国际性品牌是品牌获取全球竞争优势的重要方式。而要获取全球的竞争优势就要面临各种各样的挑战，企业应根据自身的优势和所面临的挑战选择进入新市场的恰当方式。总的来说，企业进入国际市场的基本方式有出口、许可生产、特许经营、直接投资和兼并收购五种。

（一）出口

这种形式适合于任何规模的企业，也是企业进行国际化经营的第一步。企业通过出口以规避已处于饱和状态的国内市场，或者为处于生命周期衰退期的产品重新找到市场。我国家电企业在国内一直是供过于求，出口占我国家电销售的较大份额。

选择出口途径的优点是风险较低，企业如能通过专业经销商出口，不但能省去对国际化市场的探索成本，而且能获得更加完整的市场需求信息。出口途径的缺点是当出口数量较大、同时进入对方市场采用的是低价策略时，会受到其他国家竞争者的关注和抵制；也易造成进口国采取各种贸易补救措施和贸易壁垒，对出口国企业扩展国际市场形成政策和法律的障碍。

（二）许可生产

许可生产是指通过签订许可协议、收取使用费用的方式，让其他企业获得使用自己企业受专利保护的技术生产产品的权利。许可生产一般受时间限制，在超过专利保护期后是否维持原许可证条件，取决于双方的谈判能力。采取许可生产的方式，将企业的技术卖给他国，一方面可以使企业的专利技术得到广泛的应用，补偿技术研发费用；另一方面还可以通过技术的后续发展，对受许方的生产经营进行控制。但是，采取许可生产形式可能会因技术共享而让受许企业成长为竞争对手；另外，将专利提供给缺乏有关专利保护法律的国家，可能会产生专利被侵权导致企业知识产权受损的情况。

（三）特许经营

特许经营是指企业将自己的某一权利以合同的形式准许其他企业使用的一种经营方式。这种权利可以涉及很多方面，包括专利、技术秘密、商标与品牌、组装加工、管理模式等，受许方对这种权利的使用往往会受到许可方规定的时间和区域的限制，同时许可方可收取受许方一定的费用作为回报。

特许经营属于一种双赢的经营方式。对于许可方来说，不必投入大量的资金就可以快速地进入国际市场，快速复制成功的管理经营模式，在国际市场扩展品牌知名度，使自身的经营特色发挥最大的经济效益和社会效益。而对于受许方来说，不必投入大量的精力和时间探索特色的经营管理模式，只需投入一定的资金就可以借助他人的先进技术和商标来增强企业自身的竞争力。

很多跨国公司就是通过特许经营来开拓国际市场的。例如，快餐业中的麦当劳和肯德基就是通过特许经营连锁的方式造就了全球品牌；可口可乐公司以"特约代营装瓶业务"的特许形式，保证了在不泄露原糖浆配方的前提下成功地向世界市场不断扩张。

（四）直接投资

直接投资可以分为两种形式：在国外建立合资公司和在国外建立独资公司。合资企业是指由两个或两个以上的企业共同拥有或控制的企业，投资方中至少有一方位于合资企业的所在地。独资企业是指企业（跨国企业）在海外投资并完全控制所投资企业活动的投资方式。跨国企业可以通过两种方式在海外建立独资企业。第一，跨国企业在国外设立独立的企业实体。采取这种方式，跨国企业可以按照自己的需要安排独资企业的规模、技术、设施和企业所在地，在较小的阻力下将自己的管理方式应用于这个新企业，建立起适合跨国企业经营战略和目标的企业文化。第二，跨国企业购买当地已经存在并已经营的企业，获得对该企业的所有权。采取这种方式不仅能够迅速进入国外市场，而且在进入的同时还至少能减少一个当地的竞争对手。

（五）兼并收购

兼并是指一个企业采取各种形式有偿接受其他企业的产权，使被兼并方丧失法人资格且改变法人实体的经济行为。采取兼并方式，跨国企业还可以利用企业中的留用人员协调两国之间由于社会、文化差异造成的矛盾。企业兼并的形式主要有承担债务式兼并、购买式兼并、吸收股份式兼并、控股式兼并四种形式。收购是指一个企业能够通过购买上市公司的股票而使该公司经营决策权易手的行为。

目前，我国企业实施的品牌国际化主要是选择海外品牌进行兼并与收购。海外品牌兼并与收购是指通过收购国外具有知名度但经营不善的品牌，在中国利用廉价劳动力进行加工生产。通过收购国外企业，使用对方品牌开拓当地市场。在当今的国际市场，兼并和收购已成为跨国资本流动的最主要方式。兼并和收购也将是打通国际市场的主要手段，采用这种模式的典型代表是联想和TCL。

二、品牌国际化策略的确定

选择合适的品牌国际化方式后，企业应确定采取何种品牌国际化策略。品牌国际化策略一般分为标准化策略、本土化策略、标准化和本土化相结合的策略。

（一）标准化策略

1983年，西奥多·莱维特（Theodore Levitt）教授在《哈佛商业评论》上发表了经典论文《市场国际化》。文中指出，现在世界各国的人们正在变得越来越相像，总体上，人们的需求也变得一致起来，这使得全球化的营销计划是可行的。因此，企业必须学会将世界看成一个大市场并在其中运作，忽视各个国家和地区表面上的差异，并在整个世界按相同的方式出售相同的产品。

标准化策略是指在所有的营销组合要素中，除了必要的战术调整外，其余要素均实行一体化和标准化，即将目标国视为一个完全相同的市场，每一个国家或地区都是无差异的。有独特的世界性品牌、规模化生产能力和强大销售网点的全球企业，往往会采取此种策略。例如，美国可口可乐公司的可乐饮料的原汁配方、包装、销售方式和定价，在世界各国几乎完全相同；沃尔玛、家乐福等国际商业连锁企业，麦当劳、肯德基等国际餐饮服务连锁企业，都采用标准化策略拓展全球市场。

企业实行标准化策略，可以使企业实现规模经济，赢得成本优势，具体体现在产品研发与生产、定价、广告、促销、包装以及品牌的设计、宣传等方面，有利于树立品牌在国际上的统一形象，提升企业的声誉，有助于提高消费者对品牌的认知，从而使品牌在全球享有较高的知名度。标准化还可以使企业对国际营销进行有效的控制。国际市场营销的地理范围较国内营销扩大了，如果产品种类较多，则每个产品所能获得的营销资源相对较少，难以进行有效的控制。标准化一方面降低了营销管理的难度，另一方面集中了营销资源，企业可以在数量较少的产品上投入相对充足的资源，从而提高营销活动的成效。但标准化策略忽视了全球需求的区域差异性，即难以满足不同市场消费者的需求，因此，其营销组合的制定与实施是比较困难的，有时甚至会出现与当地文化相冲突的情况。

（二）本土化策略

本土化策略是指企业向世界范围内不同国家和地区的市场提供不同的营销组合，以满足不同国家或地区市场的特殊需求。在开拓任何一个国家的市场时，必须重视当地的风俗人情、生活习惯、消费方式等社会文化差异。只有尊重这些差异，充分地了解、分析消费者对企业品牌及产品的认知情况，企业才可能赢得消费者的信赖与推崇，这是品牌本土化的基本信条。从实践来看，成功的本土化运营的主要做法是产品本土化、品牌名称本土化、人力资源本土化、促销活动本土化等方面的组合。

1. 产品本土化

产品本土化是指企业根据不同目标市场营销环境的特点，生产和销售满足当地消费者需求的产品。这种产品策略更多地从国际消费者需求个性化角度来衡量，能更好地满足消费者的个性需求，有利于开拓国际市场，也有利于树立企业良好的国际形象，是企业开展国际市场营销的主流产品策略。然而，产品本土化策略对企业的能力提出了更高的要求。首先，要鉴别各个目标市场国家或地区消费者的需求特征，这对企业的市场调研能力提出了很高的要求；其次，要针对不同的国际市场开发、设计不同的产品，要求企业的研究开发能力能跟上；最后，随着企业生产和销售的产品种类增加，其市场成本及营销费用将高于标准化产品，企业管理的难度也将加大。因此，企业在选择产品本土化战略时，要分析企业自身的实力以及投入产出比，综合各方面的情况再做出判断。例如人人皆知的肯德基，在中国市场上以需求为导向，不断推陈出新，提高当地消费者的满意度，"老北京鸡肉卷""嫩牛五方""四季鲜蔬""烤翅""芙蓉鲜蔬汤"等就是专门针对中国消费者口味推出的产品。

2. 品牌名称本土化

不言而喻，品牌名称作为消费者广为传颂的称谓，是目标市场文化的反映。因此，设计令消费者感到亲近（融入当地文化）的品牌名称是本土化运营的重要环节，可以说是品牌国际化的基础性工作。宝洁公司在中国市场的本土化就非常成功。从1988年宝洁进入中国市场后，它在产品品牌方面的本土化的确不遗余力。在宝洁铺天盖地的广告中，看不到"美国"的字样，而且，宝洁在中国选用的广告模特无一是西方人。另外，30多年来，宝洁公司向中国市场推出的很多品牌的名称都是在广泛调研消费者的需求基础上产生的，也有不少是中国消费者参与的结果。

3. 人力资源本土化

品牌国际化进程中需要注重人力资源本土化，品牌企业可在当地招聘和雇佣参与品牌营销的相关人员。首先，聘用当地人力资源可以大大降低人力成本，有效提高当地市场人员对品牌的接受程度，增加企业的渗透力。其次，当地人力资源代表着当地的文化与风俗，相似的思维方式、行为模式、生活习惯等使信息沟通和工作合作更为顺畅，管理也得以顺利实施且更加有效。

4. 营销活动本土化

品牌营销本土化是指在充分考虑品牌国际化的总体战略目标的前提下，在不同市场环境中结合本土化的特点进行品牌营销活动。品牌营销本土化使品牌更容易在当地的文化基础上进行品牌文化传播。例如，雅诗兰黛品牌面向Z世代消费者开展了品牌IP跨界营销，雅诗兰黛携手上海100家咖啡店，推出到店消费买咖啡就送雅诗兰黛防晒试用装的惊喜活动，在追求惬意生活方式的Z世代人群中形成了品牌口碑传播效应。

（三）标准化和本土化相结合的策略

有关学者对亚洲市场的研究表明，多数跨国公司采用标准化和本土化相结合的策略，即在战略决策多方面（如选择目标市场、产品定位、确定广告目标和主题等）较多地使用标准化策略，在战术决策方面（如广告表现形式和媒体选择等）较多使用本土化策略。这种折中的思想也就是所谓的"思考全球化,营销本土化"(Think Global, Sell Local),意思是首先要有全球化意识,在全球范围内做整体计划,在实施计划的时候则要因地制宜。

目前,越来越多的企业采用标准化与本土化相结合的策略实现其品牌国际化。例如,麦当劳的汉堡基本上是标准化的产品,但是在德国麦当劳门店可供应啤酒,在法国可供应葡萄酒,以适应当地消费者的需求;在某些国家,可口可乐针对本土化群体的需求将可乐的甜味、碳水化合物含量也做了适当调整。

三、品牌国际化的趋势及启示

(一)趋势

1. 品牌国际化的门槛不断抬高

品牌国际化可分为三个阶段,即产品输出、资本输出和无形资产输出。在长期的国际化输出进程中,发达国家跨国企业逐步将产业链中低附加值的加工制造环节对外转移,牢牢掌握高附加值的研发和销售环节,获取高额利润,并进一步强化品牌对世界市场的垄断地位。在这种情况下,新生品牌成长的国际化市场空间趋于狭小,市场进入壁垒和代价逐步加大,致使大多数新生品牌只能徘徊于次主流或非主流市场。

2. 品牌国际化的方式不断更新

跨国公司主导的资本输出包括理念、标准、技术、制度、运营机制、管理等综合性输出。其本质就是品牌的输出,这是一种更具战略意义的资本输出类型,是国际化与本土化的有机结合。跨国公司通过新的竞争方式加快了品牌国际化的进程,巩固了其在世界品牌竞争中的地位。其中,跨国并购能够使企业迅速获得技术、渠道等关键性资源,增强相对优势,成为其实现品牌国际化的重要途径。然而,后续进入者通过品牌并购实现跨越式发展的门槛被不断抬高,它们将面临成长机会缩小和难度加大的局面。

(二)启示

1. 品牌国际化是一个系统工程

品牌国际化实质是一个系统工程,企业需要强大的实力做后盾,也要具备良好的品牌国际化经营战略并予以有效实施,才能在国际市场上获得长期收益。综观全球国际化品牌,没有一个是一蹴而就的,几乎都经历了几年、几十年甚至上百年的积累。鉴于此,把握消费者需求,创新产品是首要任务。消费者的需求是永无止境的,如何抓住这些需求,对于一个品牌能否成为国际化品牌至关重要。另外,创造流行符号,引领全球消费者的生活方式也是必备要素。国际化品牌对于消费者来说,就是一种符号、一种流行或一种文化,很多品牌都因为制造了流行而受到消费者的青睐。因此一个国际化的品牌,一定要做成一个流行的符号,要有丰富的品牌文化。

2. 加快本土化进程是品牌国际化成功的关键

由于不同国家和地区之间存在诸多差异,因此跨国品牌的运营不可能从品牌译名到品牌宣传都完全标准化,都无不面临着国际品牌本土化的抉择。品牌国际竞争首先表现为品牌文化的本土化。品牌文化符合当地的审美、风俗习惯,才能被逐渐认识接受。以个性化、本土化的品牌营运模式迎合当地消费需求,虽然带来了较高的顾客满意度,但随之急剧上升的是高昂的运营费用。所以,差别化的本土经营模式还需要与全球统一定位结合起来。

3. 品牌国际化模式需要保持创新

针对目标市场的经营难度，可以选择不同的品牌国际化模式。对于一个国际化的品牌来说，最大的成功就在于能将它的品牌模式与国际市场上的环境相适应。例如，海尔在美国的宣传更考虑到当地的技术标准，而在亚洲其他国家则更多地考虑通行标准。在通常情况下，品牌国际化中标准化能够带来巨大的规模效应，而本土化则可以更好地贴近目标消费者，获得市场占有率。企业国际标准化的程度越高，品牌具有的国际核心竞争力也就越强。我国企业在品牌国际化过程中，应强化国际化经营理念，根据自身的实力和特点来采取灵活多变的国际化发展模式，在世界范围内进行资源优化配置与整合，以便尽可能地降低成本，培育国际市场的竞争优势，提高企业的综合竞争力。

品牌国际化是我国企业参与国际竞争的战略选择，没有完全可以效仿的模式。虽然品牌国际化模式可分成欧美模式和日韩模式，但是因为企业自身资源与战略的不同，其模式的选择也就不同。可通过对世界著名品牌国际化过程进行深入分析，发现品牌国际化的一般经验。例如，区域品牌国际化的一般方法可提供包括品牌战略的选择、品牌国际化路径、品牌产品在新区域市场不同成长阶段的促进策略等经验。在此基础上，须结合企业自身实际加以创新。

本章小结

品牌国际化又称为品牌的全球化经营，是指企业在国际化市场营销活动中，利用各国的资源与市场，树立自己的品牌形象，其目的是通过品牌向不同国家、不同区域进行延伸扩张，来获取规模经济效益，进而实现低成本运营。品牌国际化是品牌的区域延伸。促使品牌延伸的因素也是品牌国际化的基本动因。品牌国际化的动因主要有以下一些因素：发展动因、利润动因、规模经济动因、竞争时间动因，以及其他动因如风险分散、显示实力、增强市场影响力等。企业在品牌国际化过程中会遇到种种障碍，所以企业在进行品牌国际化时要考虑到可能会遇到的障碍，避免这些不利因素给企业带来困境。企业进入国际市场的基本方式有出口、许可生产、特许经营、直接投资和兼并收购五种。我国不少企业（特别是国内经营成功的品牌）采用兼并收购的方式进入国际市场，这种进入方式越来越多地被理论界所关注。选择合适的品牌国际化方式后，企业应确定采取何种品牌国际化策略。品牌国际化策略一般分为标准化策略、本土化策略、标准化和本土化相结合的策略。越来越多的企业采用标准化与本土化相结合的策略实现其品牌国际化。

案例分析

比亚迪的多样化、国际化发展之路

比亚迪，作为国内一家新能源汽车的代表性品牌，其业务布局涵盖电子、汽车、新能源和轨道交通等领域，从能源的获取、存储到应用，全方位构建零排放的新能源整体解决方案，真正地做到了产业不只有汽车，业务不只在中国。

比亚迪的核心技术，让比亚迪抵御了市场、上游供应链的周期风险，在2022年登顶中国车市冠军宝座，创造了中国车史上的最好成绩。而在2023年的战略部署上，比亚迪将持续坚持技术驱动与长期主义，让企业平稳度过技术变革与市场充足带来的行业巨变。

比亚迪始终保持紧跟市场趋势，先后推出一连串颠覆性技术和产品，推动全球新能源汽车行业变革，实现了跨越式发展，2023年比亚迪将重点放在品牌多样化、业务国际化两方面。

首先，比亚迪形成了品牌（王朝和海洋）、腾势品牌、仰望品牌、专业个性化全新品牌矩阵，覆盖从家用到豪华、大众到个性化，满足用户多方位、全场景用车需求，让每一位用户都能享受绿色出行。"王朝"始终致力于将科技领先与国潮文化融合，创变新生，持续彰显民族自信、文化自信、科技自信和品牌自信。"海洋"拥有两大产品序列：EV纯电的海洋生物系列和DM混动的军舰系列，凭借更年轻、更鲜明的新能源属性，收获大量年轻消费者的青睐。凭借"王朝""海洋"系列对市场的精准把握和领先产品力，实现了比亚迪品牌新能源汽车连续十年登顶中国新能源汽车销量冠军。

其次，在业务国际化方面，比亚迪纯电动大巴在全球遍布70多个国家和地区的400多座城市，为当地提供了高品质出行选择。在国际化路线推进过程中，相较于收购改造旧工厂，比亚迪似乎更青睐于自建工厂，积极探索海外市场直接生产并销售的经营模式。同时，比亚迪已经在全球多个地方和地区建立了良好的品牌形象和市场口碑，产品已经出口至美国、德国、日本、瑞士、加拿大等多个国家，并与当地政府、企业、机构等建立了广泛的合作关系。比亚迪还积极参与了全球多个重大项目和活动，如联合国气候变化大会、北京奥运会、深圳世界大学生运动会等，展示了其作为新能源汽车领导者的责任和担当。

比亚迪在品牌本土化及国际化进程中，始终致力于用技术创新促进人类社会的可持续发展，助力实现"碳达峰、碳中和"目标，并积极开展国际化进程，推动品牌发展。

（资料来源：比亚迪官网，https://mall.bydauto.com.cn/pc/，笔者整理）

案例思考

1. 如何评价比亚迪的品牌国际化战略？
2. 比亚迪的品牌国际化战略对其他中国品牌有什么启示？

参 考 文 献

［1］大卫·A. 艾克, 爱里克·乔瑟米赛勒. 品牌领导［M］. 曾晶, 译. 北京: 新华出版社, 2001.

［2］戴维·阿克. 创建强势品牌［M］. 李兆丰, 译. 北京: 机械工业出版社, 2014.

［3］黄静. 品牌管理［M］. 2版. 武汉: 武汉大学出版社, 2015.

［4］郭伟. 品牌管理: 战略、方法、工具与执行［M］. 北京: 清华大学出版社, 2016.

［5］凯文·凯恩·凯勒, 王海忠, 陈增详. 战略品牌管理［M］. 北京: 机械工业出版社, 2020.

［6］庞守林. 品牌管理［M］. 3版. 北京: 清华大学出版社, 2023.

［7］苏勇, 史健勇, 何智美. 品牌管理［M］. 北京: 机械工业出版社, 2021.

［8］王海忠. 品牌管理［M］. 2版. 北京: 清华大学出版社, 2021.

［9］余可发. 品牌管理［M］. 上海: 复旦大学出版社, 2016.

［10］约翰·菲利普·琼斯. 广告与品牌策划［M］. 孙连勇, 李树荣, 等译. 北京: 机械工业出版社, 1999.

［11］张平淡. 品牌管理［M］. 北京: 中国人民大学出版社, 2012.

［12］Aaker, D. A. *Managing Brand Equity*［M］. New York: the Free Press, 1991.

［13］Aaker, D. A. & Biel, A. L. *Brand Equity & Advertising: Advertising's Role in Building Strong Brands*［M］. New York: Psychology Press, 2013.

［14］Chandler Jr, A. D. *Strategy and Structure: Chapters in the History of the American Industrial Enterprise*［M］. Cambridge: MIT press, 1969.

［15］Drucker, P. *The Practice of Management*［M］. Abingdon-on-Thames: Routledge, 2012.

［16］Pine, B. J. & Gilmore, J. H. *Welcome to the Experience Economy*［M］. Cambridge: Harvard Business Review Press, 1998.

［17］Upshaw, L. B. *Building Brand Identity: A Strategy for Success in a Hostile Market Place*［M］. New York: John Wiley & Sons, 1995.

［18］黄胜兵, 卢泰宏. 品牌个性维度的本土化研究［J］. 南开管理评论, 2003 (01): 4-9.

［19］黄胜兵, 卢泰宏. 品牌的阴阳二重性: 品牌形象的市场研究方法［J］. 南开管理评论, 2000 (02): 27-30.

［20］王海忠，王子. 欧洲品牌演进研究：兼论对中国品牌的启示［J］. 中山大学学报（社会科学版），2012（06）：186-196.

［21］Aaker, D. A. & Keller, K. L. Consumer evaluations of brand extensions［J］. *Journal of Marketing*, 1990, 54（1）：27-41.

［22］Aaker, J. L. Dimensions of brand personality［J］. *Journal of Marketing Research*, 1997, 34（3）：347-356.

［23］Brakus, J. J., Schmitt, B. H. & Zarantonello, L. Brand experience：what is it? How is it measured? Does it affect loyalty?［J］. *Journal of Marketing*, 2009, 73（3）：52-68.

［24］Bosnjak, M., Bochmann, V. & Hufschmidt, T. Dimensions of brand personality attributions：a person-centric aproach in the German cultural context［J］. *Social Behavior and Personality：An International Journal*, 2007, 35（3）：303-316.

［25］Keller K. Building customer-based Brand Equity：A blueprint for creating strong brands［J］. Marketing Management, 2001,（2）：3-31.

［26］Keller, K. L. & Lehmann, D. R. Brands and branding：research findings and future priorities［J］. *Marketing Science*, 2006, 25（6）：740-759.

［27］Ogilvy, D. The image of the brand—a new approach to creative operations［J］. *Reprinted by Courtesy of Ogilvy & Mather*, 1995, 1：1-6.

［28］Porter, M. E. Competitive strategy［J］. *Measuring Business Excellence*, 1997, 1（2），12-17.

［29］Sung, Y. & Tinkham, S. F. Brand personality structures in the United States and Korea：common and culture-specific factors［J］. *Journal of Consumer Psychology*, 2005, 15（4）：334-350.

［30］Thomas, B. J. & Sekar, P. C. Measurement and validity of Jennifer Aaker's brand personality scale for Colgate brand［J］. *Vikalpa*, 2008, 33（3）：49-62.

［31］Upshaw, L. B. Building a brand. comm［J］. *Design Management Journal（Former Series）*, 2001, 12（1），34-39.